Buch

Die zweite Lebenshälfte stellt einen vor ungeahnte Herausforderungen. Selbst wenn einem viele lästige Menopausen-Nebenwirkungen erspart bleiben, gibt es ein Wechseljahrsymptom, das nahezu jede Frau ab 50 kennt: der zunehmende Schwimmring um den Bauch. Er schleicht sich ein und setzt sich fest, obwohl man die bewährten Essgewohnheiten nicht verändert und Sport treibt wie zuvor. Doch Nadja Nollau weiß, wie man das ungeliebte Bauchfett auch ohne Hunger-kuren erfolgreich bekämpft. Ein Mut machender, selbstironischer Bericht über die Tücken des Alters.

Autorin

Nadja Nollau lebt in München und arbeitet als Journalistin und Autorin. Ihre thematischen Schwerpunkte liegen in den Bereichen Gesundheit, Ernährung, Fitness und Psychologie. 2001 hat sie zusammen mit Christine Neubauer die »Vollweib-Diät« entwickelt und veröffentlicht. Inzwischen hat die 1961 Gebore-ne die magische 50 hinter sich gelassen und befindet sich in den Stoff-Wechsel-Jahren, wie sie diese neue Lebensphase nennt. Doch dadurch lässt sie sich nicht unterkriegen und macht dennoch immer eine gute Figur.

Nadja Nollau

Wespentaille
trotz Bienenstich!

Tolle Figur auch über 50

GOLDMANN

Alle Ratschläge in diesem Buch wurden von der Autorin und vom Verlag sorgfältig erwogen und geprüft. Eine Garantie kann dennoch nicht übernommen werden. Eine Haftung der Autorin beziehungsweise des Verlags und seiner Beauftragten für Personen-, Sach- und Vermögensschäden ist daher ausgeschlossen.

Der Verlag weist ausdrücklich darauf hin, dass im Text enthaltene externe Links vom Verlag nur bis zum Zeitpunkt der Buchveröffentlichung eingesehen werden konnten. Auf spätere Veränderungen hat der Verlag keinerlei Einfluss. Eine Haftung des Verlags für externe Links ist stets ausgeschlossen.

Verlagsgruppe Random House FSC® N001967

Dieses Buch ist auch als E-Book erhältlich

3. Auflage
Deutsche Erstausgabe Dezember 2015
Wilhelm Goldmann Verlag, München,
in der Verlagsgruppe Random House GmbH,
Neumarkter Str. 28, 81673 München
© 2015 Wilhelm Goldmann Verlag, München,
in der Verlagsgruppe Random House GmbH
Umschlaggestaltung: Uno Werbeagentur, München
Umschlagillustration: FinePic®, München
Redaktion: Dunja Reulein
Satz: Buch-Werkstatt GmbH, Bad Aibling
Druck und Bindung: GGP Media GmbH, Pößneck
mz · Herstellung: IH
Printed in Germany
ISBN 978-3-442-17569-7

www.goldmann-verlag.de

Besuchen Sie den Goldmann Verlag im Netz

Inhalt

Vorwort	7
Achtung Wildwechsel!	11
Älterwerden ist nichts für Feiglinge	23
Eine Frage der Ähre	30
Pubertät reloaded?	35
Rollerskates statt Rollator	43
Kalorisches Kompetenzgerangel	49
Bienenstiche sorgen für Schwellungen	57
Die dunkle Seite der Macht	66
Rhythmische Frauenbewegungen	72
Sprengen Sie die Nahrungskette	83
Burn it, Baby!	87
Jung und schlank!	91
Hasta la vista, Hunger-Hype	95
Im siebten Himmel schweben ohne Ballonbauch	101
Dieser Weg wird ein eiweißreicher sein	108
Es muss ja nicht knuspriger Hund sein	114
Fisch mit Stäbchen statt Fischstäbchen	122
Raubtierfütterung am Morgen	127

Inhalt

Von Schmetterlingen im Bauch wird frau nicht satt 135

Currywurst und Schwarzwälder Kirsch
    für Übergrößen 141

Zellulose statt Cellulitis 145

Nachtisch, Naschereien, Nachschlag? 151

Zeit, Champagner zu trinken und auf dem
    Tisch zu tanzen 154

Last, but not least: Ladies' Agreement 158

Kauen am Rande des Nervenzusammenbruchs 161

Arm mit Charme 174

Wie überzeugt man einen sturen Esel,
    sich zu bewegen? 183

Apfelpo statt Apfelbauch – ein Zweistufenplan 198

Vom Ranzen zum Sixpack 202

So wird die Menopause zum HIT 217

Happy. Healthy. Holy. Ommm … 226

Restaurierung Ü50 vom Hals aufwärts 233

Ladies' Agreement, Teil II 240

Alles hat ein Ende … 244

Flächenbrand oder Leuchtfeuer 254

Hops der Mops 259

Fortbildung statt Fortpflanzung 267

Ab durch die Mitte 274

Alles wird gut … 280

Register 281

Vorwort

Im Internet hatte ich vor einigen Monaten einen Test entdeckt mit der Überschrift: »Sind Sie in den Wechseljahren?« 20 Fragen wie »Sind Sie älter als 45 Jahre?«, »Schwitzen Sie häufiger als früher?«, »Ist Ihnen öfter mal schwindelig?« oder »Hat sich Ihre Libido geändert?« galt es zu beantworten. Die wichtigste aller Fragen jedoch kam erst ganz zum Schluss: »Nehmen Sie rasch zu, obwohl sich Ihre Essgewohnheiten nicht geändert haben und Sie ebenso viel Sport treiben wie früher?« Jaaaaaaa!!!!!!!!!!!!

Trotz einiger Wechsel-Wehwehchen belastete mich die neue Phase körperlich nicht ernsthaft. Bislang war ich einigermaßen unbeschadet durch das Klimakterium gekommen. Es gab ja auch weder einen Eignungstest zu bestehen, noch war ich krank, auch wenn die Werbung uns Frauen Ü50 alle möglichen Leiden andichten will.

Nein, mir ging es gut – vorausgesetzt, ich hatte meine Lesebrille wieder einmal verlegt und übersah so zwangsläufig meinen Bauch. Aber mit diesem lästigen Vergrößerungsglas auf der Nase sah meine kleine Welt plötzlich ganz anders aus. Dann überkam mich das große Wehklagen. Denn hier, rund um meinen

Äquator, hatte sich langsam, aber sicher eine eigentümlich weiche Masse angesammelt. Der Bereich um den Bauchnabel warf Wellen wie die Nordsee, den Schwimmring gab es gratis dazu. Wenn das so ungebremst weiterging, würde sich hier demnächst ein Tsunami auftürmen.

Besonders furchtbar war der Anblick aus dem Vierfüßlerstand – nackt, wohlgemerkt. Wenn ich aus dieser Position einen Blick auf meinen Bauch wagte, konnte ich hängende Gärten begutachten. Diese neue Fettansammlung trieb mich wirklich in den Wahnsinn. Dagegen waren alle anderen Wechseljahre-Symptome ein müder Witz. Angesichts der sichtbaren Veränderungen versuchte ich es mit Basenfasten und Bauchmuskeltraining. Nichts half. Für Bauchtanz hatte ich mich noch nicht erwärmen können, obwohl die körperlichen Voraussetzungen dafür nun optimal gewesen wären.

Trotz aller Gegenwehr zeigten sich diese neu gewonnenen Fettzellenreserven als überaus hartnäckig, widerstandsfähig und anhänglich. Vielleicht war dieser Bauch ja nichts anderes als Kummerspeck, ein Abgesang auf die Jugend und der Airbag gegen die bevorstehenden Tiefschläge des Alters. Also kapitulieren, von nun an Bodyforming-Unterwäsche und dieses Schicksal mit hängendem Kopf ertragen?

Älter zu werden war ein ziemlich dickes Brett, und das hatte nicht nur etwas mit der Hormonumstellung zu tun. Aber älter und dick werden, das ging gar nicht. Ich brauchte das nicht! Und genau so lautete meine Kampfansage an diesen Bauch, der nicht zu mir gehörte, aber unbedingt bei mir bleiben wollte.

Vorwort

Um es kurz zu machen: Ich habe inzwischen die 54 »gerissen« und wiege bei 1,74 Meter 59 Kilogramm, manchmal sogar weniger.

Wie sich das anfühlt? Wunderbar!

Wie das geht? Das verrate ich Ihnen in diesem Buch. Denn die Testfrage »Nehmen Sie rasch zu, obwohl sich Ihre Essgewohnheiten nicht geändert haben und Sie ebenso viel Sport treiben wie früher?« kann ich heute klipp und klar mit einem entschiedenen »Nein!« beantworten. Und mit diesem guten Körpergefühl lassen sich die Begleiterscheinungen der Wechseljahre und des Älterwerdens locker ertragen. Überraschenderweise sind viele davon sogar gleichzeitig mit den ungeliebten Fettpolstern wieder verschwunden.

Wie das funktioniert hat? Auf keinen Fall müssen Sie dafür 50 000 Kilometer jährlich auf dem Fahrrad sitzen und die restliche Zeit zu Hause auf dem Heimtrainer, das Ganze bei einer Tagesration von vier Salatblättern und drei Gramm Thunfisch. Es mag Frauen geben, die sich täglich so kasteien können. Ich nicht, ich möchte mein Leben in vollen Zügen genießen. Und das geht!

Das Einzige, was wir Frauen brauchen, um über 50 unser persönliches Traumgewicht zu erreichen, ist das Wissen, wie unser Körper jenseits der magischen Altersgrenze tickt und worauf es bei der Ernährung in der zweiten Lebenshälfte ankommt, gepaart mit vier wichtigen Tugenden: Geduld, Ausdauer, Humor und Disziplin. Denn alles hat seinen Preis. Um schlank zu werden und schlank zu bleiben, müssen wir uns jeden Tag darum kümmern. Jeden Tag!

Vorwort

Keine Angst: Das klappt auch ohne Seniorenteller. Wobei dieser angesichts der heutigen Tellerportionen inzwischen durchaus seine Berechtigung hat! Aber um über 50 unter 60 zu wiegen – mein Motto und persönliches Traumgewicht –, musste ich weder aufs Essen verzichten noch hungern. Ich nahm ab, ein bis zwei Pfund pro Woche, ohne dabei zu fasten oder in die Jo-Jo-Falle zu geraten.

Doch nun kommt das große Aber! Diese Lebensweise hat Zen-Qualität, denn es ist ein Prozess, der kein Ende kennt: Der Weg ist das Ziel! Wir können nicht schlank und glücklich älter werden, ohne uns dabei zu verändern. Immer dasselbe tun und ein anderes Ergebnis erwarten, das funktioniert halt nicht. An alten Gewohnheiten festzuhalten bedeutet, in der vorangegangenen, vertrauten Lebensphase zu verharren. Altes loszulassen und sich neu zu positionieren ist das Geheimnis wahrer Jugend und einer schlanken Linie. Wie es mir auf diesem Weg erging – und wie auch Sie in Ihren nächsten 50 Jahren eine gute Figur machen können –, verrate ich Ihnen nun in diesem Buch.

Achtung Wildwechsel!

Kennen Sie auch solche Tage? Nach dem Aufwachen hatte ich mich noch bärenstark gefühlt, ich hätte Bäume ausreißen können. Nach dem Aufstehen waren es nur noch kleine Bäume, wenig später gerade mal Blümchen. Na gut, Gras. Katzengras.

Was war geschehen? Ich hatte vor meinem Schrank gestanden, diverse Outfits anprobiert, um sie kurz darauf erbost auf den Boden zu schleudern. Damit hatte ich alle Schleusen für den großen Weltschmerz geöffnet. Inzwischen stand mir nicht nur der Kleiderberg bis zum Hals. Nichts passte mehr; die Blusen spannten, die Hosen zwickten, vom Reißverschluss bei den Röcken und Kleidern gar nicht zu sprechen.

Kein Zweifel: Ich saß in der Kalorien-, Jo-Jo-, Hormon-, Fett-, Figur-Falle oder was auch immer. Es war zum Verzweifeln. Die Alterskeule samt Wechseljahren hatte mit voller Kraft zugeschlagen. Bisher hatte es doch immer nur die anderen getroffen, aber jetzt war offensichtlich ich an der Reihe. Ich brauchte dringend eine Pause von der Menopause.

Achtung Wildwechsel!

Jede Frau weiß, wenn es so weit ist. Denn es gibt neben vielen möglichen Warnzeichen wie leichter Irrsinn ein klares Indiz: Die Tage bleiben aus. Endgültig.

Wenn es nur das wäre … Aber dieser Wechsel in die neue Lebensphase ist ein wilder Ritt, der auch mir nicht erspart blieb. Irgendwann erwischt es jede, das sei an dieser Stelle als kleines Trostpflaster gesagt. Egal, ob Sie in ferner Zukunft einmal die Königin von England werden, ein derzeit international gefeierter Hollywoodstar oder ein Supermodel sind, jede kommt an die Reihe. Ausnahmslos! Und geteiltes Leid ist halbes Leid, da kommt bei uns Vertreterinnen aus der Babyboomer-Generation ganz schön was zusammen in puncto Mitleid: Rund acht Millionen Frauen in Deutschland stecken derzeit in den Wechseljahren, also jede fünfte Frau.

Auch ich, die immer gedacht hatte, dass die 50 gaaanz weit weg sind, habe inzwischen den runden Geburtstag und die »Tage« weit hinter mir gelassen. Ich glaube, keine Frau trauert ernsthaft ihrer Menstruation nach. Aber dem, was sich damit ebenfalls sang- und klanglos verabschiedet, schon: glatte Haut, volles Haar, festes Gewebe, sprudelnde Libido …

Apropos Verlangen. Eine meiner Freundin, die in dieser Tiefphase etwas verwirrt nach dem Hormon-Rettungsanker aus Östrogen und Testosteron gegriffen hatte, entwickelte daraufhin völlig ungeahnte Triebkräfte. Sie sei kurz davor gewesen, sich an ihrem Postboten zu vergehen, hatte sie mir in einer stillen Stunde entsetzt gestanden. Wir hatten Tränen gelacht. Wofür diese Pflaster so taugen …

Achtung Wildwechsel!

Aber was soll ich angesichts einiger Veränderungen, die ich plötzlich an mir wahrnahm, groß sagen: Es verschlug mir die Sprache. Zahnfleisch- statt Monatsblutung, war es das, was auf uns zukam? So hatte ich mir das nicht vorgestellt. Plötzlich war ich gereizt und unberechenbar wie ein pubertierender Teenager. Litt ich jetzt am Tourettesyndrom? Es kam nun regelmäßig vor, dass meine Gefühle Achterbahn mit mir fuhren. War das vielleicht eine bipolare Störung? Und auch die Gelegenheits-Depri war mir mittlerweile nicht mehr fremd, vor allem dann, wenn ich nachts stundenlang wach gelegen hatte, weil ich nicht hatte einschlafen können. Die Gedanken ums Älterwerden und die Zukunft waren durch mein Gehirn gekreiselt, als hätte ich zu tief ins Glas oder in die Glaskugel geschaut.

Und dann dieser Körper. Hallo??? Er veränderte sich auf unerhörte Weise. Was für eine Zumutung! Jetzt verstand ich meine Oma, die oft zu mir gesagt hatte: Kind, genieße dein Leben, vergeude keine Zeit, denn es geht so schnell vorbei. Ja, dieses Leben verhielt sich wie ein Temposünder. Der miese Verräter fuhr mit Vollgas in Richtung Sarg. Heul! Wo, verdammt noch mal, war die Handbremse? Den Hersteller würde ich verklagen!

Ich werde nicht auf all die möglichen Wechseljahre-Symptome eingehen. Wie es sich wirklich anfühlt, über 50 zu sein, muss ich Ihnen bestimmt nicht erzählen. Wir Frauen sollten auch nicht alles vor der ganzen Welt ausbreiten, manches darf doch unser Geheimnis bleiben, oder? Und jede Frau erlebt diese Zeit anders: Ein Drittel merkt so gut wie nichts davon, ein Drittel spürt die Symptome ein wenig, ein Drittel leidet wirklich. Einziges verbindendes Element scheint eigentlich nur die Lesebrille zu sein, die alle ab Ende 40 brauchen. Männer übrigens auch. Aber um die geht es hier nicht!

Bei mir begann es mit der Fernsehzeitung; ich konnte eines Tages das Programm nicht mehr entziffern, weil mein Arm zu kurz geworden war. Das war vielleicht der erste Schicksalswink nach dem Motto: Jetzt wirst du alt, aber vielleicht wenigstens weitsichtig. Ich ignorierte diese Entwicklung vorerst. Aber es sollte noch schlimmer kommen. Irgendwann saß ich an der Bar eines Münchner In-Lokals und wartete auf meine Freundin Yvonne, mit der ich dort verabredet war. Sie rief an und teilte mir mit, dass sie sich verspäten würde, weil sie keinen Parkplatz finden konnte. Na toll, schoss mir durch den Kopf, ich soll hier still auf sie warten, während mein Magen schon Selbstgespräche führt.

Da ich mächtig Hunger hatte und das Rumoren den anderen Gästen nicht länger erklären oder zumuten konnte, entschied ich, mir vorab eine Kleinigkeit zu essen zu bestellen. Doch ein unüberwindbares Hindernis tat sich auf. Ich hatte meine bis dahin noch einzige Brille zu Hause gelassen, weil ich mich nicht damit zeigen wollte – ja, ich weiß, verdammte Eitelkeit! –, und nun konnte ich die Speisekarte nicht entziffern. Wie peinlich war das denn? Ich konnte den blutjungen Barkeeper ja nicht bitten, mir alles vorzulesen. So wartete ich mit knurrendem Magen und wachsendem Unterzucker, bis meine Freundin endlich eintraf.

Achtung Wildwechsel!

Die Begrüßung fiel entsprechend giftig aus. Mit zitternden Fingern fuchtelte ich vor ihrer Nase herum. »Gib mir deine Brille! Aber dalli! Ich brauch sofort was zu essen.« Zum Glück verstand Yvonne augenblicklich meine Notlage, reagierte besonnen und zauberte ein paar Kalorien aus ihrer Handtasche. »Hier hab ich einen Müsliriegel. Runter damit!«

Heute bin ich bestens ausgerüstet und im Besitz von fünf Brillen, die ich an strategisch wichtigen Orten verteilt habe, eine davon, die schönste, liegt natürlich in der Handtasche.

Damit möchte ich das müßige Kapitel der nervigen Begleiterscheinungen beenden. Wenn jedoch eine Frau sagt, sie freue sich aufs Alter, dann lügt sie. »Endlich werde ich alt« klingt doch ungefähr so wie »Hurra, ich habe Hühneraugen, Hallux und Hammerzehen!« Nein, dazu sind die Nebenwirkungen und Risiken einfach zu groß. Und wer einen Blick in die Zukunft werfen möchte, braucht ja nur die eigene Mutter zu mustern oder ganz mutig deren Mutter, falls noch auf Erden, um zu wissen, was voraussichtlich auf sie zukommt. Gene lügen nicht.

An dieser Stelle möchte ich Sie noch vor zwei Tests warnen: dem Vierfüßlerstand und dem Joop-Test. Den Vierfüßlerstand, den ich eingangs bereits erwähnt habe, hatte ich unfreiwillig gemacht, weil mir nach dem Duschen ein Ohrring heruntergefallen und unter den Schrank gerollt war. Und den Joop-Test habe ich im Fernsehen gesehen. Den hatte der Modemacher höchstpersönlich einmal in einem TV-Interview beschrieben: Man nehme einen Handspiegel, lege ihn auf den Tisch und beu-

Achtung Wildwechsel!

ge sich darüber. Der tibetische Faltenhund lässt grüßen. Nach Meinung des Erfinders ist alles, was da herunterhängt, Hautüberschuss, der wegmuss. Vom Ergebnis kann man sich heute selbst ein Bild machen. Die Flugente lässt grüßen. Dann lieber Hautüberschuss.

Also nicht nachmachen, denn manchmal ist Verdrängung einfach der bessere Weg! Sie schützt auch vor gelegentlichen Panikattacken. Ich fand es außerdem ziemlich ermüdend, mich ständig mit PMS, dem »postmenstruellen« Syndrom, beschäftigen zu müssen. Ich wollte auch keine albernen TV-Serien sehen, die sich dieses Themas annehmen und blöde Menopause-Geschichten mit völlig hysterischen Schauspielerinnen als Unterhaltung verkaufen.

Und worauf ich am allermeisten verzichten konnte, waren diese Werbespots. Ich brauchte weder Einlagen gegen Blasenschwäche noch Haftcremes für Drittzähne, Bleichmittel für weißere Altzähne, Lasertherapie gegen Barthaare, reichhaltige Gesichtscremes für mehr Spannkraft und weniger Altersflecken, Koffeinshampoos gegen Haarausfall, Mittel zum Entwässern und gegen Schwindel, Herzrasen, Muskelsteife, Konzentrationsprobleme sowie Vergesslichkeit, die gleichzeitig im Untertitel das demenzielle Syndrom behandeln. Ich brauchte auch keinen Treppenlift oder Rollator.

Was ich wirklich brauchte, war ein Wunder! Dieser Phasenwechsel war keine Krankheit, sondern eine Zumutung. Denn mein eigentliches Problem waren nicht die eben genannten Symptome, es war dieser Wechselwanst. Der musste weg. Schnell. Spurlos. Nachhaltig.

Achtung Wildwechsel!

Natürlich beriet ich mich mit Leidensgenossinnen, bei denen ich ebenfalls die verdächtige Wölbung des neuen Apfelbauchs unter der Bluse oder dem T-Shirt entdecken konnte. Aber keine hatte sinnvolle Ratschläge, und mit den anderen Kommentaren konnte ich mich auch nicht anfreunden.

Meine Freundin Susanne jammerte ständig über ihren Bauch, wollte aber auf keinen Fall etwas an ihrem Lebensstil ändern. Sie hatte mir mal gezeigt, wie man sich den Finger in den Hals steckte, damit die Lasagne wieder zurückkam. Ich hatte meine Hand in den Mund geschoben, so weit es ging, aber außer einem roten Kopf und einem nahezu ausgerenkten Kiefer überhaupt nichts damit bewirkt. Mein Magen hatte sich beharrlich geweigert, auch nur einen Fingerhut meines Essens wieder herzugeben.

»Früher hatte ich so eine tolle Figur, aber die Schwangerschaft hat meinen Grundumsatz und meine Figur total ruiniert«, jammerte Tanja, als ob »früher« eine Auszeichnung und ein Garantieversprechen wäre. Ich hatte mit acht Jahren im Turnunterricht noch eine Brücke machen können. Bei meinem letzten Versuch vor zwei Jahren in der Yogastunde musste dafür mein Ischias dran glauben. Und Tanjas Schwangerschaft lag fast 20 Jahre zurück.

Yvonne, eine gemeinsame Freundin, hatte sie nur schnippisch mit einem »na, na, na« getadelt. »Heidi Klum hat vier Kinder zur Welt gebracht und modelt trotzdem in Unterwäsche.«

Das ließ Tanja nicht auf sich sitzen: »Sehr witzig. Bei der kommt jedes Mal nach dem Kaiserschnitt sofort der Schönheitschirurg und macht eine Bauchdeckenspannung.«

Achtung Wildwechsel!

»Echt?«, fragte Susanne ungläubig.

»Echt!«, wiederholte Tanja. »Sobald das Baby raus ist, wird der Überschuss entfernt. Die Promis verarschen uns nach Strich und Faden. Außerdem sind die Fotos von denen alle manipuliert. Photoshop sei Dank. Oder glaubt ihr wirklich, dass vier Schwangerschaften völlig spurlos an unserer Heidi vorbeigegegangen sind? Ich hasse diese Weiber, die uns ständig verarschen und wie Idiotinnen dastehen lassen.«

Wenn Tanja sich in Rage redete, vergaß sie nun manchmal ihre gute Erziehung. Kein Wunder, sie stand halt unter Wechselstrom.

Das ließ Yvonne jedoch völlig kalt. »Ihr Heulsusen!« Und auch mit mir ging sie nicht sehr rücksichtsvoll um, sondern lachte mich nur aus angesichts meines Bauchgrimmens. »Willkommen im Club«, war ihr einziger Kommentar.

Ach, Frauen können so grausam sein. Yvonne war vier Jahre älter und weit fortgeschritten, was den Problembauch betraf. Ihre Lösung nach einigen erfolglosen Diätversuchen: Sie kaufte sich nur noch Oberteile, die ähnlich wie Umstandshemdchen gearbeitet waren. Sie spielte quasi pausenlos Heidi im achten Monat. Unterhalb der Brust hatte die Designerin, offensichtlich mit dem gleichen Problem geschlagen, an ausreichend Stoff und damit Raum gedacht, womit sich der Hängebauch wirklich gut kaschieren ließ. Nur hinfassen war verboten.

Finger in den Hals, jammern, Umstandsmode, sich gehen lassen, all das konnte beileibe nicht die Lösung sein. Stellen Sie sich bitte einmal folgende Szene vor: Sie schieben im Super-

18

Achtung Wildwechsel!

markt den gefüllten Einkaufswagen zur Kasse und werden dort lächelnd von der Kassiererin gefragt, wann es denn so weit (mit dem Nachwuchs) sei? Gibt es eine größere Demütigung?

Mit Carina hatte ich auch kein Glück, sie sah mich nur schief an: »Wenn du sonst keine Probleme hast.« Kleinlaut zog ich den Kopf ein. Natürlich waren meine Figurprobleme angesichts der vielen Katastrophen und Hungersnöte auf dieser Welt völlig unbedeutend. Natürlich sollte ich dankbar sein, dass ich gesund war. Das Leben hatte es gut mit mir gemeint. Aber das änderte doch nichts daran, dass ich in meiner kleinen Welt unglücklich war mit dem Päckchen, das ich da vorne wie ein Känguru mit mir herumtrug und wieder loswerden wollte. Ich konnte die Welt nicht ändern, aber mich vielleicht schon. Und wenn ich wieder unbeschwert durch diese Welt gehen würde, würde diese sich nicht auch verändern? So lautete doch eine esoterische Weisheit, oder?

Obwohl Ulrike die älteste meiner Freundinnen war, neigte sie weder zu Übergewicht noch zu Magersucht, sie lebte nach dem Motto: »No carbs after five.« Warum sie damit ziemlich richtiglag, darauf komme ich später noch. Als ich bei Ulrike Rat suchte, legte sie ihren Arm um meine nicht mehr vorhandene Taille und sagte diesen Satz, der mich zu Tränen rührte: »Dein Herz ist doch viel größer als dein Bauch.« Damit tröstete ich mich eine Weile. Aber irgendwann kroch die Unzufriedenheit wieder aus ihrem Versteck und bohrte weiter in der Wunde.

Wenn ich so darüber nachdenke, dann fällt mir auf, dass es in meinem Umfeld keine einzige Frau gibt, die hemmungslos und

Achtung Wildwechsel!

ohne schlechtes Gewissen essen kann, auch die jüngeren nicht. Bilde ich mir das nur ein, oder ist das bei allen Frauen so?

Fakt ist, dass alles, was Kalorien hat, eine unerschöpfliche Quelle für Kummer und Probleme darstellt, abgesehen von manchen Kerlen, einigen Kollegen oder Nachbarn und gewissen Chefs natürlich. Aber Kalorien stehen eindeutig auf Platz eins.

Schließlich suchte ich meine Gynäkologin auf. »Alles bestens«, meinte sie nach der Untersuchung, »oder haben Sie Probleme mit den Wechseljahren?«

Ich schüttelte den Kopf: »Eigentlich nicht, aber ...« Leicht errötend lupfte ich meinen Pullover und entblößte meinen Wanst. »Äh ... aber ich werde fett, obwohl ich nicht mehr esse!«

»Ja, ja«, meinte meine Ärztin mit einem Kopfnicken, »die Fettverteilung ändert sich jenseits der 50. Alles, was der Körper nicht braucht, speichert er nun genau am Bauch. Wie bei den Männern. Da kann man nichts machen, das kann man höchstens absaugen.«

Völlig entmutigt verließ ich die Praxis, suchte das nächste Café auf und gönnte mir einen Latte macchiato samt einem Stück Bienenstich. Wenn schon dick werden, dann wenigstens mit Genuss. Missmutig kaute auf ich auf der Diagnose meiner Ärztin herum. Absaugen als einzige Lösung? Wie furchtbar war das denn? Diese Methode kam nun wirklich nicht für mich infrage. Das wäre höchstens die Ultima Ratio.

Niemals, schwor ich grimmig, nicht mit mir – und biss beherzt in den Bienenstich. Das sollte für lange Zeit die letzte Sünde gewesen sein, entschied ich in diesem Augenblick. *Alles,*

Achtung Wildwechsel!

was der Körper nicht braucht, hatte meine Ärztin ganz nebenbei bemerkt. Und genau da lag der Hund begraben. Einen Bienenstich brauchte ich nicht, ich wollte eine Wespentaille.

So legte ich die Gabel aus der Hand und schob den Teller weit von mir. *Bienenstich, brauch ich nicht!* 260 Kalorien aus Fett und Zucker waren damit ersatzlos gestrichen. Latte macchiato? *Brauch ich auch nicht!* Wieder 170 Kalorien eingespart. Summa summarum hatte meine nachmittägliche Genusssorge 430 Kalorien mit sich gebracht. Ein prüfender Griff an die Taille genügte, und ich konnte sie dort schon spüren, die neuen Fettpolster. Aber ab heute würde sich das ändern. Mein neues Lebensmotto würde aus einer einzigen Frage bestehen: *Brauch ich das?* Essen brauchte ich definitiv, stellte sich nur die Frage, was, wann, wie viel?

Ich würde die Luft wieder rauslassen aus diesem Rettungsring. Älterwerden ließ sich nicht umgehen, dick werden schon. Und eine Zumutung war mehr als genug. Dass es möglich war, auch über 50 schlank zu werden und zu bleiben, konnte ich mit eigenen Augen sehen. Dazu musste ich nur den Blick schweifen lassen. Es gab sie, diese schlanken, gut aussehenden Gazellen Ü50, die enge Jeans und Slimfit-Oberteile dazu tragen konnten, ohne dass sich der Bauch maßlos nach außen wölbte. Und ich spreche hier nicht von Stretchhosen mit Gummizug und Spanx-Unterwäsche!

Geht nicht, gibt's nicht – und deshalb möchte ich Sie einladen, mich auf diesem Weg in die schlanke zweite Lebenshälfte

Achtung Wildwechsel!

zu begleiten. Was Sie dafür brauchen? Eine gewaltige Portion Mut, Humor, Contenance, Grandezza, gelegentlich Champagner und eine kleine, aber feine Korrektur Ihrer Ernährungsweise. Schlank zu werden und schlank zu bleiben ist heutzutage kein Buch mit sieben Siegeln mehr.

Im Kern geht es darum, bestimmte Hormone in Schach zu halten und gleichzeitig den Stoffwechsel wieder anzufeuern, während sich andere Botenstoffe verdünnisieren. Dazu müssen die Mahlzeiten intelligent zusammengestellt und richtig »getimt« werden. Sechs Tage pro Woche sollten Sie sich daran halten, dann purzeln die Pfunde. Und zur Belohnung dürfen Sie an einem Tag so richtig über die Stränge schlagen und nach Herzenslust sündigen. Denn damit belohnen Sie sich für Ihre unglaubliche Disziplin. Mit dieser Ernährung werden Sie abnehmen, ein bis zwei Pfund pro Woche, natürlich nur, bis Sie schließlich Ihr persönliches Wohlfühlgewicht erreicht haben und nicht wie der Suppenkasper enden. Sie werden dabei nicht hungern oder in die Jo-Jo-Falle geraten. Versprochen!

FAZIT

Ich brauche keinen Bienenstich, ich will eine Wespentaille.

Älterwerden ist nichts für Feiglinge

Diese Lebensweisheit stammt nicht von mir. Aber bei der Recherche zum Thema Wechseljahre bekam ich einiges zu lesen und fiel prompt in ein ziemlich tiefes Loch. Heulend und zähneklappernd saß ich auf meinem Hosenboden und ertrank in Selbstmitleid. Oje, es war einfach nur furchtbar: »Ich will nicht. Ich bin eine Frau, holt mich aus diesem Schlamassel schleunigst raus.«

Auch wenn Wissen Macht ist, kann sich manche Erkenntnis als finstere Fallgrube entpuppen. Ich jedenfalls hatte beim Durchforsten des Internets und der Literatur in eine Art Horrorkabinett geblickt mit der Folge, dass mich eine Kurzeitdepression niederwarf. Jetzt waren wir in den Wechseljahren, danach kam nur noch das Senium. Hilfe!

Irgendwann hatte ich die Nase gestrichen voll von der schauerlichen Lektüre über das, was angeblich auf uns zukommen sollte, klappte seufzend den Computer zu und verdrückte ein paar Krokodilstränen. Wenn frau Pessimist ist, dann sind die

Älterwerden ist nichts für Feiglinge

Aussichten echt gruselig. Was oberflächlich nur Hängebacken, Hängebauch und Hängepo bedeutet, baut wie der Vietcong ein unterirdisches Tunnelsystem, das uns langsam, aber sicher das Wasser abgräbt. Und dieser Maulwurf ist nicht zu stoppen. Alle, die es versucht haben, sind gescheitert.

Vielleicht war es besser, diesen Meno-Bauch zu hegen und zu pflegen, um ihn als Knautschzone gegen die vielen Tiefschläge einsetzen zu können, die das Leben in den kommenden Jahren für uns bereithalten würde. Denn Geheimratsecken und Hitzewallungen waren gegen das, was uns scheinbar bevorstand, wie die Boxhiebe eines Mäusefäustchens. In Wahrheit schwenkte bereits Godzillas Pranke eine Fahne mit der Aufschrift »Du wirst alt, hahaha!« über meinem Kopf. Und ich grämte mich wegen ein paar neuer Fettzellen.

Schön blöd, könnten Sie sagen. Wer stundenlang nur *XY ungelöst* anschaut, wird irgendwann zwangsläufig denken: Die Welt ist ja so schlecht. Und genau so ist es: Die eigenen Gedanken erschaffen die Welt. Die Art, wie wir über das Altern denken, beeinflusst die Qualität, wie wir tatsächlich altern. Deshalb mein Tipp: Setzen Sie ruckzuck die rosarote Brille auf! Dann wird alles gut.

Und so wurde mein moralischer Durchhänger auch kein Dauerparkplatz. Erstens bin ich kein Feigling, zweitens kommt es anders, als man denkt, und drittens finde ich dieses Leben immer noch ziemlich cool, auch wenn ich manchmal schwitze. Und wir sind ja auch nicht allein in diesem Notstandsgebiet. Selbst Barbie ist inzwischen über 50!

Älterwerden ist nichts für Feiglinge

Von Agatha Christie, der englischen Krimiautorin, stammt die Erkenntnis: »Je älter ich werde, desto interessanter werde ich für meinen Mann.« Der war Archäologe. Und als Liebhaberin des englischen Humors fand ich mit dieser Aussage den Anfang der Strickleiter aus meinem tiefen schwarzen Loch, in das ich bei meiner Recherche zu diesem Buch geplumpst war. Ohne Humor geht gar nichts. Lieber lache ich mich tot, als das heulende Elend zu geben.

Jeder möchte lange leben, aber keiner will alt werden. Da kann ich mich nicht ausnehmen. Wir wundern uns gelegentlich, warum manche ihre Gehhilfe stehen lassen und auf einer Harley durch die Landschaft brausen und selbst vor Bungee-Jumping nicht zurückschrecken, obwohl keine Versicherung mehr die Haftung übernimmt. Es soll sogar Paare geben, die sich selbst über 50 noch zu jung für ein Kind fühlen. Die Aktivrentner lauern überall. Alt werde ich später – diese Ansage stammt von der immer noch recht knackigen Iris Berben.

Auf die Frage, wie mit der unausweichlichen Tatsache umzugehen ist, muss also jede(r) ihre (seine) eigenen Antworten finden. Ich für meinen Teil habe beschlossen, in den Widerstand zu gehen. Und das fängt bei meinem Körper an und hört erst bei meiner Seele auf. Kampflos gebe ich mich nicht geschlagen!

Männern sollten wir übrigens in diesem Zusammenhang gar nichts glauben. In seiner Erzählung *Der alte Mann und das Meer* ließ Ernest Hemingway seinen Helden sagen: »Man kann vernichtet werden, aber man darf nicht aufgeben.« Klingt gut, aber wir wissen ja, wie das endete. Er gab sich die Kugel. Und nicht nur er zog es vor, frühzeitig mit dieser Methode aus dem Spiel auszusteigen.

Wir brauchen echte Vorbilder, Frauen, die älter sind als wir und immer noch atemberaubend gut aussehen, energisch ihr Ding durchziehen, mit Charisma und Charme eine ganze Tafel beherrschen und alles in den Schatten stellen, was uns Jüngeren Angst machen könnte. Ich kenne solche Frauen, meine Freundin Ulrike ist so eine, und ich lerne ständig von diesen Kalibern. Zum Beispiel, dass Zeit zu kostbar ist, um sie noch mit Überflüssigem oder Ungutem zu vergeuden. »*Brauch ich das?*« Die Schreckensszenarien des Alters brauche ich jedenfalls nicht. Hier habe ich mich für die Verdrängungsmethode entschieden: Augen zu und durch, komme, was wolle. Und bis dahin werde ich mich mit dem Naheliegenden auseinandersetzen, im Hier und Jetzt eben.

Denn auch, wenn feststeht, dass irgendwann der Deckel über mir zufällt, steht noch längst nicht fest, wie lang und kurvenreich der Weg bis dahin sein wird. Ich für meinen Teil erwarte mir eine spannende, überraschende und hoffentlich abenteuerliche Reise mit allen Höhen und Tiefen, die das Leben zu bieten hat. Ich sage mal aus tiefstem Herzen: »Es wird großartig!«

Eine gute Portion Verdrängung in Kombination mit einer rosaroten Lesebrille sind als Überlebens-Kit schon mal ganz brauchbar. Was noch? Den Mut, um sich darauf einzulassen, hatten wir schon, den Humor, weil Lachen besser ist als Heulen

Älterwerden ist nichts für Feiglinge

und Freundschaften erhält, ebenfalls. Ganz wichtig in meinen Augen sind Contenance, um über manches einfach schweigend hinwegsehen zu können, und Grandezza, um mit erhobenem Haupt, geradem Rücken und flachem Bauch seine Frau zu stehen – und gelegentlich Champagner, weil es in diesem Leben immer etwas zu feiern gibt! Das entspannt, und entspannte Frauen sind schlicht schöner.

Was brauche ich noch? Übergewicht sicher nicht, und der ständige Kampf mit den Pfunden mittels Diät ist wahnsinnig anstrengend und unentspannt. Doch jedes Kilo zu viel auf dem Buckel oder besser gesagt auf dem Bauch macht den Weg nicht nur beschwerlicher, sondern auch hässlich. Als keuchender Meno-Mops mit hochrotem Kopf die nächsten 50 Jahre anzugehen – wirklich nicht. *Brauche ich das?* Nein, ich brauche nur das wirklich Nötigste. Ballast abzuwerfen, in jeder Form, ist, wie in den Jungbrunnen zu springen. Und da sind wir wieder beim Bauch, den ich – nebenbei bemerkt – nicht mehr habe. Meine Nordsee ruht still und klar, vor allem aber flach wie ein Spiegel. Geht doch.

Mein Beruf als Journalistin und Autorin hat es mit sich gebracht, dass ich mich mit Themen wie Ernährung, Fitness und Gesundheit ziemlich intensiv beschäftigt habe. Ich glaube, es gibt kaum eine Diät, die ich nicht mal ausprobiert habe. Vertrauen ist gut, aber Kontrolle ist besser. Es schreibt sich authentischer über etwas, was man kennt, erlebt oder ausprobiert hat.

Älterwerden ist nichts für Feiglinge

Aus dieser langjähriger Feldforschung kann ich sagen: Diäten funktionieren überhaupt nicht. Das sind nur Kurzausflüge ins Schlanksein, das dicke Ende kommt garantiert immer hinterher. Sich für vier Wochen zu kasteien, um danach wieder in den alten Trott zu verfallen, ist ein Auslaufmodell. Das ist für manche offensichtlich die wahre Kunst im Leben: keinen Erfolg damit zu haben und trotzdem auf Diät zu bleiben.

Ich werde Ihnen hier keine Diät, keine Ernährung auf Zeit, anbieten, sondern eine neue Ernährungsweise, die von jetzt an für die nächsten Jahrzehnte zu Ihnen passt oder wenigstens bis Ü60, und dann sehen wir weiter. Jetzt ist der schlanke Weg das Lebensziel. Und ein bisschen Zen hat noch niemandem geschadet. Wenn Sie aber noch mit einer Diät liebäugeln, lautet mein Rat: Vergessen Sie es, verlassen Sie die Komfortzone und stellen Sie alles auf den Prüfstand. Alles neu macht der Wechsel.

Immer wenn ich spürte, dass mein Körper wieder einmal meinte, ein paar Pfund draufpacken zu müssen, suchte ich nach den passenden Schräubchen, die ich drehen musste, um dagegenzuhalten. Hier ein bisschen fester anziehen, dort ein wenig nachgeben. Der Stoffwechsel verändert sich ja nicht nur jenseits der 50; schon in jüngeren Jahren stellen sich in regelmäßigen Abständen Bremsklötzchen in unseren Weg.

Wenn Sie schon einige pfundige Altlasten aus früheren Jahren mit sich herumschleppen, macht das gar nichts. Auch die können Sie jetzt wieder loswerden. Sie können schlanker werden, als Sie es je für möglich gehalten haben. Für jedes Pfund, das Sie von heute an abnehmen wollen, müssen Sie nur eine Woche kalkulieren, nicht ein Jahr. Manchmal sind es sogar zwei Pfund in der Woche, vor allem am Anfang. Und die paar Wochen sitzen Sie doch auf der halben Pobacke ab, oder? Ich glaube an Sie!

FAZIT

Schlank zu sein entspannt, und entspannte Frauen sind schlicht schöner.

Eine Frage der Ähre

Mädelsabend bei Susanne. Als ich eintraf, waren Carina, Tanja und Yvonne schon da. »Du hast abgenommen«, begrüßte mich ein schriller Chor. Blicke trafen mich wie Pfeile. Ich nickte huldvoll und unterdrückte den Impuls, einen Freudentanz aufzuführen. Den hätten meine Freundinnen sicher nicht goutiert. Bescheidenheit war die bessere Reaktion. »Ein bisschen.«

»Wie hast du das gemacht?«, fragte Susanne und legte ihre Hand auf meinen nicht mehr vorhandenen Bauch.

Das war zu viel, meine Selbstkontrolle schwand. »Wollt ihr mal sehen?«, kokettierte ich und spielte frech mit dem Saum meiner Bluse. Alle nickten, und dann schob ich meine Bluse hoch.

»Für so einen Bauch könnte ich morden«, stöhnte Carina. »Der ist ja ganz flach.«

»Mit Ultraschall?«, überlegte Tanja laut. »Oder mit so 'ner Kältebehandlung?«

»Gib's zu, du hast den Fettberg absaugen lassen«, meinte Yvonne, musterte mich misstrauisch und suchte nach verräterischen Narben.

Eine Frage der Ähre

Ich schüttelte nur den Kopf und grinste zufrieden, während sich die Mienen der anderen immer mehr verdüsterten. Ich konnte ihre Gedanken regelrecht hören: Was hat sie, was wir nicht haben?

»Na, red schon«, forderte mich Yvonne auf.

»Wann hast du das letzte Mal etwas gegessen?«, wollte Susanne von mir wissen und hielt mir den Brotkorb vor die Nase. »Du kommst bestimmt um vor Hunger.«

Ich kreuzte die Zeigefinger wie ein Vampirjäger und verzog das Gesicht, als ich den Brotkorb sah. »Das da? Kann mich nicht mehr erinnern.«

Die typischen Fragen, ein klassischer Menopausen-Mädelsabend und höchste Zeit, überholtes Wissen wegzuschaffen.

»Wir sind im Wechsel«, hob ich an, »Wechseljahre sind auch Stoffwechseljahre, und das heißt, alles muss auf den Prüfstand, auch die Ernährung. Mein Stoffwechsel ist im Sinkmodus, darauf habe ich halt intelligent reagiert.«

»Unser Cleverle«, höhnte Carina.

»Jetzt lass sie doch mal ausreden«, ging Tanja dazwischen.

»Du erzählst uns jetzt haargenau, wie du das geschafft hast«, verlangte Yvonne energisch.

»Willst du wirklich kein Stück Brot?«, fragte Susanne mitfühlend. »Ist auch Vollkorn.«

Ich schob den Brotkorb weg. »Zum Glück bin ich Altruistin, deshalb verrate ich euch mein Geheimnis. Das ist alles nur eine Frage der Ähre. Brot, auch aus Vollkorn, und andere Dickmacher,

Eine Frage der Ähre

die Kohlenhydrate liefern, esse ich nur in homöopathischer Dosierung und vor allem richtig getimt.«

»Pah, das soll schon alles sein?«, bohrte Carina ungläubig nach.

Natürlich nicht. Aber um es an dieser Stelle kurz auf den Punkt zu bringen, bekommen Sie hier die Kurzversion, die Langversion, wie Sie es schaffen, über 50 Ihr persönliches Wunschgewicht zu erreichen, können Sie dann auf den folgenden Seiten im Detail nachlesen. Hier die sieben Gründe, warum ich jetzt so schlank bin, auf einen Blick:

1. *Dreimal.* Ich esse mich immer satt, aber nur noch dreimal am Tag, also früh, mittags und abends. Das brauche ich! Dazwischen geht mir nichts über die Lippen, was Kalorien hat, also kein zweites Frühstück, kein Pausensnack, kein Häppchen am Nachmittag. Nada!

2. *Timing.* Ich esse im Biorhythmus, das heißt morgens mehr Kohlenhydrate, weil ich Energie für den Tag brauche, mittags ein wenig von allem, also Mischkost, wie der Name sagt, aber nur noch wenig Kohlenhydrate. Und abends esse ich überhaupt keine Kohlenhydrate mehr, sondern nur noch Eiweiß pur. Ohne Kompromisse!

3. *Weniger.* Ich esse nicht insgesamt weniger, aber weniger Kohlenhydrate, viel weniger als früher, weil mein Stoffwechsel die nicht mehr braucht.

4. *Promille.* Ich trinke nicht mehr täglich Alkohol, sondern nur noch als Genussmittel in Form von Weißwein oder Champagner in ausgewählten Situationen.

Eine Frage der Ähre

5. *Sünde.* Ich halte mich sehr diszipliniert an diese Essensregeln an sechs Tagen in der Woche, am siebten Tag sündige ich nach Herzenslust. Das brauche ich unbedingt.

6. *Muckis.* Ich mache weniger Sport als früher, dafür aber regelmäßig und viel intensiver, maximal 30 Minuten pro Tag, das aber fünf- bis sechsmal die Woche. Ich brauche mehr Muskeln, deshalb baue ich gezielt Muskelmasse auf. Das pusht meinen Stoffwechsel wieder nach oben.

7. *Prüfstand.* Essen allein macht nicht glücklich. Deshalb checke ich alles andere in meinem Leben mit der Frage: *Brauch ich das alles wirklich?* Unter diesem Motto habe ich mein Zuhause, meine Beziehungen, meinen Kopf und meine Seele richtig ausgemistet. Ich habe eine neue Ordnung in mein Leben gebracht, Überflüssiges losgelassen und Platz für Neues geschaffen. Wenn nicht jetzt, wann dann?

Seitdem ich nach diesen sieben Regeln lebe, schlage ich mich nicht mehr mit dem ungeliebten Wanst herum, sondern bin schlanker denn je. Parallel mit dem sinkenden Gewicht ist meine Stimmung gestiegen; keine Spur mehr von Heulsusen-, Trauerkloß- oder Wut-Episoden. Ich sitze nicht mehr im Dampfdrucktopf oder Brutkasten, mein Thermostat funktioniert wieder. Ich liege nachts auch nicht mehr grübelnd wach, sondern schlafe gut und wache erholt auf.

Dieser Lebensabschnitt hat seinen Schrecken verloren, Schweißausbrüche, Wassereinlagerungen und Co. sind Schnee von gestern. Nur die Lesebrille ist unverzichtbar geblieben.

Eine Frage der Ähre

Ich hoffe, Sie haben Ihre Lesebrille jetzt auf der Nase und schmökern weiter durch die Langversion. Denn nur wer nichts weiß, muss alles glauben.

FAZIT

50 plus ist noch lange kein Grund, den Kopf in den Sand zu stecken. Noch ist die Macht über deinen Körper mit dir.

Pubertät reloaded?

Ein Rückblick: Meine Laune war auf dem Tiefpunkt. Ich brauchte nur einen Blick in meinen gut gefüllten Kleiderschrank zu werfen, um richtig schlecht drauf zu kommen. Obwohl, ein Gang auf die Waage konnte das noch toppen. Beim letzten Wiegen hatte sich erneut eine Steigerung gezeigt, die mich aufjaulen ließ: »Mein Gott, ich esse kaum noch was, und jetzt das. Ich bin doch auch nur ein Mensch.«

»Mhmm … eher anderthalb, würde ich sagen«, hörte ich meine Waage unverschämt antworten. Diese Erkenntnis hatte mich wie ein Schlag mit dem nassen Handtuch getroffen: Ich war inzwischen zu klein für mein Gewicht – das Todesurteil für meine Waage, das ich im letzten Augenblick vor der Mülltonne stehend in eine Verbannungsstrafe abmilderte.

Das Ding, das auch den Körperfettanteil anzeigte, war schließlich ziemlich teuer gewesen, war mir durch den Kopf geschossen, als ich sie in hohen Bogen in die Tonne schmeißen wollte. Wer weiß, wofür ich sie noch einmal brauchen konnte. So verschwand meine Waage allmählich unter einer dicken Staubschicht, vergessen hinter dem Badezimmerschrank.

Pubertät reloaded?

Zurück zur Kammer des Schreckens. Ich erlebte diese hormongesteuerte Schranksituation als ein Déjà-vu. Schon im Alter von 13, 14 Jahren hatte es im Hinblick auf die Frage »Was ziehe ich heute an?« regelmäßig schlechte Laune und Tobsuchtsanfälle gegeben. Damals hatte meine Mutter quasi als mein Über-Ich neben mir gestanden und versucht, Einfluss auf meine Kleiderwahl zu nehmen. Schließlich sollte ich den Schulweg in nach ihrer Meinung geeigneten Outfits antreten. Einem zeternden Teenager, der im Östrogen-Hormonkoller rebelliert, ist jedoch kaum eine Mutter auf Dauer gewachsen.

Ich kann mich noch gut an diese Lebensphase erinnern und mit vollster Überzeugung sagen: Nie mehr möchte ich so blutjung sein. Sollte ich wiedergeboren werden, dann bitte erst mit Anfang 20.

Damals, als Teenager, fluteten Hormone meinen Körper und katapultierten mich in eine neue Lebensphase. Auch damals flogen die Fetzen. Denn alles, was meine Mutter mir kleidungstechnisch nahelegte, war in meinen Augen gruselig und altbacken.

Ich wollte Tops, die gerade über dem Bauchnabel (schon damals!) endeten; Röcke, die so eng und kurz sein mussten, dass ich die Treppe in den Schulbus nur noch seitlich erklimmen konnte; Hosen, in die ich eingenäht werden musste, bei denen der Reißverschluss nur noch im Liegen zu schließen war und die nach längerem Tragen Bauchkrämpfe verursachten.

Die Pubertät, lang ist's her, Sie erinnern sich an diese Phase? Sobald die Steuerungszentrale im Gehirn, der Hypothalamus, das Signal gegeben hat, startet dieser Entwicklungsterror.

Pubertät reloaded?

Dann verändern Sexualhormone den kindlichen Körper und vernebeln Teenagern den Verstand. Wissenschaftler haben festgestellt, dass die Gehirne Heranwachsender und Schizophrener große Ähnlichkeiten aufweisen! Die durch die Hormonflut ausgelösten Umbauarbeiten sorgen für erhebliche Turbulenzen. Das Programm hat nur ein Ziel: Mehret euch und seid fruchtbar – sprich Geschlechtsreife und Fruchtbarkeit.

Etwa 30 Jahre später scheint dieses Programm in entgegengesetzter Richtung erneut anzulaufen, aus einer Pubertierenden wird nur eine »Menotierende«, nicht zu verwechseln mit einer Meditierenden; auf dieses Thema gehe ich erst am Ende des Buches ausführlich ein.

Bei uns Menotierenden verabschieden sich nun die Geschlechtshormone, die Fruchtbarkeit ebenfalls, nur das mit der Schizophrenie kommt zurück. *Brauch ich das?* Wirklich nicht. Ich hatte immer öfter das Gefühl, den Verstand zu verlieren. Alle Hormone, die uns so jung, federnd und vital in die Welt der Erwachsenen entlassen hatten, zogen sich jetzt auf unheimliche Weise wieder zurück, mit zum Teil unheimlichen Folgen.

Diese Hormone! Eigentlich handelt es sich dabei nur um Botenstoffe, die aber an fast allen Lebensprozessen beteiligt sind und extremen Einfluss auf uns haben. Sie beeinflussen unsere Stimmung, den Stoffwechsel, das Immunsystem oder unsere Belastbarkeit. Mehr als 1000 solcher Substanzen zirkulieren durch unseren Körper. Viele davon werden aber jenseits der 50 nicht mehr in so großen Mengen gebildet wie zu Jugendzeiten.

Pubertät reloaded?

Kein hormoneller Rückgang rüttelt uns Frauen mehr durcheinander als jener der Sexualhormone, allen voran Östrogen und Testosteron. Zum einen, weil sie so abrupt einbrechen, zum anderen, weil sie einen Teil unserer Identität stiften.

Überall im Körper finden sich Rezeptoren für diese mächtigen Botenstoffe. Östrogen und Testosteron spielen ja nicht nur bei der Fortpflanzung die entscheidende Rolle, sie greifen auch ins Knochenwachstum ein, bestimmen den Fettstoffwechsel mit und prägen über komplizierte Regelkreise unser Denken, Fühlen und Handeln.

Warum sich diese Sexualhormone verabschieden, darüber rätseln die Wissenschaftler noch. Manche vermuten als Grund für unsere Wechseljahre, dass unsere Babys extrem lange völlig hilflos sind. Mütter werden deshalb irgendwann unfruchtbar, damit sie auch das letzte Kind noch großziehen können.

Okay, dass es keinen großen Sinn macht, mit Mitte 50 noch Mutter zu werden, kann ich gerade noch hinnehmen. Aber ein bisschen ungerecht finde ich es schon. Denn mit diesem Punkt muss sich das angeblich starke Geschlecht in der Regel nicht herumschlagen. Aber darauf will ich nicht weiter eingehen, denn in diesem Buch geht es nur um uns Frauen, um unseren Meno-Bauch und unseren neuen Lebensabschnitt.

Damals als Pubertierende stand meinem modischen Verständnis gelegentlich meine Mutter im Weg. Jetzt stand ich mir selbst im Weg oder besser gesagt ein Teil von mir, der mich daran hinderte, das zu tragen, wonach mir der Sinn stand. Dieser Bauch passte nicht mehr in meine T-Shirts, er sprengte die

Pubertät reloaded?

Blusen, wölbte die Pullover und quoll über Rock- und Hosenbund. Warum mussten ausgerechnet jetzt Hüfthosen modern sein? Frauenfeindlich nenne ich das! Ein Hoch auf die gute alte Bundfaltenhose mit einem Hosenbund auf Höhe des Bauchnabels. Da hätte ich jetzt alles perfekt hineinpacken können. Denn all meine Fettzellen schienen sich zusammengetan zu haben, frei nach dem Motto: Gemeinsam sind wir weniger einsam. Und es wurden immer mehr. Sie hatten sich ohne meine Zustimmung zu einem Dauer-Flashmob verabredet: Heute spielen wir Tsunami auf Nadjas Bauch, das macht Spaß.

Die Fettverteilung ändert sich jenseits der 50, hatte meine Frauenärztin gesagt. Damit hatte sie eindeutig den Nagel auf den Kopf getroffen, aber warum war das eigentlich so? Jetzt heißt es Zähne zusammenbeißen und tapfer sein.

Tatsache Nr. 1: Mit den Wechseljahren versiegen die Hormone Östrogen und Progesteron wieder, während der weibliche Körper weiter unverändert und ungeniert männliche Hormone wie Testosteron produziert. Hier grüßt unsere männliche Hälfte, die wir jahrzehntelang mit uns herumgetragen haben, ohne es zu ahnen.

Während wir mit Blick auf die weiblichen Hormone in die Wüste Gobi steuern, müssen wir uns nun mit einem Überschuss an männlichen Hormonen herumschlagen. Mir wächst deswegen immer noch kein Bart, ich stehe auch nicht am Grill und beschimpfe im Auto jeden anderen Autofahrer als Vollpfosten, der seinen Führerschein im Takatuka-Land gemacht haben

39

muss. Aber ich verliere schneller die Geduld, bin extrem leicht gestresst und schlage mich mit dieser verhängnisvollen Veränderung der Fettverteilung herum. Wie die meisten Männer schon ab 40, nur gehen die damit irgendwie anders um. Wenn wir uns im Spiegel betrachten, dann gerne auch von der Seite, um das sich wölbende Gebilde gnadenlos beäugen und bejammern zu können. Männer dagegen sehen sich nur frontal an, um sich dann zufrieden auf den Bauch zu klopfen: »Passt scho.«

Als bei uns hormonell noch alles in der Balance war, kämpften wir Frauen überwiegend mit Fettpolstern an Hüften, Beinen und Po. Aber jenseits der Demarkationslinie lassen wir die ungeliebte Birnenform hinter uns und bekommen einen noch ungeliebteren Apfelbauch plus ein ungünstigeres Verhältnis von Taille zu Hüfte. Und das alles verursachen Hormone, männliche Hormone!

Und hier kommt Tatsache Nr. 2 ins Spiel, die uns ebenfalls diesen ungenehmigten Schwarzvorbau beschert: Wir bauen Muskelmasse ab. Sie merken das vielleicht gar nicht so deutlich, weil Ihr Bizeps immer ziemlich mickrig gewesen ist und Ihr Sixpack am Bauch nie das Licht dieser Welt erblickt hat. Aber all die vielen versteckten Muskelzellen, die uns so wunderbar durchs Leben tragen, beginnen ihren Rückzug – übrigens bereits mit Mitte 30 und auch bei den Männern, die haben nur grundsätzlich mehr Muskeln und damit ein größeres Abbaureservoir. Und um dieses wachsende Muskelzellen-Vakuum wieder aufzufüllen, bekommen wir stattdessen gratis Fettzellen.

Mit diesem unaufhörlichen Muskelabbau entwickelt sich

Pubertät reloaded?

der Stoffwechsel allmählich immer mehr zur lahmen Ente, und wenn Sie dem nicht Einhalt gebieten, dann wächst der Bauch weiter und weiter. Übrigens beeinflussen Sie Ihren Stoffwechsel nicht, indem Sie neue Klamotten kaufen.

Und jetzt wird es ganz finster: Weniger Muskeln bedeuten weniger Kalorienverbrauch. Denn Muskeln verbrennen Energie, sprich Kalorien, und das auch in Ruhe. Warum das so ist, erkläre ich Ihnen etwas später.

Denn hier muss ich erst auf Tatsache Nr. 3 eingehen: Um Monat für Monat die Möglichkeit einer Schwangerschaft zu erschaffen, verbrauchte unser Körper ziemlich viele Kalorien. Der Zyklus, der uns manchmal behindert und genervt hatte oder uns auch mal aufatmen ließ, trug also ebenfalls dazu bei, mehr Kalorien als heute zu verbrennen. Darauf können wir nun nicht mehr bauen.

Last, but not least Tatsache Nr. 4: Östrogen regelt auch die Körpertemperatur. Steht weniger Östrogen zur Verfügung, sinkt diese leicht. Das mag paradox klingen, wenn Sie gerade die fliegende Hitze im Schweiß baden lässt. Aber die Körpertemperatur sinkt tatsächlich etwas. Auch deshalb verbraucht der Körper weniger Energie als früher. Was nicht ausschließt, dass Sie immer noch Feuer und Flamme für etwas sein können.

All diese Kalorienverbrenner sind Schnee von gestern, aber das ist dennoch kein Grund, in die Duldungsstarre zu fallen und zum Trauerkloß zu mutieren, denn es gibt auch gute Nachrichten: Die Wechseljahre sind nicht der eigentliche Grund, der uns so zuneh-

41

Pubertät reloaded?

men lässt. Sie sorgen lediglich dafür, dass die Fettpolster wie die Lemminge in Richtung Bauch wandern. Mit den Tatsachen Nr. 1, 2 und 4 müssen wir uns wohl oder übel irgendwie abfinden, denn die Zeit lässt sich nicht zurückdrehen, erhöhte Temperatur haben wir messbar nur noch bei Fieber, und unseren Zyklus bekommen wir auch nicht wieder. Zumindest nicht in diesem Leben.

Aber mit Blick auf Tatsache Nr. 2 bleibt uns eine wirklich großartige Option: Wir können den altersbedingten Muskelabbau gewaltig bremsen und somit unseren Energieverbrauch erhöhen. Wir können außerdem gleichzeitig unsere Energiezufuhr intelligent beeinflussen und damit die Fettzellen am Bauch wieder schmelzen lassen wie Eiswürfel in der Sonne. Denn niemand zwingt Sie, wie ein Scheunendrescher zu essen. Aber das Allerbeste: Wir sind der Wirkung der Hormone nicht völlig machtlos ausgeliefert. Im Gegenteil: Auf die Ausschüttung einiger wichtiger Hormone, allen voran des Insulins, können wir mit unserer Ernährung direkt Einfluss nehmen – und damit auf unser Gewicht. Und das ist die Chance! Damit wird aus einem Waschbärbauch vielleicht ein Waschbrettbauch – flach, fest, glatt.

FAZIT

Die Wechseljahre sind nicht der eigentliche Grund, warum wir so zunehmen, sie sorgen lediglich dafür, dass die Fettpolster in Richtung Bauch abwandern. Sie können diese Karawane stoppen.

Rollerskates
statt Rollator

Erinnern Sie sich an meine Genussorgie nach dem Arztbesuch mit Latte macchiato und Bienenstich? Genau das hatte ich damals gebraucht. Ein kalorienfreies Glas Mineralwasser hätte mir niemals denselben Trost bescheren können wie diese wunderbaren Stimmungsaufheller aus Fett und Zucker. Oder können Sie sich mit Wasser pur ein Loch in den Bauch freuen?

Ich möchte hier jedoch an den Satz meiner Frauenärztin erinnern: »… alles, was der Körper nicht braucht.« Und da haben wir den Schlamassel. Die Menge und Mischung aus Zucker und Fett braucht unser Körper leider so gar nicht. Diese Schmackofatz-Kalorien, die der Seele guttun, machen unseren Bauch zum Handschmeichler: Wer hingreift, spürt sofort die weiche, nachgiebige Wölbung zwischen den Fingern.

Da unser Körper nicht weiß, was er mit dieser überflüssigen Überlebensration – in meinem Fall aus Bienenstich und Milchkaffee – anfangen soll, schickt er das Übergepäck einfach weiter in seinen Notspeicher für die schlechten Zeiten. Der befindet sich bei uns inzwischen unübersehbar rund um den Bauchnabel, und die Lagerlogistik funktioniert einwandfrei.

Würde es sich bei dieser Kaffee-und-Kuchen-Orgie um ein einmaliges Ereignis handeln, sagen wir einmal pro Monat, könnten wir die Kaloriensünde getrost unter den Tisch fallen lassen. Wäre dem so, hätten wir nach wie vor unsere Bikinifigur und würden als schlankes Reh unseren Traumkörper am Strand zur Schau stellen, statt diskret mit Badeanzug und Pareo die Scheinschwangerschaft zu verhüllen.

Aber Hand aufs Herz: nur ein Mal im Monat, dem ist ja nicht so. Die Wahrheit sieht doch anders aus. Ein Croissant als zweites Frühstück, weil der kleine Hunger echt nervt, ein klitzekleines Stückchen Käsekuchen zum Dessert, weil Käse den Magen schließt, ein Nusshörnchen gegen das obligatorische Nachmittagstief und als Betthupferl ein Rippchen Bitterschokolade, mit mindestens 60 Prozent Kakaogehalt gegen das schlechte Gewissen – das ist doch eher die Regel als die Ausnahme. Mit einem wohligen Sättigungsgefühl schläft es sich ja gleich viel besser, und lautes Rumoren kann die Nachtruhe empfindlich stören. Dagegen helfen noch nicht einmal Ohropax.

Würden Sie eher lustlos im Essen herumstochern und nach dem zweiten Bissen die Gabel ermattet aus der Hand legen, hätten Sie dieses Buch nicht vor der Lesebrille. Ich kenne auch niemanden, der eine Caliper-Fettzange auf dem Nachttisch liegen hat, um sich masochistisch jeden Abend vor dem Einschlafen noch einmal selbst zu vermessen. Das Ding gehört noch nicht einmal zur Ausrüstung einer Domina. Nie davon

Rollerskates statt Rollator

gehört? Sie ziehen die Haut samt Fett vom Muskel und vom Knochen weg, zwicken diese Falte in die Fettzange und messen die Dicke des Unterhautfettgewebes. *Brauchen Sie ja so was von gar nicht!*

Aber was braucht unser Körper also wirklich? Hier kommt etwas Mathematik ins Spiel. Der tägliche Energiebedarf in Form von Kalorien lässt sich exakt ausrechnen. Als mir ein Arzt meinen Tagesumsatz vor ein paar Jahren einmal genau ausgerechnet hatte, war ich baff erstaunt: »So wenig?« Ich war immer von einer illusorisch hohen Zahl ausgegangen. Aber tatsächlich betrug er damals, noch lange vor dem 50. Geburtstag, im allerbesten Fall nur 2100 Kalorien, die waren bei einer leichtsinnigen Ernährung ruckzuck überschritten.

Sie brauchen keinen Arzt aufzusuchen, um Ihren täglichen Energiebedarf zu erfahren. Für den Hausgebrauch genügt eine recht einfache Formel, mit der Sie Ihren persönlichen Kalorienverbrauch ziemlich genau ausrechnen können. Ein Taschenrechner wäre jedoch ganz hilfreich, außer Sie sind ein Kopfrechen-Genie.

Der individuelle Verbrauch hängt vom sogenannten Grund- und Arbeitsumsatz ab. Die Kalorien, die Ihr Körper für alle organischen Funktionen braucht, auch wenn Sie sich 24 Stunden tot stellen und keinen Millimeter bewegen, ergeben den Grundumsatz. Er macht circa 70 Prozent des täglichen Kalorienverbrauchs aus. Also je höher, desto besser stehen Ihre Abnehm-Aktien.

Und mit dieser Formel berechnen Sie Ihren persönlichen Grundumsatz:

8,7 x Gewicht (in kg) + 829

Ich rechne hier mal meinen Grundumsatz aus: 8,7 x 59 kg + 829 = 1342,3 Kalorien. Ich lasse die 3 nach dem Komma stehen, weil jede Kalorie zählt, finde ich.

Wenn Ihnen diese Formel zu simpel ist, kann ich Ihnen auch noch eine kompliziertere Berechnung Ihres Grundumsatzes anbieten, die jedoch etwas genauer ist, weil sie Ihr Alter und Ihre Körpergröße berücksichtigt:

Grundumsatz = 655 + (9,6 x Gewicht in kg) + (1,8 x Größe in cm) – (4,7 x Alter in Jahren) = Grundumsatz

An meinem Beispiel sähe das dann so aus:

655 + (9,6 x 59 kg) + (1,8 x 174 cm) – (4,7 x 54 Jahre) = Grundumsatz
655 + 566,4 + 313,2 – 253,8 = 1280,8

Mit dieser exakteren Formel liegt mein Grundumsatz dann noch weiter unten als bei der ersten. Hilfe! Arbeiten Sie besser mit der ersten Formel!

Egal, für welche Berechnung Sie sich entscheiden, addieren Sie zum Ergebnis nun hinzu, was Sie Tag für Tag dafür verschwenden, um Ihren Luxuskörper von A nach B oder über-

Rollerskates statt Rollator

haupt zu bewegen. Wenn Sie sich jeden Tag aufs Zweirad schwingen oder auf Rollerskates umhersausen, dann verbrauchen Sie erheblich mehr Energie, als wenn Sie nur den Einkaufswagen wie einen Rollator vor sich herschieben und danach völlig gerädert im Auto Platz nehmen.

Der sogenannte Arbeitsumsatz steigt mit der körperlichen Aktivität. Alles, was Sie tagsüber unternehmen, auch wenn Sie nur um den Kühlschrank herumschleichen, verbraucht Kalorien, und wenn Sie Ihren Kühlschrank herumtragen, erheblich mehr.

Der Arbeitsumsatz schwankt also je nachdem, was Sie tagsüber machen. Er beschreibt das gesamte Ausmaß Ihrer körperlichen Aktivität und wird kurz »PAL« (*physical activity level*) genannt. Damit pimpen Sie nun Ihren Grundumsatz.

Multiplizieren Sie Ihren Grundumsatz mit dem Faktor 1,4, wenn Sie jeder Bewegung aus dem Weg gehen, also eher faul sind; mit 1,7, wenn Sie tagsüber normal auf Achse sind wie der große Durchschnitt; und mit 2,0, wenn Sie unter ADHS leiden und turboaktiv sind. Das Ergebnis ist Ihr täglicher Kalorienbedarf.

Mein Ergebnis: 4026,9 Kalorien. Wie das? Ich hatte meinen Grundumsatz mit dem Faktor 3 multipliziert, weil ich täglich 30 Kilometer renne, Möbel schleppe und dabei 2000 Höhenmeter überwinde ... theoretisch. Okay, okay, das war etwas übertrieben. Wenn ich ausnahmsweise mal auf der faulen Haut liege und chille, bewegt sich mein Tagesverbrauch realistisch zwischen 1879,22 und 2281,91, sagen wir großzügig im Durchschnitt rund 2000 Kalorien, Tendenz mit den Jahren sinkend. Ja, die Lage ist hoffnungslos, aber nicht ernst.

Esse ich täglich mehr Kalorien als nötig, wächst die Wampe, wenn ich darunter bleibe, schmilzt das Fett wieder, dazwischen bleibt alles beim Status quo. Jedenfalls theoretisch. Denn es macht einen großen Unterschied, ob und zu welcher Tageszeit wir 100 Kalorien Fett, 100 Kalorien Zucker oder 100 Kalorien Eiweiß essen, ihre Wirkung auf unser Gewicht ist nämlich völlig anders.

FAZIT

Die Vermessung der Welt funktioniert auch im Kleinen. Rechnen Sie Ihren täglichen Kalorienbedarf aus, dann wissen Sie schlagartig die Antwort auf die Frage, ob Sie das nächste Stück Bienenstich wirklich brauchen.

Kalorisches
Kompetenzgerangel

Wir hatten unseren Mädelsabend ausnahmsweise auf den Nachmittag und in ein Café verlegt. Es war Samstag, die Sonne
schien, und wir hatten uns spontan verabredet, um unter freiem Himmel, aber unter Menschen zu chillen. So ein Kaffeeplausch mit Freundinnen ist unverzichtbar, die dazugehörigen
Kalorien leider auch.

»Wie, du isst Bienenstich?« Susanne, Carina, Tanja und
Yvonne starrten mich entgeistert an.

»Ihr seid ja schlimmer als die Inquisition«, jammerte ich
schuldbewusst. »Das ist mein erster seit Monaten.«

»Wo hast du denn deinen Besen geparkt?«, zog Yvonne mich
auf.

»Ich bin mit dem Fahrrad gekommen«, konterte ich und
nippte an meinem Espresso. »Und überhaupt, ihr seid ja auch
nicht viel besser.«

Susanne hatte sich eine Schwarzwälder Kirsch und einen Latte macchiato bestellt. Vor Carina standen ein Krapfen und ein

Cappuccino auf dem Tisch. Tanja und Yvonne hatten sich für Käsekuchen und eisgekühlten Frappuccino entschieden. Gegen diesen kulinarischen Sündenfall wirkte Evas Apfelverführung geradezu anorektisch.

Susanne schob ein Stück Schwarzwälder Kirschtorte in den Mund und säuselte selig: »Aber kein Kuchen ist doch auch keine Lösung.«

Carina zwickte sie unsanft in die Taille. »Ist das noch Winterspeck, oder sind das schon Frühlingsrollen?«

»Blöde Kuh«, lautete Susannes einziger Kommentar, und sie verspeiste unbeirrt genussvoll ihren Kuchen.

»Na, wenn du beide Augen zudrückst, siehst du das Gewicht auf der Waage nicht«, zog Tanja sie auf.

»Pah.« Susanne lehnte sich mit einem zufriedenen Grinsen zurück. »Jetzt geht's mir besser.« Ihr Teller war leer.

»Warten wir ab, was du morgen sagst«, lästerte Yvonne. »Oder?« Sie sah mich herausfordernd an.

»Mädels, so geht das nicht«, hob ich an und schluckte den letzten Bissen meines Bienenstichs hinunter. »Wenn Sünde, dann richtig. Heute ist mein Tag 7, da erlaube ich mir alles, wonach mir der Sinn steht.«

»Und an den anderen sechs Tagen kasteist du dich?«, fragte Susanne voller Mitleid.

»Kasteien? Wo denkst du hin«, widersprach ich, »aber ich mache um Zucker-Fett-Fallen wie diese hier einen großen Bogen. Auf diesem Umweg verbrenne ich so viel Kalorien, dass dieser Bienenstich mir gar nichts macht.«

Kalorisches Kompetenzgerangel

»Aber hast du nie Gelüste?«, wollte Carina wissen.

»Ob ihr es glaubt oder nicht, ich bin auch nur ein Mensch, und manchmal träume ich von einem Krapfen oder einer Butterbreze«, gab ich offen zu, »aber muss jeder Traum gleich in Erfüllung gehen?«

»Aber das ist irgendwie lustfeindlich«, maulte Tanja.

Ich zuckte mit den Schultern. »Wir sehen uns im Freibad.« So viel zur Praxis, nun etwas trockene Theorie.

Ja, der größte Buhmann in puncto Gewichtsprobleme bei Jung & Alt, Frau & Mann, Mensch & Tier hat einen gemeinsamen Nenner: Es ist der Zucker. Nicht nur der Haushaltszucker, der in der Tüte steckt, sondern auch der, den wir mit jedem süßen Teilchen, mit jeder Scheibe Brot, jedem Stück Pizza, jedem Teller Nudeln und jedem Wiener Schnitzel essen.

Dieser Zucker hat einen bitteren Beigeschmack: Denn dick macht erst, was das Hormon Insulin lockt, und das schafft der Zucker in der Nahrung. Höchste Zeit, um etwas tiefer zu schürfen und auf die drei wichtigsten Nährstoffe einzugehen, deren Unterschiede, Funktion und Wirkung.

Im Lauf eines Lebens wandern geschätzte 30 Tonnen feste und 50 000 Liter flüssige Nahrung durch unseren Körper. Alles marschiert durch ein intelligent ausgetüfteltes Labyrinth von mehreren Metern Länge, und auf diesem Durchmarsch wird der Speisebrei durchgewalkt, zersetzt, verdaut und verwertet.

Wir müssen uns das nicht im Detail vor Augen führen, weil alles, was hinter unseren hoffentlich geschlossenen Lippen mit der Nahrung geschieht, ja rein optisch betrachtet nicht mehr sehr appetitlich aussieht. Schon im Mund beginnt unser Körper damit, jeden Happen und jeden Schluck zu zersetzen, um alle wichtigen Bausteine aus der Nahrung herauszuholen und die Kalorien in Energie umzuwandeln. Egal, ob Sie sich ein Käsebrötchen reinschieben, einen Salat mit Putenbrust, eine Bouillabaisse schlürfen oder sich mit einem Fünf-Gänge-Menü in einem Drei-Sterne-Gourmettempel verwöhnen lassen, am Ende ist das Ergebnis bei allem das gleiche: Kohlenhydrate, Fett und Eiweiß. Mikronährstoffe wie Vitamine, Mineralien und Co. möchte ich an dieser Stelle vernachlässigen; sie kommen später zu ihrem Recht.

Hat das, was wir gerade verspeist und getrunken haben, die Runde durch unseren Körper gedreht, folgt der nächste Hautkontakt: Die Darmschleimhaut im Dünndarm nimmt die Kohlenhydrate, Eiweiße und Vitamine auf und gibt sie flugs an das Blutgefäßnetz der Darmwand ab, die Lymphgefäße kümmern sich mittlerweile um die Fette aus der Nahrung.

Nun zu den *Kohlenhydraten,* der Begriff lässt sich auch als ein Synonym für Zucker verstehen. Denn Kohlenhydrate werden im Dünndarm in Glukose, sprich Traubenzucker, umgewandelt. Ein Gramm davon liefert vier Kalorien und ist der begehrteste Energieträger des Stoffwechsels.

Kohlenhydrate sprich Zucker stecken in Obst, Gemüse, Brot, Kartoffeln, Nudeln, Reis, Süßigkeiten, Kuchen, Limonaden, Milch, Salat, Ketchup, Panade, Fertiggerichten, in industriell

Kalorisches Kompetenzgerangel

verarbeiteten Nahrungsmitteln etc. Die Liste ist lang, und der Übeltäter hat manchmal ein Tarnkäppchen übergezogen, sodass wir ihn in manchen Lebensmitteln gar nicht vermuten, wie zum Beispiel Ketchup, Milch oder angeblich ungesüßten Müslis oder Diabetiker-Marmelade.

Die mit der Nahrung aufgenommenen Kohlenhydrate werden zum größten Teil im Darm in ihre Bausteine, in Glukose, zerlegt und gelangen dann in die Leber. Einen Teil, eine Tagesration, speichern Leber und Muskeln. Aus dem Leberglykogen wird das Blut ständig mit Glukose versorgt, sodass sie den Organen, allen voran dem Gehirn, das seine Energie nur aus Glukose decken kann, immer ausreichend zur Verfügung steht. Diesen Teil brauchen wir absolut, darauf können wir nicht verzichten.

Aber der große überflüssige Rest, der die notwendige Tagesration übersteigt, wandert als Speichermasse in die Fettzellen, was wir am lebenden Beispiel selbst begutachten können: Ein Blick auf unseren Bauch belegt die mysteriöse Verwandlung in Hüftgold. Diese körpereigene Zuckerproduktion ist ein ziemlich schlaues System. Was da genau passiert, müssen wir nicht unbedingt verstehen. Es reicht die Erkenntnis: Aus Kohlenhydraten entsteht bei der Verdauung Zucker, der im besten Fall tagsüber Energie liefert, im häufigeren Fall jedoch dick macht.

Ein Gramm Kohlenhydrate liefert vier Kalorien – läppisch. Aber wir essen ja mehr als nur ein Gramm davon. Würden wir die Energie aus Milchkaffee und Bienenstich anschließend durch körperliche Anstrengung wieder verbrauchen, wäre alles in Ordnung. Ideal wäre es, danach ein paar Bäume mit der Axt

Kalorisches Kompetenzgerangel

zu fällen, noch besser, für die Tour de France oder den Iron Man auf Hawaii zu trainieren. Tun wir aber in der Regel nicht, weil wir nach dem Stadtbummel samt Kaffeepause die Einkaufstüte nur zum Auto tragen und nicht in den Rucksack packen, um damit nach Hause zu joggen. Deshalb schickt der Körper den Überschuss als stille Reserve für Notzeiten in die Fettzellen. Übrigens: Eine halbe Stunde Nordic Walking und Bauchweghöschen reichen leider nicht. Aber dazu später mehr.

Hauptnährstoff Nr. 2 ist das *Fett*. Es steht mehr als der Zucker unter Generalverdacht, der Dickmacher schlechthin zu sein. Jahrzehntelang wollte man uns glauben machen, dass es die vielen Fettkalorien seien, die uns in die Breite wachsen lassen. Weit gefehlt. Der Vorwurf lautete: Ein Gramm Fett liefert neun Kalorien, also mehr als das Doppelte im Vergleich zu Kohlenhydraten oder Eiweiß. Aber um es gleich hier zu sagen: Fett ist nicht böse! Es ist nur Opfer einer üblen Marketingkampagne. Dieser Shitstorm hatte aber Erfolg: Die Hersteller von fettfreien oder fettreduzierten Lebensmitteln verdienen sich dumm und dämlich.

Viele Milchprodukte, Wurstwaren, Fertiggerichte und Co. werben mit weniger oder null Fett – alles im Hinblick auf die schlanke Linie. Doch wer sich von diesen Slogans blenden lässt, wird leider enttäuscht. Weniger Fett macht nicht automatisch schlank, auch nicht jenseits der 50. Und das Kleingedruckte auf der Verpackung, welche Ersatzdickmacher das Fett ersetzen, können Sie eh nicht mehr lesen.

Kalorisches Kompetenzgerangel

Fett in seiner reinsten Form hat weder Geschmack noch Farbe oder Geruch. Es ist ein neutrales Medium, das für uns als Lebensmittelbestandteil drei Funktionen hat. Erstens ist es ein Energielieferant mit neun Kalorien je Gramm. Zweitens macht es satt, es füllt spürbar den Magen, manchmal liegt es wie ein Stein in demselben. Drittens dient Fett als Geschmacksträger und Sherpa für Aromen und Vitamine. Fehlt das Fett, gehen Geschmack und Sättigungsgefühl flöten. Auf beides wollen wir aber nicht verzichten. Deswegen brauchen wir Fett.

Rotes Fleisch enthält mehr und anderes Fett als eine Hühnerbrust. Deswegen ist ein Wechsel beim täglichen Verzehr absolut wünschenswert. Da ich aber davon ausgehe, dass Sie sich nicht jeden Tag Steaks oder eine Schweinshaxe reinhauen, vertiefe ich das Thema hier nicht weiter.

Nur ein Warnhinweis: Gefährlich sind Transfette, die bei der industriellen Härtung von Pflanzenölen oder beim Erhitzen von Ölen entstehen, also in fettreichen Backwaren, raffinierten Ölen, frittierten Nahrungsmitteln und vielen erhitzten Fertigprodukten, in Keksen, Gebäck, industriell hergestelltem Brot, bestimmten Margarinen und Streichpasten, Cremedesserts, Eis aus dem Handel, Chips oder Pommes stecken. Sie verstärken das »schlechte« LDL-Cholesterin und senken das »gute« HDL-Cholesterin und erhöhen das Risiko für koronare Herzkrankheiten sowie Diabetes. Aber davon lassen Sie ja eh die Finger.

Hauptnährstoff Nr. 3 ist *Eiweiß,* auch Protein genannt. Eiweiß ist mein Lieblingsnährstoff, wenn ich so sagen darf, denn es

Kalorisches Kompetenzgerangel

macht schlank, satt, jung, glücklich und gesund! Ohne Eiweiß wären wir nichts, es steckt in allen Teilen, Schichten, Geweben, Zellen unseres Körpers und erfüllt unzählige Aufgaben, zum Beispiel als Einsatzkommando in unserem Immunsystem.

Aber hübsch der Reihe nach. An erster Stelle ist Eiweiß natürlich wie zuvor Kohlenhydrate und Fett ein Energielieferant: Ein Gramm liefert vier Kalorien. Aber der Multitasker kann viel mehr: Eiweiß besteht aus einer komplizierten Struktur, die nicht nur seine kulinarischen Eigenschaften bestimmt. Sie erschwert dem Körper die Energiegewinnung aus Nahrungseiweiß, weil sie aufwendiger ist als bei Kohlenhydraten oder Fetten. Bei Eiweiß liefern Kalorien nicht nur Energie, sie kosten auch Energie bei ihrer Verarbeitung. Essen und dabei abnehmen, klingt das nicht wunderbar? Auch deshalb macht einen gewaltigen Unterschied, ob und zu welcher Tageszeit wir 100 Kalorien Fett, Zucker oder Eiweiß essen.

FAZIT

Kohlenhydrate liefern schnell verfügbare Energie, können aber dick machen. Fett macht satt und ist für den Geschmack wichtig, macht aber nicht direkt schlank. Eiweiß ist gesund, macht satt, schlank und glücklich!

Bienenstiche sorgen
für Schwellungen

Zurück zum Seniorinnenteller: So hübsch manches Gericht aussieht, so verführerisch es duftet, so lecker es schmeckt, letztlich besteht alles also nur aus Kohlenhydraten, Fett und Eiweiß. Deren Zusammensetzung entscheidet über Aussehen, Geschmack, Kalorien und über die Frage: ein oder kein Bauch?

Wenn Sie nun versehentlich Ihre Hand auf Ihre Mitte legen, weil Sie die Serviette suchen, und vor Schreck über den Wanst dort hineinkneifen, dann spüren Sie den Zucker zwischen Ihren Fingern, der auf wundersame Weise die Form eines Schwimmrings angenommen hat mit Dellen wie bei einer Luftpolsterfolie.

Warum sich diese Fettansammlung nicht nachsichtig und wohlproportioniert unter die Haut bei den Wangenknochen gelegt oder die Lippen sanft aufgepolstert hat, kann ich Ihnen nicht sagen. Aber warum sich alles am Bauch trifft, der uns schwerpunktmäßig aus den Latschen kippen lässt, wissen wir inzwischen: zu wenig Östrogen, zu viel Testosteron.

Bienenstiche sorgen für Schwellungen

Damit unser täglich Brot unsere Taille zum Auslaufmodell machen und dort sein Unheil anrichten kann, müssen wir es natürlich zuerst einmal in den Mund stecken, dann kauen und anschließend hinunterschlucken. Anschauen allein macht nicht dick, auch wenn Sie das Gefühl haben, schon beim Lesen des Fettgedruckten zuzunehmen. Nein, auch daran zu riechen macht nicht dick, es killt nur die Selbstkontrolle. Selbst das Anfassen bleibt ohne Folgen. Erst wenn wir genüsslich zubeißen, landen wir in der Sackgasse, wo es nur noch die Umstandsmode für über 50-Jährige zu kaufen gibt.

Interessant dabei ist aber, dass weder das Eiweiß noch das Fett in der Nahrung das Hormon Insulin auf den Plan ruft. Diesen Part übernehmen ausschließlich Kohlenhydrate. Aus ihnen wird nach der Verdauung Zucker, der ins Blut gelangt und den Blutzuckerspiegel ansteigen lässt. Insulin sorgt dafür, dass der Zucker aus dem Blut in die Zellen gelangt, wo er ja hinsoll. Ohne dieses Hormon würden wir verhungern, egal, wie viel wir essen, weil die Energie nie in den Zellen ankommen würde.

Insulin ist also das Hormon, das den Blutzucker wieder normalisieren kann. Und jetzt kommen wir allmählich zu des Pudels Kern dieses komplizierten Kreislaufs.

Ein normaler Blutzuckerspiegel liegt nüchtern bei etwa 60 Milligramm Glukose auf 100 Milliliter Blut. Eine Stunde nach dem Essen kann er auf 140 Milligramm/100 Milliliter ansteigen, bei Diabetikern noch viel höher. Und das ist laut körpereigener Schnellanalyse definitiv zu hoch. Denn immer auf

58

Bienenstiche sorgen für Schwellungen

der Suche nach der inneren Balance, will unser Körper einen erhöhten Blutzuckerspiegel ganz schnell wieder auf Normalniveau zurückbringen. Falls Sie es noch nicht gewusst haben: Unser Körper ist harmoniesüchtig. Und zu viel Zucker im Blut stört dieses Harmoniebedürfnis, denn ein hoher Blutzuckerspiegel ist gefährlich.

Wenn wir also zu viele Kohlenhydrate essen, produziert unser Körper immer mehr Insulin, um den Blutzuckerspiegel zu senken. Und zu viel Insulin löst Hunger aus. Denn ein sinkender Blutzuckerspiegel signalisiert dem Gehirn, dass es dringend Zucker braucht, obwohl gar keine Not herrscht. Allein das Absinken führt dazu – ein Programmierfehler, der sich nicht beheben lässt.

Es gibt allerdings eine magische Grenze, unter die der Blutzuckerspiegel tatsächlich nicht sinken sollte. Das Gefühl, im Unterzucker zu sein, kennt jeder. Mit dem bohrenden Heißhunger bekommen wir Kopfschmerzen und werden fahrig, zittrig, nervös oder sogar aggressiv. Ich zeige unterzuckert echte Killerinstinkte und belle dann die Kellnerin im Lokal schon mal ungehalten an: »Wo bleibt der Brotkorb?????? Her damit, aber dalli!« Das tut mir im gleichen Augenblick leid, weil die Kellnerin gar nichts dafür kann, aber wäre ihr mein glasiger Blick aufgefallen, wäre sie blitzschnell mit einer Semmel aufgetaucht. Unterzuckerte Gäste sind ein Albtraum.

Unser Gehirn verbrennt rund 140 Gramm Zucker am Tag, da kennt die Nervensäge in unserem Kopf auch kein Pardon. Dieser Zucker ist als Tagesration gespeichert, bei Bedarf bestel-

Bienenstiche sorgen für Schwellungen

len die Nervenzellen Nachschub und erwarten prompte Bedienung. Kleinste Blutgefäße transportieren dafür Blut samt Inhalt zu den Nervenzellen, die sich daraus mit Energie versorgen. Unser Gehirn ist das Organ, das Zucker wirklich braucht, aber es benötigt keine Überdosis, um besser zu arbeiten. Der IQ steigt leider nicht mit einem erhöhten Zuckerkonsum. Diesem Irrtum scheinen immer noch viele zu unterliegen und schütten literweise Cola und Chips in sich hinein.

Aber zurück zu unserer schwindenden Wespentaille und noch einmal zum Mitdenken: Die Kohlenhydrate lassen erst den Blutzuckerspiegel ansteigen, was dann Insulin lockt. Das Hormon lässt nach einiger Zeit den Blutzuckerspiegel wieder absacken, worauf das Gehirn Panik bekommt und Hungersignale aussendet. Obwohl wir also viele Kalorien gegessen haben, haben wir nach kurzer Zeit wieder Hunger. Denn das Auf und Ab des Zuckerspiegels verursacht Heißhunger. Und weil wir immer wieder essen, wächst unser Bauch.

Dieser Blutzucker-Schlangentanz geht nicht nur auf Kosten unserer Figur und unserer Geduld, er strapaziert auch unsere Bauchspeicheldrüse und kann zu deren Erschöpfung führen. Die Folge wäre dann Diabetes Typ 2. Hier sind die Zuckerwerte im Blut ständig zu hoch. Als Reaktion darauf produziert die Bauchspeicheldrüse anfangs zu viel Insulin, um doch noch den Zuckerüberschuss irgendwie loszuwerden, in die Zellen zu schleusen und den Blutzuckerspiegel wieder zu senken. Doch die Sisyphusarbeit hat auf Dauer keinen Erfolg. Mit der Zeit

Bienenstiche sorgen für Schwellungen

reagieren die Körperzellen immer weniger auf das Hormon, bis sie irgendwann ganz ihren Geist aufgeben und den Weg alles Irdischen gehen.

Noch vor 200 Jahren waren Probleme wie diese fast unbekannt. Es gab keine Schokoriegel, Pizzas oder Limonaden, häufig noch nicht einmal dreimal täglich etwas zu essen und schon gar nicht die großen Portionen, die wir heute so in uns hineinschaufeln. Die Menschen verzehrten etwa zwei Kilogramm Zucker im Jahr und bewegten sich dazu mehr! Den modernen Industriezucker, wie wir ihn heute kennen, gab es damals auch nicht.

Ich habe gelesen, dass laut einer amerikanischen Studie die Menschen heute bis zu einem Pfund Zucker pro Tag essen. Hochgerechnet bedeutet das 180 Kilogramm Zucker pro Jahr. Wie das geht? Mithilfe von Limonaden, Süßigkeiten, Brot, Pommes, Pizza, Chips, Kuchen, Spaghetti und Fast Food.

Wenn das so weitergeht, werden wir also immer fetter. Da könnte es mit den Jahren richtig eng werden auf unserem Planeten. Wir brauchen dann nicht nur mehr Platz für jeden Einzelnen, sondern auch größere Autos und größere Sitze in Bus, Bahn und Flugzeug. Ob das alles die Statik unseres Planeten aushält? Keine Ahnung, aber wer den soeben beschriebenen Zucker-Kreislauf einmal verstanden hat, wird Kohlenhydrate mit ganz anderen Augen sehen.

In homöopathischer Dosierung sind Kohlenhydrate ideal; sie schenken uns schnelle Energie, gute Laune und halten unsere grauen Zellen am Laufen. Was dagegen die tägliche Überdosis anrichtet, wissen Sie nun. Und mit Blick auf die wachsenden

Bienenstiche sorgen für Schwellungen

Jahresringe rund um die Taille wird klar, dass wir die Speise-Karten neu mischen müssen. Hier kommen die beiden anderen Nahrungsbestandteile ins Spiel. Weder Fett noch Eiweiß lassen den Blutzuckerspiegel ansteigen und locken auch kein Insulin.

Die häufige Empfehlung, wenig Fett, wenig Eiweiß und dafür zwangsläufig mehr Kohlenhydrate zu essen, führt also gänzlich in die Irre. Denn Fett macht nicht dick, wenn es ohne viele Kohlenhydrate gegessen wird, erst die Kombi führt zum dicken Bauch.

Sie können an dieser Stelle natürlich jetzt entnervt aussteigen, sich aus der oberflächlichen Modewelt verabschieden, in den Tschador schlüpfen und »mein Bauch gehört mir« auf Ihre Fahne schreiben. Ich könnte Sie mit Yvonne bekannt machen, die Ihnen mit Modetipps zur Seite stehen würde. Denn wenn Sie sich unter Gleichgesinnten bewegen, fällt der Problembauch auch weniger auf. Das liegt am Kontrasteffekt: Wir beurteilen etwas nur dann als hässlich, dick, faltig, alt, wenn wir zugleich etwas Schöneres, Schlankeres, Strafferes, Jüngeres vor uns haben.

Aber auch als Aussteigerin sollten Sie die inneren Werte nicht vergessen. In so einem Bauch rumort es nämlich gewaltig. Das Fett lagert sich nicht nur unter der Haut, sondern auch im Bauchraum zwischen den inneren Organen ab und entwickelt dort ein Eigenleben.

Bauchfett ist keine inaktive Masse, sondern ein sich aktiv am Stoffwechsel beteiligender Mini-Reaktor. Der Schwabbelbauch

Bienenstiche sorgen für Schwellungen

ist also kein lebloses Depot, sondern eine hochwirksame Drüse, die Mengen von Botenstoffen absondert, sogenannte Fettgewebshormone. Und die machen auf Dauer träge, dick und krank. Dieses Bauchfett entzündet sich leicht und dauerhaft, das bedeutet Zellstress, der uns schneller altern lässt.

Wollen Sie sich wirklich so eine Zeitbombe um die Taille schnallen? Hier ein Warnhinweis aus dem Handbuch für Meno-Moppel: Auch wenn der Hüftgürtel nicht explodiert, steigert er das Risiko für die Entwicklung von Herz-Kreislauf-Erkrankungen und Diabetes. Und so risikofreudig können Sie nicht ernsthaft auf Ihre alten Tage sein.

Erst mit den Wechseljahren und dem Überschuss an männlichen Hormonen verändert sich die Fettverteilung. Während bislang die typischen weiblichen Rundungen bevorzugt an Hüfte und Po als Problemzone verunglimpft wurden, führen jetzt die männlichen Hormone zu gefährlichen Fettpolstern am Bauch. Vor den Wechseljahren mussten die Fettsäuren aus dem Oberschenkel, Hüften und Po erst über Venen den ganzen Körper durchlaufen, bevor sie in der Leber ankamen, um dann als Energie zur Verfügung zu stehen. Der längere Weg war von Vorteil. Gefährliche Fettsäuren aus dem Apfelbauch landen jedoch direkt ohne Umwege auf kürzestem Weg in der Leber. Dort angekommen, lösen sie Stoffwechselstörungen aus. Das erhöht auch das Risiko für Schlaganfall und Herzinfarkt.

Trotz dieses Schreckensszenarios bleibt die Frage nach der Disziplin, denn Gesundheit ist als Lockmittel erfahrungsgemäß

Bienenstiche sorgen für Schwellungen

nicht ausreichend: Also können Sie auf Bienenstich & Co. verzichten? Als bei mir der Groschen fiel, wurde ich in puncto Disziplin hart wie Beton. Ich kann Sie schon seufzen hören, weil Sie glauben, Ihnen würde genau diese Härte fehlen. Irrtum, Disziplin ist keine Gabe, es ist eine erlernbare Haltung, zu der mir zwei Mechanismen verhelfen.

Erstens diskutiere ich nie mit mir selbst über eine Entscheidung. Diese Selbstgespräche ersticke ich im Keim. Beispiel: Bei der Entscheidung, täglich eine halbe Stunde Sport zu machen, gibt es immer wieder Tage, an denen mir die Lust dazu fehlt. Wenn dann das kleine Stimmchen in meinem Kopf anhebt, um Zweifel zu säen, und mich zum Aufgeben überreden will, wende ich mich sofort etwas anderem zu. Ich höre einfach nicht hin, ich lenke mich ab, ich steige nicht ein in das »mir geht es heute nicht so gut«, »morgen ist auch noch ein Tag« oder »einmal ausfallen lassen ist keinmal«.

Keine Diskussion fördert Disziplin. Das ist wie mit dem Zähneputzen. Hier diskutieren Sie ja auch nicht jeden Morgen mit sich selbst die Frage, ob Sie heute nun zur Zahnbürste greifen oder mal nicht, weil Sie Ihre Mitmenschen lieber mit ungeputzten Zähnen angrinsen wollen, weil Sie heute einfach keine Lust auf die ewig gleiche Leier haben, Ihre Zahnbürste Sie langweilt oder Sie keine Zeit dafür haben, die Tube aufzuschrauben. Nein, dieses Thema begleitet Sie seit über 50 Jahren, sodass Sie sich keinen Kopf mehr deswegen machen. Das nenne ich Disziplin!

Ein zweiter äußerst wirksamer Mechanismus ist, wenn der Beton brüchig zu werden droht, sich sofort das Ziel »Ich will

Bienenstiche sorgen für Schwellungen

schlank werden und schlank bleiben« vor Augen zu führen und sich einzubläuen: Mein Bauch soll so flach werden wie eine friesische Insel. Es hilft, sich dazu an die drastischen Konsequenzen zu erinnern, die das Verlassen des eingeschlagenen Wegs mit sich bringen würde: Der Bauch wächst weiter; am Ende stünde nur noch die Notschlachtung.

FAZIT

Insulin lässt den Blutzuckerspiegel Achterbahn fahren, das macht erst hungrig, dann dick. Sie sitzen aber am längeren Hebel, stellen Sie den Strom doch einfach ab!

Die dunkle Seite der Macht

Ich erinnere mich an eine Redaktionskonferenz Ende der 80er-Jahre, an welcher der Verleger einmal höchstpersönlich teilnahm. Mein Langzeitgedächtnis funktioniert besser denn je. Damals, vor rund 30 Jahren, wollte dieser Verleger uns jungen Journalistinnen höchstpersönlich die Zeitschriftenwelt erklären. Als Vorbild nannte er den Chefredakteur eines anderen Magazins aus seinem Verlag und zitierte dessen aktuelle Headline, die er für absolut genial hielt: JUNG und SCHLANK. Das sei es doch, wonach die ganze Welt strebe. Und mit so einem Titel verkaufe sich jedes Magazin wie geschnitten Brot.

Damals ließ mich dieser Monolog etwas ratlos zurück. Ich war Mitte 20 und dachte im Stillen, der spinnt. Mich würde die Zeile »Jung und schlank« nicht zum Kauf animieren, schließlich war ich selbst jung und schlank. Warum also sollte mich das interessieren? »Faul & reich«, »Ungeschminkt & begehrt«, das hätte mich vielleicht aus der Reserve gelockt, aber doch nicht »Jung & schlank«.

Oh, welch unbeschwerte Zeiten das doch waren. Heute verstehe ich jedoch, was der Verleger uns damals sagen wollte. Frau-

Die dunkle Seite der Macht

en mit Locken sehnen sich nach glatten Haaren und umgekehrt, Frauen mit Anhang wünschen diesen oft dorthin, wo der Pfeffer wächst, und Singles suchen genau nach diesem geheimnisvollen überbevölkerten Ort. Wir träumen eben von dem, was wir nicht oder – schlimmer noch – nicht mehr haben. Und davon lebt eine ganze Industrie. Niemand will alt und dick sein, auch nicht die Alten und Dicken.

Schlank zu sein macht vieles leichter, und sich nicht jeden Morgen über seine Figur ärgern zu müssen setzt ungeheure Energiereserven frei, mit denen sich weiß Gott Besseres anstellen lässt, als genervt, grimmig oder schlecht gelaunt den Kleiderschrank zu durchforsten. Die Konfektionsgröße 38 fühlt sich schlicht besser an als 44. Gelegentlich passt mir eine weit geschnittene 36, dann hängt mein Himmel voller Geigen, und ich schwebe summend durch den Tag.

Deshalb lautet mein Motto auch »Über 50 unter 60 wiegen« und nicht »Über 50 unter 70« oder »Knapp 60 unter 80 wiegen«. Es geht um schlank, nicht vollschlank, es wird nicht geschummelt: Wenn wir das Thema angehen, dann bitte richtig!

Unser Dasein kann ein wunderbar schwebender Zustand sein, vorausgesetzt, die Figur stimmt und die Verdauung funktioniert. Aber auch wenn das Leben ein Wunder ist, ist es nicht immer perfekt, vor allem, wenn wir versuchen abzunehmen. Eine Diät zu machen bedeutet definitiv die Hölle auf Erden.

Würden wir alle Diätratgeber aufeinanderstapeln, die wir bereits gekauft oder gelesen haben, ergäbe das einen gigantischen Haufen. Wer diesen Berg bezwingen will, kommt ganz schön

Die dunkle Seite der Macht

ins Schwitzen. Viele haben es versucht und sind völlig verwirrt zurückgekehrt. Kalorien einsparen, gegen den Hunger ankämpfen und sich viele Glückmomente versagen – dafür verleiht Ihnen niemand das Bundesverdienstkreuz. Ein Leben auf Diät? *Brauch ich das?* Nein! Das Leben ist zu kurz für Diäten. Wir sollten jeden kostbaren Tag genießen und schlemmen und dabei auch noch schlank und satt werden. So stelle ich mir das Paradies vor. Da wollen wir hin! Folgen Sie mir.

Im vorangegangenen Kapital hatte ich die verhängnisvolle Wirkung des Insulins beschrieben. Und hier kommt nun die Rettung: Nicht jedes Lebensmittel, das wir zu uns nehmen, lockt das Hormon und setzt diesen Kreislauf in Gang, der uns dick werden lässt. Wie bereits erwähnt, macht es einen großen Unterschied, ob und zu welcher Tageszeit wir 100 Kalorien Zucker zum Beispiel in Form einer Apfelschorle trinken, 100 Kalorien Fett etwa mit einem Butterbrot essen oder 100 Kalorien Eiweiß in Form einer Hühnerbrust verzehren. Die Wirkung auf unser Gewicht und unseren Hunger ist jeweils eine völlig andere.

Wenn wir uns für einen Käseteller, also für Fett und Eiweiß entscheiden und dabei gänzlich auf Kohlenhydrate – also aufs Brot dazu – verzichten, kommt es zu keiner Ausschüttung von Insulin. Der Blutzuckerspiegel macht nicht diese Ausschläge erst nach oben und dann nach unten. Das macht satt und schlank.

Der Rückschluss jedoch, ab sofort radikal und komplett auf Kohlenhydrate jeglicher Art zu verzichten und von

Die dunkle Seite der Macht

morgens bis abends Steaks – also Eiweiß pur – zu essen, funktioniert nicht ganz. Denn obwohl das Gehirn nur zwei Prozent des gesamten Körpergewichts ausmacht, bei manchen Zeitgenossen vermute ich auch weniger, verbraucht es rund die Hälfte des gesamten Glukosebedarfs: gut 140 Gramm Zucker pro Tag. Die andere Hälfte brauchen wir als Energielieferant. Das ist unser Sprit, Super oder Diesel, mit dem wir energiegeladen durch den Tag sausen.

Unser Gehirn ist maßlos und egoistisch. Es würde den Versuch, Kohlenhydrate gänzlich aus dem Menüplan zu streichen, nicht kampflos hinnehmen. Auf Kohlenhydrate zu verzichten ist wie ein kalter Entzug. Das Gehirn würde Sie mit Heißhungerattacken, denen Sie nicht gewachsen sind, durch die Küche jagen. Sie würden mit glasigen Augen wie ein Drogensüchtiger nach Essbarem suchen und selbst Kinderschokolade zur Gourmetspeise ernennen, nur um an Zucker zu kommen. Sie wären wie ein Junkie auf Entzug und würden Ihre Umwelt mit Ihrer miesen Laune drangsalieren, sodass Sie sich bald ziemlich einsam auf weiter Flur wiederfinden könnten.

In Ihren einsamen, von Hungerkrämpfen geplagten Nächten würden erotische Träume Sie heimsuchen, in denen Sie in einem Honigsee umherschwämmen, der mit Rettungsbojen aus knusprigen Baguettes und kandierten Bananen gespickt wäre, aber unerreichbar für Sie. Es könnten auch Albträume sein, in denen Sie sich vor leeren Kühlschränken und leeren Tellern wiederfänden oder völlig entkräftet nicht mehr in der Lage wären, die mit Köstlichkeiten vollgepackte Gabel zum Mund zu füh-

69

Die dunkle Seite der Macht

ren. So oder so, Sie würden jede Minute des Tages nur noch ans Essen denken. Strafe muss sein. *Brauchen wir nicht!*

Wenn Sie trotz dieser Foltermethoden beinhart allen Versuchungen widerstehen könnten, weil Victoria Beckham Ihr heimlicher Zwilling und Asket Ihr zweiter Vorname ist, würde das Gehirn Sie in eine Daseinskrise schicken, gefolgt von depressiven Verstimmungen. Dazu genügt ein einziger Schnips, und ein Hormoncocktail ergießt sich in Ihre Blutbahn, mit dem Ihr Gehirn Sie genau dahin dirigiert, wo es Sie haben möchte: zur nächsten Eisdiele.

Die grauen Zellen funktionieren nicht ohne Zuckernachschub, er ist lebenswichtig für das Gehirn. Natürlich könnten Sie zur der Einsicht gelangen: lieber dünn und doof als dick und schlau. Aber zu allem Übel verändert eine kohlenhydratfreie Ernährung auch den Hirnstoffwechsel. Alle Wechseljahre-Symptome zusammengenommen sind ein Kinderspiel im Vergleich zu dem, was dann auf Sie zukäme. *Brauchen Sie das?* Nein, das wollen Sie nicht wirklich erleben. Wir sollten uns das Leben leichter statt schwerer machen.

Ohne Kohlenhydrate können wir also nicht gut leben und noch weniger gut denken, sehr wohl aber mit der richtigen Dosis zur richtigen Tageszeit. Das Gehirn braucht Energie, aber nicht die gleiche Menge auf 24 Stunden verteilt. Morgens nach der nächtlichen Fastenpause ist der Bedarf der grauen Zellen hoch. Hier darf es eine Zuckerspritze sein. Im Lauf des Tages sinkt der Bedarf, mittags braucht das Gehirn noch einmal einen klitzekleinen Nachschub für den Rest des Tages. Aber danach ist Schluss mit lustig. Wenn Sie sich nach Ihrem Biorhythmus richten, funktioniert Ihr Stoffwechsel optimal, und Sie nehmen ab. So einfach ist das.

FAZIT

Wir brauchen Zucker fürs Gehirn, aber nicht für die Figur. Die richtige Dosis macht schlank und schlau.

Rhythmische Frauenbewegungen

Punkt 13 Uhr habe ich Hunger, was sage ich: Bärenhunger. Mein Körper ist inzwischen derart exakt auf drei Mahlzeiten zu möglichst immer gleichen Tageszeiten programmiert, dass er mir nur höchst ungern Ausnahmen gestattet. Während mein Gedächtnis inzwischen mehr an einen löchrigen Schweizer Käse erinnert, verfügt mein Körper offensichtlich über ein Elefantengedächtnis: Nadja braucht gegen 8 Uhr Frühstück, gegen 13 Uhr ein Mittagessen und um 19 Uhr, besser schon um 18:30 Uhr, ein Abendessen. Ich befürchte, aus dieser Nummer komme ich nicht mehr raus. Und auch wenn im Alltag mal alles wieder aus dem Ruder zu laufen scheint, meine Körperuhr funktioniert wie in Stein gemeißelt und fragt selbst im größten Tohuwabohu pünktlich: »Wann gibt's eigentlich Essen?«

Unser Biorhythmus besteht aus vielen verschiedenen Körperrhythmen, die von einer inneren Uhr gesteuert werden. Sie regelt unseren Stoffwechsel, also wann und wie wir Nahrung in Energie umwandeln, wann Letztere für uns bereitsteht, wann

Rhythmische Frauenbewegungen

wir Hunger haben oder nur Appetit, wann wir uns fit oder schläfrig fühlen.

Dieser Biorhythmus steuert unsere Verdauung, die Hormonausschüttung, unsere Körpertemperatur, unseren Wach- und Schlafrhythmus und vieles mehr. Diese ominöse innere Uhr sitzt hinter den Augen, in der Nähe des Sehnervs, und steuert alle weiteren Taktgeber, die zusätzlich in den Körperorganen sitzen; sie sieht alles, egal, ob Sie eine Lesebrille tragen oder nicht. Ihr Steuergehilfe sind Hormone, die das Gehirn je nach Uhrzeit entsprechend mobilisiert.

Der wichtigste Zeitgeber für die innere Uhr ist das Tageslicht. Läuft alles nach Plan, dann arbeitet sie rhythmisch im 24-Stunden-Takt. Neben dem Tageslicht beeinflussen aber auch die Essenszeiten unseren Körperrhythmus. Die Aufnahmefähigkeit von Kohlenhydraten, Fetten und Eiweißen variiert je nach Tageszeit. Jede Mahlzeit wirkt als Zeitgeber und synchronisiert die innere Uhr, siehe oben.

Ab dem 60. Lebensjahr gerät die innere Uhr allmählich immer mehr aus dem Takt. Dann sind feste Mahlzeiten und Licht als Zeitgeber noch wichtiger, um die innere Uhr immer wieder neu zu justieren. Bis dahin haben wir noch etwas Zeit, aber das schließt ja nicht aus, darauf vorbereitet zu sein.

Den ganzen lieben Tag lang rattern zahllose Nachrichten, Gedanken, Erinnerungen, Ermahnungen, Ablenkungen, Geistesblitze und Dummheiten durch unseren Kopf. Manchmal habe ich das Gefühl, dass die Kapazität eines Gehirns mit seinen etwa 1,3 Kilo da schnell mal überschritten wird und die täglich ein-

Rhythmische Frauenbewegungen

strömende Flut klares Denken eher behindert als beflügelt. Da ist es vielleicht ganz hilfreich, wenn sich dann wenigstens die eigene Körperuhr davon nicht aus der Ruhe bringen lässt und einen immer wieder zur Ordnung, sprich zum Essen ruft.

Wie Sie bereits gemerkt haben, ist unser Körper ein ziemlicher Spießer; er liebt die Regel, die Balance, die Harmonie, er hasst die Ausnahme, und auf neue Erfahrungen oder gar Exzesse kann er gut verzichten. Alles, was er nicht kennt, legt er unter dem Begriff »Stress« ab. Wenn wir Partys feiern und die Nacht zum Tag machen, bestraft uns das Gewohnheitstier mit einem Kater, Schlafproblemen, Hungerattacken – genauso wie bei Schichtarbeit, späten Fress- und Trinkgelagen oder Reisen in andere Zeitzonen.

Unser Körper liebt das wohldosierte Mittelmaß, die Langeweile, die geregelten Abläufe. Nicht zu viel, aber auch nicht zu wenig, lauwarm, gemäßigt, durchschnittlich soll unser Leben sein. Deshalb reagiert er wie eine beleidigte Leberwurst, wenn wir ihn mit einem unregelmäßigen Lebenswandel aus der ihm vertrauten Komfortzone holen.

Sie können natürlich protestieren, weil Regeln wie Straßenlaternen sind und nur Betrunkene sich daran festhalten. Aber es ist nun mal eine Tatsache: Gewohnheiten, Regelmäßigkeit, Vorhersagbarkeit – darauf steht unser Körper, und mit Routine und Ritualen verringern Sie Stress, weil Sie Ihren Körper im Gleichgewicht halten. Ich beziehe das nur auf Essen, Sport und Schlafen. Alles andere darf genüsslich aus der Reihe tanzen, denn Abwechslung gehört zu einem glücklichen Leben.

Rhythmische Frauenbewegungen

Rein körperlich betrachtet schwingt jedes Organ und jede Zelle in einem eigenen Rhythmus, und je nachdem, was wir zu welcher Zeit zu uns nehmen, reagiert unser Körper unterschiedlich darauf. Alkohol lässt sich zum Beispiel abends besser vertragen als am Morgen, weil die Enzyme in der Leber am Abend besonders wirksam sind und Alkohol dann am besten abbauen können.

Auch Medikamente wirken zu unterschiedlichen Tageszeiten eingenommen verschieden. Schmerzmittel wirken mittags besser als tief in der Nacht, die Einnahme von Blutdrucksenkern ist abends am günstigsten. Der Grund: Der Körper arbeitet zu jeder Stunde anders.

Und so tickt er normalerweise:

- Gegen ein Uhr nachts läuft das Immunsystem auf Hochtouren und produziert Immunzellen – mit nur einem Ziel: allem, was sich derzeit illegal auf unserem Territorium aufhält, den Garaus zu machen. Asylanträge sind zwecklos. Wie die Schweizer Garde für den Vatikanstaat stehen unsere Abwehrzellen als finster dreinschauende Türsteher für uns bereit, um Eindringlinge, Schadstoffe und sonstige üblen Gesellen zum Teufel zu jagen. Zum Glück bekommen wir von dieser Jagd auf Terroristen gar nichts mit. Unsere Ninja-Truppe agiert komplett lautlos.

- Gegen zwei Uhr in der Nacht ist der Hormonspiegel der Wachstumshormone am höchsten. Wenn der Körper in dieser Phase nicht mit einer Mahlzeit zu kämpfen hat, die Kohlenhydrate enthielt, ist jetzt nicht nur der Schlaf am tiefsten; es können nun auch alle Reparatur- und Anti-Aging-Prozesse optimal ab-

Rhythmische Frauenbewegungen

laufen. Sollten Sie also ausnahmsweise einmal um diese Uhrzeit aus dem Schlaf schrecken, dann können Sie Ihr Haupt sogleich getrost wieder auf Ihr Kissen betten und weiterschlummern. Denn jetzt geschieht ein wahres Wunder: Nicht nur ein Jungbrunnen beginnt zu sprudeln, auch Ihre Fettdepots schmelzen. Ihr körpereigenes Hormon-Hightech-Labor arbeitet um diese Uhrzeit vollautomatisch, ganz ohne Ihr Zutun. Wenn Sie sich jetzt nicht einmischen, produziert es Anti-Aging-Hormone, die unsere Zellen reparieren und dabei die Fettverbrennung ankurbeln. Und jetzt nehmen Sie ab, weil der Körper, während Sie schlafen, für diese ganze Reparaturarbeit sehr viel Energie braucht und dafür das gespeicherte Fett verbrennt. Um diese Phase optimal zum Abnehmen nutzen zu können, spielt die Ernährung jedoch eine ausschlaggebende Rolle. Das Labor startet nur, wenn Sie abends statt Kohlenhydraten ausnahmslos Proteine verspeist haben. Das ist das ganze Geheimnis!

- Gegen drei Uhr erreicht der Blutdruck seinen Tiefstand, dafür wird der Verdauungstrakt stark durchblutet. Bei Schichtarbeitern erreicht die Konzentration in dieser Phase den Nullpunkt. Das Gehirn schaltet vorübergehend in den Standby-Modus. Das erklärt vielleicht auch manch verwirrenden Traum zu dieser Stunde.

- Gegen vier Uhr sackt die Körpertemperatur auf 36,5 Grad ab und ist jetzt am tiefsten. Manche frösteln, werden von der Kälte geweckt und suchen nach den Schlafsocken – außer eine nächtliche Hitzewelle durchflutet den weiblichen Körper, was zu einer Spontanentblößung führen kann. Die Akti-

Rhythmische Frauenbewegungen

vität der Lunge ist gering. Ganz allmählich erwacht der Körper wieder. So die allgemeine Regel. Wer es jedoch wagt, mich um diese Zeit zu wecken, kann um sein Leben fürchten. Für Schlafräuber wie etwa laute Schnarcher, rücksichtslose Nachbarn, scheppernde Müllwägen, kratzende Schneeräumfahrzeuge und laut trillernde Amseln habe ich null Verständnis.

• Gegen fünf Uhr arbeitet der Stoffwechsel auf Hochtouren, der Blutdruck steigt kräftig an. Da ich mit einer Schilddrüsen-Unterfunktion und deshalb mit einem schwächelnden Stoffwechsel geschlagen bin, muss ich meinem Körper dabei etwas unter die Arme greifen – mit dem Genuss einer Tablette gleich nach dem Aufwachen. Mein Tipp: Lassen Sie bei nächster Gelegenheit mal einen Bluttest machen und Ihre Schilddrüsenfunktion checken. Bei fast jeder zweiten Frau tickt die nämlich nicht mehr richtig, auch ein Grund für steigendes Gewicht und sinkende Stimmung.

• Gegen sechs Uhr kommt der Dickdarm auf Touren, vorausgesetzt, Sie haben am Vortag kräftig bei Ballaststoffen in Form von Obst und Gemüse zugelangt, damit Ihr Darm nicht arbeitslos bleibt und in den Stand-by-Modus schaltet.

• Gegen sieben Uhr stoppt die Zirbeldrüse die Produktion des Schlafhormons Melatonin. Wir werden wach! Sexualhormone überschwemmen jetzt den Körper oder auch nicht – wegen der Menopause. Sollten Sie dieses Buch gerade in einem Urlaub lesen, dann könnte es jetzt mit der Nachtruhe für Sie vorbei sein. Um diese Uhrzeit startet erfahrungsgemäß die schnelle Handtucheingreiftruppe, die sämtliche Liegestühle rund um den Pool und am Strand belegt, bevor es zur Schlacht ans Frühstücksbuffet geht. Früher Vogel fängt eben den Wurm oder den Platz an der Sonne.

- Gegen acht Uhr wird auch der Darm aktiv. Höchste Zeit für ein gutes Frühstück. Wenn Sie über Fledermausohren verfügen würden, könnten Sie jetzt ein ziemliches Gerumpel in Ihrem Bauch hören. Die Müllabfuhr ist in vollem Gange. Aber vielleicht kennen Sie nach über 50 Jahren des Zusammenlebens Ihren Körper inzwischen ganz gut und wissen rein intuitiv, wann Ihr Körper welches dringende Bedürfnis verspürt. Geben Sie diesem nach!

- Bis neun Uhr ist der Körper besonders aufnahmefähig für Vitamine, Mineralien und alle wichtigen Nährstoffe. Um diese Zeit steigt die geistige Leistungskurve steil an. Deswegen sollten Sie jetzt Ihre To-do-Liste – nicht fürs Leben, nur für den heutigen Tag – schreiben, damit Sie am Nachmittag nicht wieder darüber grübeln müssen, woran Sie sich heute unbedingt noch erinnern wollten. Sie wissen ja: Nur wer schreibt, der bleibt. Vergesslichkeit und Denkstörungen zählen zu typischen Begleiterscheinungen der Wechseljahre. Unser Kurzzeitgedächtnis reagiert auf die Hormonschwankungen mit Fehlzündungen. Äh, was wollte ich eigentlich gerade sagen? Egal, das fällt mir später bestimmt wieder ein.

- Ab zehn Uhr laufen wir zur Hochform auf und erklimmen den ersten Höhepunkt, was unsere geistige Leistungsfähigkeit betrifft – die beste Zeit für Prüfungen, aber auch für chirurgische Eingriffe an Ihnen, weil zu diesem Zeitpunkt nicht nur

Rhythmische Frauenbewegungen

der Chirurg fit sein sollte, sondern auch die Konzentration bestimmter Enzyme sehr hoch ist, die Entzündungen vorbeugen und die Wundheilung beschleunigen können. Sollten Sie also mit einer Lidspannung liebäugeln, dann legen Sie sich am besten morgens unters Messer. Allemal besser als der Blick in den Mondkalender!

- Gegen elf Uhr befinden wir uns körperlich und geistig in Topform – selbst in der Menopause. Der Körper arbeitet mit voller Kraft, und während der fünfstündigen Essenpause bis zum Mittagessen läuft die Fettverbrennung auf Hochtouren. Das funktioniert aber nur, wenn Sie auf ein zweites Frühstück verzichten. Beißen Sie die Zähne zusammen, denn jeder kleine Snack zwischen Frühstück und Mittagessen stoppt die Fettverbrennung.

- Ab zwölf Uhr sinkt die Kurve allmählich wieder, und wir steuern auf den geistigen Tiefpunkt am Vormittag zu. Wäre ich Unternehmensberaterin, würde ich es Neudeutsch so formulieren: Das Risiko steigt, dass größere kognitive Leistungsprozesse zu diesem Zeitpunkt im Ergebnis suboptimal verlaufen könnten. Im Klartext: Das Gehirn arbeitet jetzt auf Sparflamme und ist nicht zu Höherem bereit. Legen Sie komplizierte Arbeiten also erst einmal beiseite und nehmen Sie sich stattdessen einfachere Aufgaben vor. Vieles, was Sie jetzt entscheiden, könnten Sie später eventuell bereuen.

- Gegen 13 Uhr fühlen wir uns erschöpft, der Blutzuckerspiel sinkt ab. Das Gehirn, das den Zucker am meisten braucht, läuft auf Reserve und reagiert mit Hungergefühlen, vielleicht schon mit einem leichten Kopfschmerz. Ich schiele zu diesem

Rhythmische Frauenbewegungen

Zeitpunkt bereits im Tunnelblick auf alles Essbare. Da können Sie zusehen, wie mir die Eckzähne wachsen. Für Notfälle und zum Schutz meiner Mitmenschen habe ich zur Überbrückung immer eine Tüte Nüsse dabei. Höchste Zeit für ein ausgewogenes Mittagessen und eine kleine Dosis Kohlenhydrate.

- Gegen 14 Uhr konzentriert sich das Blut im Verdauungstrakt. Noch spüren wir nichts von der Energie, die uns das Mittagessen geliefert hat. Wie schön wäre es, nun die Füße hochzulegen und zu ruhen. »Powernapping« heißt die moderne Variante des Mittagsschlafs mit belebender Wirkung – vorausgesetzt, der Kurzschlaf dauert nicht länger als maximal 30 Minuten. Danach beginnt der Körper mit der Melatonin-Produktion. Ein Wecker hilft, wieder rechtzeitig aufzuwachen. Und wer vor dem Nickerchen noch einen Kaffee trinkt, spürt nach dem Aufwachen sofort die belebende Wirkung des Koffeins; die macht sich nach einer halben Stunde bemerkbar. Da ein Schläfchen vermutlich bei den wenigsten möglich ist, wäre jetzt ein idealer Zeitpunkt, die To-do-Liste hervorzukramen. Was kann als erledigt abgehakt werden, was hat sich von selbst erledigt, und was steht für den Rest des Tages noch an? Denn Sie steuern geradewegs auf das nächste Leistungshoch zu.

- Gegen 15 Uhr wird die Durchblutung im Verdauungstrakt wieder geringer, dafür ist die Atemfrequenz jetzt maximal. Unser Körper wird optimal mit Sauerstoff versorgt. Nun verfügen wir über die schnellste Reaktionszeit des Tages. Nicht umsonst finden Sportveranstaltungen gerne zu dieser Zeit statt. Nutzen Sie dieses Zeitfenster, um möglichst viel wegzuschaffen.

Rhythmische Frauenbewegungen

- Bis 16 Uhr befinden sich Körpertemperatur, Puls und Blutdruck auf dem Höchststand, die geistige Leistungsfähigkeit erreicht ebenfalls einen Höhepunkt. Alles, was wir jetzt lernen oder uns merken wollen, speichert das Langzeitgedächtnis um diese Zeit am besten. Schmerzen können wir jetzt am besten ertragen – die perfekte Zeit für einen Zahnarztbesuch oder ein Waxing.

- Gegen 17 Uhr sind Herz, Muskeln und Lunge in Topform – die Idealzeit für Sport! Jetzt wollen Muskeln brennen! Graben Sie sich nicht weiter durch Aktenberge oder das Fernsehprogramm. Verlassen Sie stattdessen die sitzende Position und tanzen Sie wie ein tasmanischer Teufel umher. Wenn Ihnen das zu exaltiert erscheint, habe ich ab Seite 183 noch ein paar andere Vorschläge parat, wie Sie sportlich aus der Puste kommen können. Das Zeitfenster dafür steht auch in der nächsten Stunde weit offen.

- Bis 18 Uhr sollten Hobbysportler diese Phase noch für körperliche Aktivitäten nutzen. Geht nicht, gilt nicht! Und Gehirnjogging reicht leider nicht.

- Gegen 19 Uhr ist die Körpertemperatur mit 37,5 Grad am höchsten. Hungergefühle melden sich, Zeit für ein Abendessen ohne Insulineffekt! Wie Sie den vermeiden, wissen Sie ja bereits: keine Kohlenhydrate zum Abendbrot. Dann sprudelt gegen zwei Uhr nachts (siehe oben) der Jungbrunnen, und die Fettverbrennung arbeitet auf höchster Stufe.

- Gegen 20 Uhr arbeiten die Enzyme in der Leber besonders effektiv. Die Verdauung läuft auf Hochtouren. Jetzt dürfen Sie getrost die Füße hochlegen.

Rhythmische Frauenbewegungen

- Gegen 21 Uhr startet die Zirbeldrüse die Produktion des Schlafhormons Melatonin, um uns langsam, aber sicher in den Schlaf zu wiegen. Und wem das nicht reicht, der schaltet einfach die Glotze an. Das ist für viele das beste Schlafmittel.

- Wer gegen 22 Uhr nicht entspannt, sondern sich mit Sport, Kaffee oder Aufregung wieder munter macht, schadet seinem Körperrhythmus und bringt sich um einen gesunden Schlaf. Erotische Abenteuer sind aber gestattet, meine Damen!

- Gegen 23 Uhr schaltet der Verdauungstrakt normalerweise auf Stopp, der Darm ruht, die Leber produziert keine Galle mehr. Der Körper fährt seine Funktionen herunter. Ich höre eine Stimme meinen Namen rufen: »Nadja! Nadja! Schlafenszeit!« Das sind keine Halluzinationen. Das Bett ruft. Ich folge diesem Ruf. Nie war der Schönheitsschlaf wichtiger als heute.

- Gegen 24 Uhr erreichen wir wieder einen Tiefpunkt, was unsere körperliche und geistige Leistungsfähigkeit betrifft. Trotz Geisterstunde sollten Sie jetzt nicht mehr umhergeistern, außer Ihr Tagesablauf ist grundsätzlich etwas nach vorne oder hinten verschoben. Hauptsache, Sie bleiben in Ihrem Rhythmus, dann schwingt alles im Takt.

FAZIT

Auch bei späten Mädchen tickt noch immer die Uhr.

Sprengen Sie die Nahrungskette

Aus mir völlig unerfindlichen Gründen scheint die Empfehlung, fünf oder mehr kleine Mahlzeiten statt drei größeren zu essen, unausrottbar. Das entspricht ungefähr der Behauptung, die Erde sei noch immer eine Scheibe. Wer je die Erde von oben gesehen hat, weiß, dass unser Planet wie eine Kartoffel geformt ist. Und wer die Dinge mit etwas Abstand und weniger Aberglauben betrachtet, weiß inzwischen auch, dass Daueresser dauernd Hunger haben. Mehrere kleine Mahlzeiten am Tag, also ständiges Futtern, entsprechen weder unserer inneren Uhr noch unserem Biorhythmus. Das schließt auch die heimlichen Naschereien ein, die keiner sieht oder die von Ihnen selbst völlig unbemerkt in Ihrem Mund landen.

Glauben Sie nicht alles, was Ihnen selbst ernannte Spezialisten vorgaukeln wollen. Genauso wenig sollten Sie Sachen kaufen, von denen Sie nicht wissen, was drinsteckt, das gilt für Bankprodukte genauso wie für Lebensmittel.

Auch wenn Sie gegen 10 Uhr Appetit auf eine Aprikosen-

Sprengen Sie die Nahrungskette

schnitte haben und um 12 Uhr in einen Apfel beißen wollen, dann sollten Sie wissen, dass tief in Ihrem Innern Ihr Körper nach einer mehrstündigen, essensfreien Zeit hungert, um das Frühstück optimal verdauen zu können. Sie haben das nur vergessen, weil Sie sich an die vielen kleinen Snacks gewöhnt haben.

Das gilt auch für den langen Nachmittag, also die Hungertortur zwischen Mittag- und Abendessen. Wir Frauen mögen Multitasker sein, unser Körper ist es, was unsere Verdauung betrifft, nicht. Mehr als diese eine Aktion verkraftet er nicht. Wenn oben neuer Nachschub reinkommt, obwohl die Mitte noch beschäftigt ist, gerät das ganze System aus der Balance.

Machen Sie also besser einen großen Bogen um die große Schale mit Gummibärchen, die vielleicht irgendwo in greifbarer Nähe steht, auch wenn die kleinen Tierchen als Nervennahrung gelten, null Fett haben und das Gerücht aus den USA, »the green ones make you horney«, sich auch bei uns verbreitet hat. Glauben Sie mir, die grünen haben keinerlei belebenden Einfluss auf Ihre Libido, keinen beruhigenden auf Ihre Nerven, aber einen einschränkenden auf Ihre hoffentlich noch vorhandene Fähigkeit, sich selbst die Schuhe zuzubinden.

Magen, Galle, Bauchspeicheldrüse und Darm benötigen diese stundenlange Essenspause zwischen den Mahlzeiten, um nacheinander das Verspeiste zu verarbeiten. Erst wenn der Magen leer ist, beginnt er zu rumoren. Und jede Mahlzeit wirkt als Zeitgeber und synchronisiert die innere Uhr. Deswegen ist es ungünstig, immer zwischendurch zu essen und sie damit zu

Sprengen Sie die Nahrungskette

stören. Menschen, die an drei Mahlzeiten pro Tag gewöhnt sind, funktionieren wie ein Uhrwerk. Das Hungergefühl meldet sich pünktlich circa fünf Stunden nach dem Frühstück und abends fünf Stunden nach dem Mittagessen. Und dazwischen gibt es keinen Hunger.

Wer es sich angewöhnt hat, immer zwischendurch zu essen, steht mit der Regel »nur dreimal« – und das zu möglichst festen Zeiten – vor einer neuen Herausforderung. Aber glauben Sie mir, Sie sind noch nicht zu alt, um etwas Neues zu lernen. Sie können die alte Software in Ihrem Kopf gegen eine neuere Version samt Update austauschen. Nach ein paar Tagen haben Sie die alte Leier vergessen.

Wer jedoch vom kleinen Hunger getrieben ist, für den stellen bis zu fünfstündige Esspausen anfangs eine große Hürde dar. Da wird der Blick gierig und die Lippen schmal; Zähne zusammenbeißen und durch? *Brauch ich das?* Natürlich nicht. Deswegen esse ich mich mit jeder Mahlzeit so nachhaltig satt und dosiere die Kohlenhydrate dazu so intelligent, dass der Heißhunger erst gar nicht auftritt. Wie das funktioniert, verrate ich Ihnen noch von Frau zu Frau.

Wenn Sie bisher am liebsten das Abendessen ausführlich und deftig zelebriert haben, stehen Sie in diesem Augenblick allerdings vor einer lebensverändernden Entscheidung: schlank werden und schlank bleiben, zum Traumgewicht kommen oder eben nicht? Denn selbst wenn Sie die gleiche Tagesmenge an Kalorien verzehren, nehmen Sie mehr zu, wenn das Abendessen die größte Mahlzeit bildet. Wer jedoch circa drei Stunden vor

Sprengen Sie die Nahrungskette

dem Zubettgehen das letzte Mal isst und dabei bevorzugt leichte, sprich eiweißreiche Kost einnimmt, der hat zur Schlafenszeit auch noch einen höheren Melatoninspiegel im Blut. Und dieses Hormon sorgt für einen tiefen, erholsamen Schlaf. Und das ist Gold wert in dieser Lebensphase.

FAZIT

Wer mehr als drei Mahlzeiten pro Tag isst, braucht nicht auf desertierende Fettzellen zu hoffen.

Burn it, Baby!

Obwohl alle Nahrungsmittel Kalorienlieferanten sind, ist ihre Wirkung, wie Sie mittlerweile verinnerlicht haben, nicht gleich. Manche sorgen dafür, dass Sie Ihre Garderobe im Schrank hängen lassen müssen, falls Sie die Nähte nicht mehr auftrennen, mehr Stoff oder Gummizüge einnähen können. Weil ich Sie mit diesen Informationen hinreichend gefüttert habe, wissen Sie inzwischen, dass Kohlenhydrate, wie zum Beispiel in den sogenannten Sättigungsbeilagen Kartoffeln, Nudeln, Reis oder Brot, den Blutzuckerspiegel ansteigen lassen und damit das Hormon Insulin locken. Vielleicht hängt es Ihnen schon zum Hals heraus, weil ich Sie inzwischen mit diesen Insulininfos gemästet habe, aber ich kann es einfach nicht oft genug wiederholen, weil davon abhängt, ob der Bauch bleibt und weiterwächst oder sich für immer verdünnisiert.

Kohlenhydrate müssen wir uns verdienen: Wenn wir sie brauchen, tun sie uns gut. Brauchen wir diesen Energieschub jedoch so gar nicht, weil unsere Energiespeicher gut gefüllt sind, bleibt unserem Körper nichts anderes übrig, als sie in Fett umzuwandeln.

Burn it, Baby!

Erst wenn Sie eines Morgens aufwachen und noch im Halbschlaf vor sich hin murmeln, »keine Kohlenhydrate am Abend«, dann hat sich dieses Mantra so tief in Ihrem Gehirn verankert, wie ich es mir wünsche. Aber bis es so weit ist, nerve ich Sie weiter und hypnotisiere Sie wie die Schlange Kaa: »Schauen Sie mir in die Augen.« Und falls Sie jetzt mit dem Gedanken spielen, vor lauter Frust über die Dauerbeschallung in ein Butterbrot zu beißen, dann sollten Sie meinen Zeigefinger vor Ihrem geistigen Auge sehen. Das Butterbrot ist nur zum Frühstück und an Tag 7 erlaubt. Falls dies nicht der Fall sein sollte, beißen Sie jetzt bitte die Zähne zusammen und legen das Brot wieder aus der Hand.

In diesem Zusammenhang möchte ich noch ein weiteres Gedankenmodell anbringen, das natürlich völlig aus der Luft gegriffen ist, weil Sie dies nicht mal im Traum tun würden nach all dem Wissen, das Sie sich jetzt schon einverleibt haben: Wenn wir also – rein theoretisch – am Abend knusprige Bratkartoffeln, scharfe Spaghetti arrabiata oder ein Thaigericht mit Jasminreis verspeisen würden und selbstverständlich nicht homöopathisch dosiert, sondern in den heute üblichen Holzfällerportionen, dann würden die überflüssigen Kalorien aus diesen reichhaltigen Energiespendern nach einer mehrstündigen Achterbahnfahrt durch unseren Körper zu guter Letzt auf dem Abstellgleis landen, das bei uns Ü50 nach einer Ehrenrunde um die Taille direkt am Bauchnabel endet. Puh, was für ein Bandwurmsatz … aber kann es eine deutlichere Definition für die Hölle geben?

Dummerweise hat die körpereigene Bahn hier ihren Betrieb

Burn it, Baby!

längst eingestellt, weil die Strecke für das Unternehmen offensichtlich völlig unrentabel geworden ist. Die Manager gehen wohl davon aus, dass für alle über 50-Jährigen die eigene Hinfälligkeit kein abstrakter Begriff mehr ist. Die glauben wahrscheinlich wirklich, dass so ein Ballonbauch beim Fallen sogar noch gute Dienste leisten könnte. Nach dem Motto »es fährt ein Zug nach Nirgendwo« bleibt also alles, was hier landet, auch dort, so die Unternehmensstrategie. Da hilft auch keine Bahncard 50.

Mit einem Hühnerbeinchen zwischen den Zähnen jedoch könnten Sie denen, die uns das einbrocken wollen, den Stinkefinger zeigen. Denn mit einem kleinen Steak oder einem Fischfilet ohne besagte Sättigungsbeilagen schlägt die Kalorienkarawane einen ganz anderen Weg ein und bedient sich dabei auch noch eines anderen Transportmittels, das garantiert nie streikt oder Verspätung hat. Denn Eiweiß pur hat keinen Einfluss auf den Insulinspiegel. Durch den ausgeglichenen Blutzuckerspiegel am Abend geschieht in der Nacht ein unfassbares Wunder mit überwältigenden Folgen: Ich nehme ab, Sie ebenfalls. Das ist doch der Bringer! LOL! Falls Sie noch hinterm Mond leben, hier die Langfassung: laughing out loud.

Im Normalfall findet diese unglaubliche Verschlankung gegen zwei Uhr in der Nacht statt. Während ich in einer Tiefschlafphase schwerelos träume, arbeitet mein Körper mit größtem Ehrgeiz an meiner Wespentaille. Sie sollten es einmal testen. Der Effekt funktioniert derart schnell, dass Sie bereits am nächsten Morgen nach einem kohlenhydratfreien Abendessen den Erfolg auf der Waage messen können.

Burn it, Baby!

Ich habe es am eigenen Leib ausprobiert und erfahren. Mit über 50 sein Traumgewicht zu halten funktioniert. Das nenne ich mal eine gelungene Body Modification. Ohne Tattoos und Piercing, sondern mit Eiweiß (und Sport, dazu später mehr) habe ich meinen Körper erfolgreich umgeformt. Von Problemzonen keine Spur!

Die Fettverbrennung läuft also in der Nacht auf Hochtouren, vorausgesetzt, der Körper muss sich zu dieser Zeit nicht mit der Verdauung von Kohlenhydraten und einem erhöhten Blutzuckerspiegel herumschlagen. Beides zur gleichen Zeit geht nicht. Fettzellen machen zwar Überstunden, bei denen aber nichts rumkommt außer einem Meno-Wanst.

Sie brauchen nur auf Ihren Bauch zu schauen, um dieses Selbsttäuschungsprogramm zu erkennen. Sie entscheiden mit jedem Bissen: Fettverbrennung oder Fettspeicherung. Es gibt ja diesen Witz, dass eine Welt ohne Männer voller dicker Frauen wäre. Ein ziemlicher dummer Witz, wie ich finde, denn wir wollen ja nicht bauchfrei durchs Leben tänzeln, um den Kerlen zu gefallen. Wir tun das für uns, für uns ganz allein.

FAZIT

Essen statt stechen. Frauen über 50 brauchen weder Tattoos noch Piercings für eine gelungene Body Modification. Eiweiß am Abend genügt völlig, hinterlässt keine Narben und tut auch nicht weh.

Jung und schlank!

Es kommt noch besser. Wenn Sie Ihren Gazellenkörper in spe am Abend nicht mit Kohlenhydraten be-, sondern mit Eiweiß entlasten, laufen auch die nächtlichen Reparatur- und Regenerationsprozesse optimal ab. Sie springen damit quasi kopfüber in einen Jungbrunnen und steigen am nächsten Morgen wie Phoenix aus der Asche verjüngt wieder heraus.

Ohne Kohlenhydrate am Abend öffnen Sie die Wachstumshormon-Schleusen, denn um die Anti-Aging-Hormone freizusetzen, holt sich der Körper die dafür notwendige Energie aus dem Fett, das im Fettgewebe gespeichert ist. Deswegen funktioniert abnehmen im Schlaf in diesem Sinne wirklich. Und so wäscht eine Hand die andere. Sie schlafen sich nicht nur schlank, sondern auch jung.

Unser Körper ist eine große Wundertüte, in der unglaubliche Möglichkeiten stecken. Leider sind die meisten Menschen jedoch völlig ahnungslos und bleiben somit unter ihren Möglichkeiten. Auch daran verdient inzwischen ein moderner Geschäftszweig: die Anti-Aging-Industrie.

Wir sind auf dem Optimierungstrip, da nehme ich mich nicht

Jung und schlank!

aus. Aber auch als »Wechselnde« ist in meinem Gehirn nicht nur alle halbe Stunde eine Synapse aktiv. Ich kann immer noch klar denken, und verarschen kann ich mich selbst besser.

Die meisten Produkte und Angebote aus dem Anti-Aging-Bereich sind ein großer Bluff und haben nur ein Ziel: Sie sollen den Hersteller oder Anbieter reicher machen. Denn jünger werden Sie davon garantiert nicht. Gäbe es »das« Wundermittel, wüssten Sie und ich längst davon.

Stattdessen suchen wir weiter nach dem Wundermittel oder Wunderpapst in Sachen Anti-Aging. Heutzutage ist es en vogue, einen Hormonfachmann aufzusuchen und nach einem teuren Bluttest, ebenso teure Hormone zu kaufen, die das Altern aufhalten sollen. Mit Blick auf diese IGeL-Leistungen (individuelle Gesundheitsleistungen) habe ich lieber den Igel in der Hosentasche: Warum bitte soll ich für etwas sehr viel Geld bezahlen, was ich im Schlaf umsonst haben kann? Ich sitze doch direkt an der Quelle und muss den Hahn für die körpereigene Frischzellenkur nur aufdrehen. Aber wer das nicht einsehen will, der muss eben andere Mittel und Wege wählen.

Manche Frauen stellen einem so intime Fragen wie: »Sind Sie schon im Wechsel?« Und wenn man dann etwas pikiert zwangsläufig nicken muss, erfährt man hinter vorgehaltener Hand: »Ich nehme jetzt Hormone.« Zu diesen Hormonen zählt zum Beispiel Dehydroepiandrosteron, kurz DHEA, das die Produktion von Geschlechtshormonen steuert. Die Bildung dieses Hormons lässt mit dem Alter dramatisch nach, deswegen gilt die Hormongabe als wichtige Anti-Aging-Maßnahme.

Jung und schlank!

Meine Freundin Susanne nimmt das seit einiger Zeit. Messbarer Erfolg: null Komma null, nur auf ihrem Bankkonto geht's bergab. Das gilt auch für das Wachstumshormon, das Human Growth Hormone, abgekürzt HGH. Meine Freundin Ulrike, die lange in den USA lebte, hatte mir von HGH als Verjüngungskur schon vor zehn Jahren erzählt. Die Amis sind ja immer schon etwas weiter als wir, auch mit den Nebenwirkungen.

Ulrike schilderte mir auch die optische Verwandlung eines Bekannten, der dieses Wachstumshormon wie M&Ms zu schlucken schien: Seine Ohren und die Nase wurden größer, überhaupt wirkte sein Kopf plötzlich überproportional groß im Vergleich zum restlichen Körper. Denn hier waren alle Fettzellen verschwunden. Der Mann war also dürr wie ein Asket mit einem kuhähnlichen Kopf auf dem Hals. Gruselige Vorstellung, so auszusehen, nur um jung zu erscheinen.

Da wir aber von den entsprechenden Herstellern längst darauf geeicht wurden, dass Altern mit Kranksein gleichzusetzen ist, müssen wir die Mangelerscheinungen natürlich dringend mit Hormongaben therapieren. Ich hoffe, Sie sind dieser Gleichung nicht auf den Leim gegangen. Denn mit einer eiweißhaltigen, kohlenhydratfreien Mahlzeit am Abend bekommen Sie die beste Anti-Aging-Behandlung frei Haus auf dem Tablett serviert, ohne dass Nase und Ohren dran glauben müssen. Wer kann da bitte noch Nein sagen?

Gelegentlich hören wir von unseren Mitmenschen zum Abschied: »Bleib, wie du bist.« Leider oder glücklicherweise un-

Jung und schlank!

möglich, denn nichts bleibt, wie es ist, schon gar nicht unser Körper. Der befindet sich quasi in einem Dauer-Wechsel, von Geburt an: Alte, verbrauchte Zellen werden unentwegt durch neue, frische ersetzt. So ein Wechsel hat eben auch gute Seiten, alles eine Frage des Standpunkts.

Im Zeitraum von ungefähr zwei Jahren erneuert sich unser kompletter Organismus und auf ein ganzes Leben gesehen ständig. Haut, Muskeln, Knochen, Gelenke, Blut, Haare und Nägel – alle Zellen sterben und erneuern sich. Mit den Jahren geht diesem Zellwachstum zwar die Puste aus, und wie das endet, wissen wir, aber das lässt sich mit einer entsprechenden Ernährung und Lebensweise ganz gut hinauszögern.

Der Grundbaustoff für diese stete Zellerneuerung ist Eiweiß. Proteine sind das Handwerkszeug, mit dem unser Körper Zellen repariert, Hormone bildet, Muskeln und Sehnen bildet und erhält. Proteine halten unsere Haut elastisch und lassen Haare und Nägel wachsen. Ein Transport-Protein bringt Sauerstoff von der Lunge zu den Organen. In unserem Immunsystem wehren Proteine als Antikörper Eindringlinge ab. Wie Sie sehen, tun Sie Ihrem Körper viel Gutes, wenn Sie ihn mit hochwertigem Eiweiß füttern.

FAZIT

Arbeiten Sie nicht am Unmöglichen, sondern nutzen Sie die schier unbegrenzten Möglichkeiten, die Ihnen Ihr Körper frei Haus liefert.

Hasta la vista,
Hunger-Hype

Höre ich da immer noch leise Zweifel? Sie befürchten, Proteine pur am Abend ohne die geliebten Sättigungsbeilagen würden Sie nicht satt machen? Falsch gedacht, denn gerade Eiweiß regt den Körper dazu an, mehr Sättigungshormone auszuschütten. Sie können das ganz einfach testen: Essen Sie heute Abend eine Pizza, einen Teller Pasta oder ein paar belegte Brote, danach noch Eis oder ein Tiramisu, und dann warten Sie, wann Sie wieder Hungergefühle haben – ich wette, nach spätestens einer Stunde.

Am nächsten Tag probieren Sie stattdessen ein gegrilltes Steak, ein halbes Hähnchen oder einen gegrillten Fisch und warten dann darauf, ob Sie wieder Hunger bekommen – ich wette mit Ihnen, er meldet sich noch nicht einmal nach dem Morgengrauen.

Essen gehen und dabei abnehmen, lautet ein allen Figurgeplagten bekannter Buchtitel. Hierzu ein praktisches Beispiel meinerseits. Wir hatten unseren Mädelsabend zum Italiener verlagert,

Hasta la vista, Hunger-Hype

Abwechslung muss sein. Als es ans Bestellen ging, kursierten natürlich viele Fragen am Tisch: »Darf ich das essen?« oder »Macht das dick?« Fürchterlich, aber leider unabwendbar. Mit jeder Wahl treffen wir eine folgenreiche Entscheidung, und deswegen ist es angebracht, sich Gedanken übers Essen zu machen, außer an Tag 7. Aber den hatten wir alle gerade hinter uns.

Susanne hielt die Speisekarte mit ausgestreckten Armen von sich und überlegte laut: »Ich schwanke zwischen den Tagliatelle mit Trüffeln oder der Lasagne.«

Yvonne reichte ihr ihre Lesebrille, doch Susanne winkte ab. »Brauch ich noch nicht.«

Ich rollte nur mit den Augen.

Carina war da schon etwas vernünftiger. »Ich glaube, ich nehme den grillten Tintenfisch.«

»Brav«, lobte ich sie, »ganz ohne Panade eine Delikatesse, die auch noch schlank macht.«

»Was nimmst du?«, wollte Tanja, die ewig Unentschlossene, von mir wissen und griff sich ein Grissini.

»Das auf jeden Fall nicht«, sagte ich mit Blick auf die Knabberstange und kreuzte die Zeigefinger. »Ich werde die gegrillte Dorade nehmen.«

»Ich auch«, meinte Tanja. »Fisch geht immer.«

Yvonne hatte auch schon dazugelernt. »Ich habe keinen großen Hunger, ich nehme nur eine Vorspeise, und zwar Vitello tonnato.«

Ich nickte zustimmend. Dünne Kalbfleischscheiben unter einer Thunfischpaste waren eine leckere und schlanke Variante zugleich.

Hasta la vista, Hunger-Hype

Ulrike stieß dazu. »Tut mir leid, dass ich zu spät bin. Habt ihr schon bestellt?« Sie sank auf den Stuhl. »Hab ich Hunger.« Ulrike war Mitte 60, sah aber aus wie Anfang 50, war fit wie Anfang 40, schlank wie Anfang 30 und lachte wie Anfang 20. »Ich nehme die Seezunge vom Grill.«

Eiweiß am Abend macht eben satt und schlank, das ist kein Hokuspokus, sondern Biochemie. Erinnern Sie sich an die Mode des Sommers 2014? Nahezu jedes Kind bastelte Loom Bandz in allen Farben. Die Gummiringe in Neonfarben wurden nach dem Prinzip, das ich noch als Strickliesel kannte, zu einem Armband verknüpft. Damals fabrizierten wir kilometerlange Wollwürste ohne eine Idee, was wir damit anstellen sollten. Da sind die Kids von heute irgendwie gewiefter. Nicht nur die Farben sind schicker, auch der Verwendungszweck ist cool. In meinem Schmuckkästchen liegen diverse dieser Armbänder, die ich geschenkt bekommen habe. Aber zurück zum Ausgangspunkt.

So ähnlich wie diese Loom Bandz können Sie sich die Eiweißstruktur vorstellen. Proteine sind Moleküle, die wie eine Perlenkette aus kleineren Einheiten namens Aminosäuren fest miteinander verbunden sind. Der Körper ist echt gefordert, dieses Band wieder in seine Einzelteile aufzulösen, das erfordert Zeit und Geduld, die Verdauung von Proteinen dauert erheblich länger als die von Kohlenhydraten oder Fett, bei pflanzlichen Eiweißen sogar noch mehr. Deswegen gelten Pilze eher als schwerverdaulich, was für ein böses Wort, denn Pilze machen doch lange satt.

Hasta la vista, Hunger-Hype

Das ist ein weiterer Vorteil des eiweißbetonten Abendessens: Es lässt uns lang anhaltend satt fühlen, und wir gehen ohne Hungergefühle ins Bett. Nur dieser einzige Gedanke sollte Sie jetzt in den Schlaf wiegen: In Kürze läuft die Fettverbrennung auf Hochtouren! Gibt es etwas Besseres?

Und noch ein Pluspunkt: Von den verspeisten Kalorien aus Eiweiß landen nur zwei Drittel tatsächlich auf dem Tageskonto. Das hat mit der spezifisch-dynamischen Wirkung, kurz SDW, zu tun. Der Energieverlust bei der Verdauung von Eiweiß ist ziemlich hoch, viel höher als bei Fett und Kohlenhydraten. Zum Vergleich: Der SDW liegt bei Proteinen zwischen 18 und 20 Prozent, bei Kohlenhydraten zwischen 5 und 9 Prozent und bei Fetten zwischen 3 und 4 Prozent.

Das bedeutet: Um 100 Kalorien aus reinem Eiweiß zu verdauen, benötigt der Körper bis zu 20 Kalorien zur Verstoffwechselung; damit schlagen also nur 80 Kalorien zu Buche. Wenn Sie sich all diese Vorteile vor Augen führen, sollte Ihnen schlagartig klar werden, warum ein Fischfilet am Abend besser ist als Kartoffeln mit Quark.

Natürlich macht eine Pasta scheinbar schneller satt. Der Körper kann Kohlenhydrate viel schneller verdauen, damit landet der Zucker schneller im Blut, aber der Effekt verfliegt so schnell, wie er sich eingestellt hat. Nach dieser Mahlzeit beginnt das bekannte Auf und Ab des Blutzuckerspiegels, und mit der einsetzenden Insulinebbe kommt prompt der Hunger zurück. Kohlenhydrate sind zwar keine unheimlichen Gestalten, bei deren Anblick man sich bekreuzigen und schnell die Stra-

Hasta la vista, Hunger-Hype

ßenseite wechseln müsste. Aber es empfiehlt sich, etwas Abstand zu halten und ihnen ganz besonders bei Dunkelheit aus dem Weg zu gehen. Denn solange Insulin am Werk ist, können wir nicht abnehmen. Insulin transportiert nicht nur Blutzucker in die Zellen, es fördert auch die Fettbildung aus Fettsäuren und hemmt gleichzeitig die Freisetzung von Fett aus dem Fettgewebe. Mit Pasta gibt es eben keine nächtliche Fettverbrennungsorgie. Basta.

Bei all den positiven Protein-Effekten könnten Sie jetzt mit dem Gedanken spielen, sich nur noch mit Eiweiß zu ernähren. Und wie könnte es anders sein, es gibt sogar Diäten, die das vorschlagen. Aber ich halte nichts von Einseitigkeiten, schließlich sind wir im Wechsel und brauchen dabei von allem das Beste. Außerdem leuchtet es jeder ein, dass eine einseitige Ernährung weder sinnvoll noch gesund oder praktikabel ist. Eine gesunde und schmackhafte Ernährung braucht alle Bestandteile und viel Abwechslung. Eiweiß pur am Abend ist perfekt, aber das gilt nicht fürs Frühstück oder Mittagessen.

Bei einer Ernährung, die für lange Zeit ausschließlich auf Eiweiß setzt, fehlen nicht nur Vitamine, Mineralien und Ballaststoffe, sie hängt Ihnen auch schnell zum Hals heraus. Zu viel Eiweiß übersäuert den Körper und belastet dann natürlich die Nieren. Der Körper baut die Aminosäuren von Proteinen zu Harnstoff ab und scheidet diesen über die Nieren aus.

Bei einem Eiweißüberschuss wären die Nieren auf Dauer damit überfordert, das Abbauprodukt aus dem Blut zu filtern und mit dem Urin abzutransportieren. Außerdem würde eine derart einseitige Mangelernährung unser Gehirn gegen uns aufbringen. Und ein Mangel an Kohlenhydraten würde sich negativ auf die Stimmung auswirken. Fehlende Kohlenhydrate machen nämlich auf Dauer depressiv. Denn was wir wann essen, beeinflusst auch unser Gefühlsleben.

FAZIT

Eiweiß ist ein gesunder Appetitzügler und bequemes Ruhekissen. Da dringt keinerlei Protestrumoren mehr aus dem Bauch an Ihr Ohr, wenn Sie ermattet ins Bett sinken.

Im siebten Himmel
schweben ohne Ballonbauch

Zugegeben, der Schlüssel für ein glückliches Leben ist vermutlich vor allem ein schlechtes Gedächtnis. Aber manche Dinge sind einfach zu schön, um sich nicht an sie zu erinnern. Deswegen wiederhole ich sie hier noch einmal: Eiweiß am Abend macht schlank, satt und verjüngt. Und damit nicht genug, denn das abendliche Proteinmahl macht auch noch glücklich. Nicht nur, weil die Fettpolster schmelzen, der Jungbrunnen sprudelt und Heißhunger in Ihrem Wortschatz zum Fremdwort geworden ist, sondern weil es uns auch Glückshormone liefert. Besseresser bekommen Glücksgefühle als Geschmacksverstärker gratis dazu.

Für Wissenschaftler sind Glücksgefühle zunächst einmal nichts anderes als ein neurologischer Reiz in der rechten Gehirnhälfte. Und während Philosophen seit der Antike über Glück und Glücksgefühle grübeln, haben Gehirnforscher dafür längst eine Erklärung: Alles, was wir fühlen, ist das Ergebnis elektrischer und biochemischer Prozesse in unserem Körper.

Im siebten Himmel schweben ohne Ballonbauch

Wir machen uns keine Vorstellung, wie die Post in unserem Körper abgeht, während wir essen. Milliarden von Nervenzellen dirigieren unsere Gefühle mittels Botenstoffen, sogenannten Neurotransmittern und Hormonen. Sie sorgen dafür, dass mit nahezu Lichtgeschwindigkeit die vielen Informationen zwischen den Nervenzellen ausgetauscht werden können. Sie müssen dieses Kommunikationswirrwarr nicht durchschauen, aber es kann nicht schaden zu wissen, was am Ende der Leitung dabei herauskommt.

Neben Neurotransmittern wie Serotonin, Dopamin oder Adrenalin wirken auch Hormone wie zum Beispiel Cortisol, Testosteron, Insulin etc. Sie bewegen sich durch die Blutbahnen an ihren Bestimmungsort. All diese Botenstoffe steuern unseren Kreislauf, Stoffwechsel und Appetit, unsere Atmung, Körpertemperatur, Salz- und Wasserhaushalt. Und natürlich mischen sie bei unserer Sexualität und Fortpflanzung mit, oder taten das zumindest irgendwann mal. Seufzzzz.

Die Steuerzentrale in unserem Gehirn, der Hypothalamus, wandelt beständig die ankommenden Botenstoffe um und reguliert ihre Weitergabe. In der Folge spüren wir körperlich gute oder schlechte Gefühle. Wenn es nun konkret um Genuss, Gefühle und Glück geht, sind zwei Neurotransmitter besonders interessant: Dopamin und Serotonin.

Erleben oder tun wir aufregende Dinge wie Sport, Sex, Streit oder Stress, wird Dopamin ausgeschüttet. Schon der Gedanke an etwas Aufregendes lockt den Botenstoff. Wenn Sie sich gerade vorstellen, wie Sie demnächst am Bungee-Seil von der Brü-

102

Im siebten Himmel schweben ohne Ballonbauch

cke springen, kommt Dopamin ins Spiel. Dann schlägt unser Herz schneller, und die Durchblutung steigt. Dopamin leitet die Befehle des Nervensystems an die Muskulatur weiter und sorgt dafür, dass sich die Muskeln für einen möglichen Einsatz bereit machen.

Wenn wir besonders viel Glück und Freude empfinden, liegt das auch an einer verstärkten Ausschüttung von Dopamin, es steuert das Belohnungssystem im Gehirn. Ein hoher Dopaminwert löst also Wohlgefühl aus, während ein niedriger unkonzentriert und depressiv machen kann. Der Wert variiert im Tagesverlauf und sinkt am Abend, weshalb wir tagsüber Aufgaben konzentrierter erledigen können als spätabends.

Doch damit Dopamin überhaupt erst ausgeschüttet werden kann, braucht der Körper einen bestimmten Baustoff aus dem Eiweiß, den wir nur über die Nahrung bekommen in Verbindung mit dem Vitamin B_6. Wir müssen also essen, um an diesen Botenstoff zu kommen.

Der zweite interessante Neurotransmitter für unser Wohlbefinden heißt Serotonin. Ähnlich wie Dopamin stimuliert es unser Gefühlsleben positiv; doch während Dopamin uns pusht, hat Serotonin eine entspannende und beruhigende Wirkung. Es sorgt für Ausgleich bei Stress, nivelliert die Dinge und hilft beim Loslassen. Eine hohe Dosis davon färbt unseren Blick rosarot: Unter diesem Einfluss wird das halb gefüllte Wasserglas in unseren Augen halb voll. Dann sind wir ja soo gelassen und entspannt. *Brauchen wir das?* Unbedingt.

Auch für die Herstellung von Serotonin gibt es kein Depot

Im siebten Himmel schweben ohne Ballonbauch

in unserem Körper, auf das wir jederzeit zurückgreifen können. Wir müssen das Richtige essen, dann klappt's auch mit dem Feel-good-Botenstoff. Und hier spielen Proteine ebenfalls eine große Rolle. Eiweiß besteht aus kleineren Einheiten, den Aminosäuren, die besonders wichtig sind, wenn es um Dopamin oder Serotonin geht. Denn Aminosäuren werden unterschieden in nicht essentielle, die der Körper selbst herstellen kann, und essentielle, die eben durch die Nahrung zugeführt werden müssen.

Jetzt könnten Sie vielleicht denken: Warum sich den Kopf über das richtige Essen zerbrechen, wenn man Glücksbotenstoffe auch in Pillenform einwerfen kann? Geht leider nicht, weil diese nicht im Gehirn ankommen würden. Bananen sind beispielsweise echte Serotonin-Bomben, und trotzdem könnten Sie ein Kilo Bananen vertilgen, ohne dass die Wunderdroge dort landet, wo sie hinsoll. Das Einzige, was Sie davon hätten, wären ein hoher Blutzuckerspiegel und Blähungen. Denn alles, was ins Gehirn soll, muss erst einen Grenzübergang überqueren, die sogenannte Blut-Hirn-Schranke. Die Kontrolle ist extrem streng, aus gutem Grund: Unsere Schaltzentrale im Kopf ist heilig und steht unter Artenschutz. Nicht alles hat Zutritt zu den heiligen Hallen.

Wenn wir nun also die nötigen Aminosäuren zu uns nehmen, indem wir etwa einen Joghurt oder ein Fischfilet essen, muss die Nahrung zuerst den Verdauungsapparat passieren. Joghurt oder Fisch werden in ihre einzelnen Bestandteile zerlegt, unter anderem in Eiweiß beziehungsweise in Aminosäuren. Je mehr davon im Blut schwimmt, umso mehr kann ins Gehirn gelangen, um daraus dann Serotonin zu bilden.

Da über das Fischfilet oder den Joghurt aber nicht nur die eine wichtige Aminosäure in unseren Körper gelangt, sondern auch andere Eiweißbausteine, kann es schnell mal zu Engpässen im Transportsystem kommen. Das ist dann wie an Silvester. Alle wollen nach Mitternacht ein Taxi, doch die Zahl der Wagen reicht einfach nicht aus. Während Nachtschwärmer warten müssen, hat unser Körper für diesen Engpass eine Lösung. Das Hormon Insulin verteilt die vielen Aminosäuren und sorgt dafür, dass sie in die Muskelzellen gelangen.

Die Bauchspeicheldrüse schüttet aber nur Insulin aus, wenn unser Blutzuckerspiegel über dem Normalniveau liegt. Und dieser Pegel steigt nur, wenn wir Kohlenhydrate gegessen haben. Und jetzt wird allmählich klar, warum Neurotransmitter und Hormone nicht nur unsere Gefühle und Stimmungslage, sondern auch unseren Appetit und unsere Gelüste auf bestimmte Nahrungsmittel manipulieren. Und das ist nicht immer von Vorteil, denn wir wollen abends ja ohne den Zucker auskommen und trotzdem gut drauf sein.

Eines Morgens war mein Internet ausgefallen, ohne das ich – ich gebe es zu – nicht mehr leben kann. Sie werden sich möglicherweise an den Kopf fassen oder diesen schütteln und sich still fragen, ob die jetzt völlig spinnt … mag sein, aber ohne meinen Zugang ins World Wide Web bin ich »lost in space«.

Im siebten Himmel schweben ohne Ballonbauch

Es begann also die Spurensuche nach der Ursache mit einem anschließenden Telefonmarathon durch das Callcenter der Telefongesellschaft. Ergebnis: Ich hatte am Nachmittag immer noch kein funktionierendes Internet, dafür aber superschlechte Laune. Mein Nervenkostüm war für derartige Zwischenfälle derzeit nicht robust genug. Und während ich genervt auf und ab tigerte, sank, ohne dass ich davon etwas ahnte, mein Serotoninspiegel rapide nach unten. Ein Klassiker: Wir sind schlecht gelaunt, weil wir uns während des Tages über etwas geärgert haben oder nur Stress hatten. Was wir dabei nicht ahnen: Unser Serotoninspiegel ist vermutlich zu niedrig.

Es gibt kein Serotonin-Messgerät, aber die Folgen bekam ich sofort zu spüren: Um den niedrigen Pegel wieder anzuheben, hatte ich am Ende dieses nervigen Tages richtig Heißhunger. Es gelüstete mich nach echten Kalorienbomben: ein Teller Pasta, hinterher am besten noch ein Tiramisu oder ein knuspriges Schnitzel mit Bratkartoffeln und danach ein Stück Sahnetorte zum Dessert. Dazu ein Bier oder Wein, bloß kein Wasser.

Diese Gelüste hatte ich aus einem einzigen Grund: All diese Speisen und Getränke enthalten viele, viele Kohlenhydrate, die den Blutzuckerspiegel steigen lassen und Insulin locken. Damit verschwinden konkurrierende Aminosäuren aus dem Blut in den Muskelzellen, und die eine wichtige erwischt einen freien Träger, der es ins Gehirn schafft. Hier wird die Aminosäure in Serotonin umgewandelt, und die Stimmung steigt. Jetzt fühlt man sich satt, zufrieden und entspannt. Fatal: Der Glückszustand ist flüchtig. Und je höher der Blutzuckerspiegel, desto mehr Insulin schwimmt Blut. Und das hat ein dickes Ende. Also was tun?

Das Internet wieder zum Laufen bringen und Eiweiß essen! Was dachten Sie denn? Dann vergeht der Heißhunger auf Dickmacher sofort wieder. Warum etwas verkomplizieren, wenn es einen direkten Weg gibt?

FAZIT

Ein eiweißreiches Abendessen macht Sie nicht nur schlanker und gesünder, sondern auch glücklicher. Wenn das kein Sechser im Lebenslotto ist!

Dieser Weg wird ein eiweißreicher sein

Während ich an diesem Buch schrieb, hatten wir Sommer 2014, obwohl die Bezeichnung trüber Herbst mit wenigen Sonnenstunden derzeit zutreffender gewesen wäre. Heute aber war Sonntag, die Sonne schien endlich mal wieder, und ich nutzte diesen seltenen Glücksmoment, um mich im Garten auf die Liege zu werfen und als träger Molch in der Sonne zu braten.

Ich trug meinen nagelneuen Bikini. Ein Blick hinunter zu meinem Höschen ließ mich jubilieren. Zwischen linken und rechten Hüftknochen, die beide unübersehbar wie die Pfeiler der Golden Gate Bridge aus dem Fleisch ragten, hing der Bund frei in der Luft, fast wie eine Slackline über dem Grand Canyon … na gut, das ist jetzt ein wenig übertrieben. Aber wahr ist, dass sich zwischen Bauch und Höschen ein schmaler Spalt aufgetan hatte, und wenn ich meinen Bauch noch etwas einzog, konnte ich die flache Hand problemlos dazwischen schieben.

»Ja!«, krähte ich euphorisch und warf die geballte Faust meiner linken Hand in die Luft, während die rechte Hand gelassen auf meinem Unterbauch ruhte. Das konnte sich sehen lassen, mein Ego amtete auf: Bauchfett ade, Mission erfüllt!

Frauen beginnen einen neuen Lebensabschnitt ja gerne mal mit einer anderen Frisur. Und viele Frauen, die älter werden, setzen aus mir völlig unerfindlichen Gründen auf eine Kurzhaarfrisur im Einheitslook. Ich hatte mich nicht für eine neue Frisur entschieden, ich hatte stattdessen meine Figur verändert und meinen Bodyforming-Badeanzug samt Pareo durch einen neuen Bikini ersetzt, mit dem ich nun bauchtanzähnliche Verrenkungen vor dem Spiegel machte. Ich war einfach begeistert von diesem Körper, den ich so noch nicht gekannt oder lange nicht mehr gesehen hatte. Ein bisschen Narzissmus kann richtig guttun nach einer langen dunklen Phase als Rettungsringschwimmerin.

Sie wollen Ihren Speckring auch loswerden, Freudentänze vor einem Spiegel aufführen, sich selbstverliebt Küsschen zuwerfen und neidische Blicke einheimsen? Kein Problem – vorausgesetzt, Sie liebäugeln nicht damit, Vegetarierin oder gar Veganerin zu werden. Dann allerdings kann ich Ihnen nicht weiterhelfen. Bei meinem Ernährungsmodell müssen Sie ein Carnivore sein, denn tierische Produkte gehören auf den Teller. Und bevor Sie noch überlegen, ob Sie von einem Hamburger nur die beiden schwammähnlichen Brötchenhälften mit Gurke und Ketchup essen sollen, weil Sie ein Herz für Tiere haben, greife ich zum Burger und lasse dafür die Brotdeckel links liegen.

Falls Sie erwidern wollen, dass Kotelett zu essen mega-out,

Dieser Weg wird ein eiweißreicher sein

im Teller Pasta herumzustochern dagegen edel und gut sei, lautet meine Antwort: Dann bin ich lieber schlecht und schlank als edel und dick. Außerdem essen Vegetarierer meinem Essen das Essen weg. Ich esse nicht jeden Tag Fleisch, vielleicht ein- bis zweimal pro Woche, ich kleide mich auch nicht wie Lady Gaga und lege Fleischlappen auf meine Haut, wenngleich ich Leder recht kleidsam finde. Aber ich esse Fleisch, Geflügel, Fisch und Meeresfrüchte wirklich gerne.

Mir ist jedoch zu Ohren kommen, dass Fleisch bei vielen Frauen nicht hoch im Kurs steht. Getrieben von dem Wunsch, sich gesund und auch moralisch gut zu ernähren, verzichten viele – und grundsätzlich mehr Frauen als Männer – auf Fleisch. Während er sich ein saftiges Steak auf den Grill wirft, bedient sie sich häufig nur am Salatbuffet und aus dem Brotkorb.

Warum fleischliche Genüsse zu bestimmten Zeiten besser für die Figur sind, brauche ich Ihnen nicht wieder vorzukauen. Aber mit diesem Fleischverzicht bekommt frau häufig auch noch ein richtiges Problem: Eisenmangel. Vielleicht ist das der wahre Grund für Ihre Schlappheit, die trockene Haut, den Haarausfall und die Kopfschmerzen oder womit Sie sich gerade herumschlagen.

Wenn es um Eisen in der Ernährung geht, können Sie natürlich Ihre Äpfel mit Nägeln spicken und darauf hoffen, dass diese Dosis genügt; vor dem Genuss sollten Sie natürlich die Nägel entfernen. Aber am besten gelangen Sie an die gesunde Eisendosis, indem Sie hin und wieder einfach rotes Fleisch essen, gemixt mit Hülsenfrüchten, Vollkorngetreide, Erbsen, Fenchel und Spinat.

Dieser Weg wird ein eiweißreicher sein

Zur Ehrenrettung aller Carnivoren möchte ich hier anführen, dass der Mensch in Millionen von Jahren nur deshalb zum Homo sapiens werden konnte, weil er sich vom Vegetarier zum Fleischfresser entwickelt hat. Das ist eine wissenschaftlich bewiesene Tatsache. Erst durch den Übergang vom Körner- zum Fleischfresser wurde der Homo erectus größer und klüger, sein Gehirnvolumen konnte messbar wachsen. Ob das eingefleischte Veganer und Co. hören wollen?

Auch wenn sich die Fleischverzichter für die besseren Menschen halten, steht doch fest, dass wir nie den heutigen kulturellen Status quo erreicht hätten, wenn wir Vegetarier oder gar Veganer geblieben wären.

Ich selbst habe bislang noch keine einzige Veganerin persönlich kennengelernt; möchte ich offen gestanden auch nicht. Diese Ernährung ist mir schlicht zu abgehoben und verkopft. Ich glaube, solche Entwicklungen entstehen nur in reichen Industriestaaten.

In meinem Bekanntenkreis gibt es inzwischen aber eine Vegetarierin. Mein liberales Motto lautet dazu: Jeder das Ihre, solange sie nicht die Salatgurke als Moralkeule schwingt und Cocktail-Tomaten als Dum-Dum-Geschosse verwendet, um damit scharf auf uns Fleischesser zu schießen.

Auch wenn ich die Vorbehalte und Vorwürfe gegen die industrielle Tierhaltung voll unterstütze, werde ich nicht die Seiten wechseln. Aber wer Tiere isst, hat eine große Verantwortung: Sie sollten beim Kauf darauf achten, dass Fleisch, Fisch und Ge-

Dieser Weg wird ein eiweißreicher sein

flügel aus artgerechter, ökologischer und nachhaltiger Haltung und Verarbeitung stammen. Ich möchte Koteletts von glücklichen Schweinen, die sich in einem stressfreien Leben vergnügt im Dreck suhlen konnten, und Steaks von Rindern, die friedlich und frei auf frischen Weiden gegrast haben. Ich möchte Hühner essen, die ein Leben unter freiem Himmel genossen und nicht in einem Gefängnis verbracht haben. Und ich bevorzuge Fisch aus nachhaltigem Fang. Dafür greife ich gerne tiefer in die Tasche, denn Tierschutz und gute Qualität gibt es nicht unter Billig- und Massenware.

Zurück zur Nur-Beilagen-Esserin, die durch ihren Verzicht auf tierische Produkte möglicherweise mehr zum Tier-, Energie- oder Weltfrieden beitragen mag als ich. Trotzdem hat sie weder meine Bewunderung für ihr selbst auferlegtes Fleischzölibat, noch möchte ich ihr darin nacheifern. Jede nach ihrer Façon.

Ich persönlich esse gerne Tier, sorry, es schmeckt mir, und ich bin gerne schlank. Meine vegetarische Bekannte hingegen hat schon jetzt ein kleines Bäuchlein, obwohl sie fast 20 Jahre jünger ist. Das Gewebe ist aufgrund ihres jugendlichen Alters und der hormonellen Überversorgung zwar noch fest. Aber das wird sich ändern.

Die Vorstellung, auf ein gegrilltes Hühnchen oder einen Tafelspitz, auf Doradenfilets oder Sashimi gänzlich verzichten zu müssen, wäre ein Albtraum für mich. Vielleicht kann ich mich mit zunehmendem Alter ganz von allen fleischlichen Gelüsten verabschieden, aber im Moment geht das einfach noch nicht. Ich stehe beim Grillen mehr auf eine richtige Bratwurst

Dieser Weg wird ein eiweißreicher sein

als auf ein gruseliges Soja- oder Seitanplagiat. Und ich esse nun mal gerne Putenbrust, Schnitzelchen oder Kabeljaufilet, und ich möchte auch nicht auf Scampi, Wachteln und gelegentlich Hummer verzichten. Dazu bin einfach viel zu verfressen und noch mehr ein Genussmensch.

FAZIT

Wenn ich schon auf Bienenstich und Co. zugunsten aller Bienen verzichte, soll mein Magen mit feinen Leckereien gefüllt werden. Und da spielen Proteine in der ersten Liga.

Es muss ja nicht knuspriger Hund sein

Ich werde an dieser Stelle den Menüplan auf den Kopf stellen und mit dem Abendessen beginnen, weil es die Schlüsselrolle im Kampf gegen das Bauchfett spielt. »No carbs after five«, hatte es meine Freundin Ulrike genannt, bei mir heißt es: Abends esse ich Eiweiß pur, weil es schlank, satt, gesund und glücklich macht.

Das nenne ich abnehmen, ohne zu hungern und ohne sich zu kasteien, wobei ich gerne zugebe, dass es einer gewissen Umgewöhnung bedarf, abends Brot, Nudeln, Kartoffeln, Reis etc. plötzlich wegzulassen, wenn das bisher zu einem normalen Abendessen dazugehört hat. Da gilt es, das jedem von uns innewohnende Gewohnheitstier zu überlisten. Aber wenn Sie Ihre Gewichtsprobleme ein für alle Mal loswerden wollen, ist das der einzig erfolgreiche Weg, außer Sie lassen sich Ihren Magen chirurgisch verkleinern. Alles andere wäre zum Scheitern verurteilt.

Der Vorteil bei dieser Ernährungsweise ist übrigens auch, dass Sie nicht in der ominösen Jo-Jo-Falle landen. Falls Sie in Ihrem

Es muss ja nicht knuspriger Hund sein

Leben schon einige Diätversuche hinter sich haben, hat der Jo-Jo-Effekt vermutlich schon zugeschlagen und Ihren Grundumsatz etwas reduziert. Denn darum geht es bei diesem Albtraum. Versorgen wir unseren Körper aufgrund einer Diät plötzlich mit ungewohnt wenig Kalorien, hält er das leider nicht für eine gut gemeinte Aktion Ihrerseits, sondern vermutet dahinter den Ausbrauch einer Hungersnot.

Mit einer Diät startet ein genetisches Programm – gegen uns: Der Körper schaltet auf Sparflamme. In grauer Vorzeit schützte uns dieses Notprogramm vor dem Verhungern. Das ist zwar längst Schnee von gestern, weil in unseren Breitengraden keiner unfreiwillig Hunger leiden muss, aber unsere Gene wollen davon immer noch nichts wissen. Um zu überleben, versucht der Körper, jede Kalorie optimal auszunutzen, Fettdepots anzulegen und bloß keine Energie zu vergeuden.

Deswegen geht der Körper in einer Diätphase an seine Reserven. Leider sind das nicht gleich die Fettdepots, die wir eigentlich loswerden wollen, sondern zuerst die Zuckerdepots in der Leber, gefolgt von den Rücklagen in den Muskeln. Der Körper greift auf das Körpereiweiß zurück und baut dadurch Muskelmasse ab. Weniger Muskeln sorgen jedoch dafür, dass der Grundumsatz sinkt und der Stoffwechsel sich verlangsamt. So wechselt der Körper in eine Art Winterschlafmodus, in dem sich die meisten Frauen jenseits der 50 sowieso schon befinden.

Der Jo-Jo-Effekt ist also nur eine Sicherheitsmaßnahme des Gehirns. Nach einer Diät reagiert der Körper als besonders gu-

Es muss ja nicht knuspriger Hund sein

ter Futterverwerter und sammelt gierig alle Energie, die er nun bekommen kann. Jede Kalorie schlägt sprichwörtlich doppelt an. Das ist der Grund, warum Diäten scheitern und völlig sinnlos sind. Jede kennt diesen Effekt: Nach kurzer Zeit haben wir nicht nur unser ursprüngliches Gewicht wieder erreicht. Selbst wenn wir jetzt zurückhaltend essen, nehmen wir weiter zu. Das ist der Preis, den wir für die verloren gegangene Muskelmasse bezahlen. *Brauchen wir das?* Auf keinen Fall. Und ewig grüßt das Murmeltier. Niemand will mühsam die überflüssigen Pfunde herunterhungern, um dann wieder zuzunehmen. Der Erfolg soll ja für die Ewigkeit sein!

»Immer nur Eiweiß, wie fad ist das denn?«, mögen Sie vielleicht aufstöhnen und die Augen verdrehen. Irrtum, Langeweile kommt da nicht auf, denn die Vielfalt von proteinhaltigen Lebensmitteln, die abgesehen von Fett nur hochwertiges Eiweiß liefern, ist riesig: Geflügel, Fisch und Meeresfrüchte, Fleisch, Wild, Sojaprodukte wie Tofu, Pilze, Eier, Käse und Nüsse zählen dazu.

Unter den Fleischlieferanten haben Sie die Qual der Wahl. Kalb, Rind, Schwein, Lamm, Ziege, Hase, Reh, Hirsch, von mir aus auch Pferd, wenn Sie es mögen: Greifen Sie zu. Aber Finger weg von industrieller Massenware zu Schleuderpreisen. Achten Sie darauf, dass das Fleisch aus artgerechter Haltung stammt. Das sind Sie sich und den Tieren schuldig.

Der vorletztes Jahr verstorbene Komiker und Schauspieler Robin Williams soll nach einer Herz-OP, bei der ihm eine Rin-

Es muss ja nicht knuspriger Hund sein

derherzklappe eingesetzt worden war, kein Fleisch mehr gegessen haben. Er sagte in einem Interview: »Ein Stück Kuh hat mich gerettet! Deshalb esse ich kein Fleisch mehr! Wenn ich ein Steak sehe, sage ich: Nein – du bist einer von uns!«

Ich habe noch meine eigenen Herzklappen, und ich esse immer noch Steak, aber ich stimme ihm zu: Ob Zwei- oder Vierbeiner, Lungen- oder Kiemenatmer – wir sind alle Lebewesen, und Tiere verdienen unseren Respekt. Und der zeigt sich im Umgang mit allen Tieren, nicht nur mit unseren Haustieren. Suchen Sie einen guten Metzger, löchern Sie ihn mit Fragen nach der Herkunft und Haltung der Tiere, die er in seinem Laden in handlichen Teilen verkauft. Ein guter Metzger wird Ihnen bei hartnäckigem Nachbohren bereitwillig Auskunft geben, entweder weil er sich über Ihr Interesse freut oder weil er Sie Nervensäge schnell wieder loswerden will.

Wenn es um Fleisch geht, esse ich alles, was in unseren Breitengraden üblich ist, auch Innereien wie Leber oder Zunge. Nur bei Kutteln oder einigen speziellen Delikatessen wie knuspriger Hund oder gebratene Katze werde selbst ich zum Teilzeit-Vegetarier. Andere Länder, andere Sitten. Ich habe gelesen, dass zum Beispiel in Vietnam manche glauben, es würde Glück bringen, bei Neumond Katze und bei Vollmond Hund zu essen. Na, ich weiß nicht, ich für meinen Teil weiß, dass ein Kalbskotelett am Abend schlanker macht als eine Pizza. Nach einer Woche mit oder ohne Neu- oder Vollmond, in der Sie abends die Kohlenhydrate weglassen, wiegen Sie ein, zwei Pfund weniger. Versprochen. Und dass das glücklich macht, steht außer Frage. Das

Es muss ja nicht knuspriger Hund sein

kann jede selbst ausprobieren, dazu braucht es weder Wahrsager noch Wissenschaftler.

Wir Carnivoren stehen natürlich auch unter dem Beschuss von Gesundheitsgurus. Wer zu viel Fleisch isst, beißt irgendwann ins Gras. Aber tun wir das nicht alle irgendwann? Aber bevor ich ins Gras beiße, habe ich jedoch fleischliche Genüsse gekostet, auch Fruchtfleisch und Blutorangen. Natürlich liefert Fleisch auch Fett, und laut Gesundheitsguru kann das nicht gut sein.

Gemach, gemach, denn selbst die Deutsche Gesellschaft für Ernährung verteufelt Fleisch nicht per se; es kommt dabei immer auf die Art und die Menge an. Fleisch ist gesund, denn es liefert neben Eiweiß viele weitere Nährstoffe wie zum Beispiel A- und B-Vitamine sowie Mineralstoffe wie Eisen und Zink. Außerdem macht es satt und fungiert als Geschmacksträger.

Ja, es stimmt, dass Vegetarier oft gesünder sind, aber es ist nicht bewiesen, dass das am Fleischverzicht liegt. Vermutlich ist es wohl eher der Tatsache geschuldet, dass Vegetarier grundsätzlich gesünder leben, sich mehr bewegen, weniger Alkohol trinken und nicht rauchen, Gesundheitsgurus halt. Außerdem gibt es eine ganze Reihe von Studien, die bestätigen, dass Vegetarier eher an Depressionen, Angst- und Essstörungen leiden als Fleischesser. Denn Vegetarier haben einen geringen Blutspiegel an ungesättigten Omega-3-Fettsäuren, die nur in Fisch vorkommen und denen eine antidepressive Wirkung zugeschrieben wird. Und ihr Immunsystem leidet an dem Eiweißmangel, deshalb sind sie anfälliger.

Es muss ja nicht knuspriger Hund sein

Aber es stimmt natürlich, dass Fleisch Fett enthält, um genau zu sein überwiegend gesättigte Fettsäuren. Die werden als schlechte Fette bezeichnet, da sie die Blutfette erhöhen und Herz-Kreislauf-Beschwerden begünstigen können – vorausgesetzt, Sie ernähren sich einseitig und braten sich Abend für Abend ein fettes Schweinenackensteak. Tun Sie aber nicht, insofern ist diese Diskussion völlig überflüssig.

Deswegen empfehle ich Ihnen auch nicht ausschließlich magere Fleischsorten. Mit jeder Einschränkung wird die Ernährung im Alltag nur komplizierter. *Brauchen Sie das?* Nein. Ich setze voraus, dass Sie sich im Wechsel befinden und auf Abwechslung stehen: Vielleicht gibt es deshalb sonntags Fleisch, montags Geflügel, dienstags Fisch, mittwochs vegetarisch, donnerstags Meeresfrüchte, freitags Geflügel, und samstags sündigen Sie nach Herzenslust. Könnte so nicht ein abwechslungsreicher Speiseplan fürs tägliche Abendessen aussehen?

An dieser Stelle seien auch Insekten als Eiweißlieferanten genannt. Ich esse keinen Honig, ich kaue Bienen – nein danke. Krabbeltiere zu essen ist auch so eine Mode, mit der ich mich noch nicht anfreunden kann – noch nicht, wohlgemerkt. Denn Insekten sollen das neue Fleisch sein, nicht nur, weil sie angeblich gesünder und wertvoller als ein kleines Steak sind. In sehr vielen Ländern sind die Biester eine alltägliche Speise, aber mir graust es noch etwas davor, in eine knusprige Grille oder einen gebratenen Käfer zu beißen.

Zugegeben, sie enthalten viel Eiweiß, viele Vitamine und wenig Fett und sind bei der Herstellung sehr energieeffizient im

Es muss ja nicht knuspriger Hund sein

Vergleich zu einem Pfund Rindfleisch. Um das zu erzeugen, braucht es 11 000 Liter Wasser, 25 Pfund Futter und große Weideflächen, für ein Pfund Grillen dagegen nur vier Liter Wasser, zwei Pfund Futter und eine ziemlich kleine Zuchtfläche und natürlich kaum Treibhausgase – alles Argumente, die eigentlich überzeugen, endlich mal Fleischpflanzerl aus Mehlwürmern zu verspeisen. Vielleicht bin ich bis Ü60 so weit.

Wenn Ihnen an einem Sonntag aber der Sinn nach Schweinefleisch oder Tafelspitz steht, ignorieren Sie die erhobenen Zeigefinger der Gesundheitsapostel. Essen Sie mit Genuss mittags noch mit, abends aber ohne Beilagen. Denn nicht das Fett, sondern die Kohlenhydrate, sprich der Zucker, sind das Problem. Ich behaupte, dass wir Wohlstandsmenschen viel zu viele Kohlenhydrate essen, mehr, als unser Körper braucht.

Wie bei allem im Leben kommt es eben auf das richtige Maß an. Wir sind in den Wechseljahren, das schlägt sich auch im Speiseplan nieder. Statt ausschließlich auf rotes Fleisch zu setzen, darf es im Sinne der Abwechslung öfter mal weißes Fleisch sein. Denn Geflügel liefert bestes Eiweiß, wenig Fett und viele gesunde Nährstoffe wie Zink, Eisen und Kalium.

Und da wir wie im Garten Eden leben, gibt es auch beim Federvieh unendliche Variationen: Huhn, Hähnchen, Pute, Truthahn, Gans, Ente, Taube, Strauß, Fasan, Rebhuhn, Perlhuhn oder Wachtel, alles ist erlaubt – abends ohne Beilagen, aber mit Haut! Die allgemeine Diätempfehlung, immer die knusprige Haut wegzulassen, empfinde ich als Zumutung. Immer sollen wir aufs Beste verzichten, nicht mit mir. Was könnte mir das bisschen Haut schon antun?

Ich kapriziere mich stattdessen auf die inneren Werte: Geflügel sollte aus Bio-Freilandhaltung stammen. Es war schon immer etwas teurer, einen guten Geschmack zu haben. Warum nicht mal auf ein Paar neue Schuhe verzichten oder auf eine weitere überflüssige Handtasche? *Brauchen Sie die wirklich?* Meine Prioritätenliste hat sich im Lauf der Jahre verändert. Wenn ich schon zugunsten der Figur auf manche Kalorien verzichten muss, dann sollten die anderen nicht von der Resterampe, sondern vom Allerfeinsten sein. Spätestens jetzt, Ü50, geht es um Qualität, nicht Quantität.

FAZIT

Wer sich eiweißreich ernährt, muss tiefer in die Tasche greifen, aber irgendwann muss jede einmal damit anfangen, über ihre Verhältnisse zu leben. Sparbrenner mit dem Igel in der Tasche schaffen es nicht, schlank zu werden und zu bleiben.

Fisch mit Stäbchen
statt Fischstäbchen

Bei der Vielfalt an proteinhaltigen Lebensmitteln fällt es wirklich nicht schwer, diese Ernährung an sechs Tagen in der Woche durchzuhalten. Was Tag 7 betrifft, orientiere ich mich an einem ganz großen Vorbild: Am siebten Tage sollst du ruhen – die Disziplin wohlgemerkt, ansonsten dürfen Sie sich natürlich bewegen.

Einmal, gelegentlich auch zweimal pro Woche, zum Beispiel wenn ich am Wochenende ausgehe, zum Essen bei Freunden eingeladen bin oder mir einfach der Sinn danach steht, lasse ich fünf gerade sein und esse, worauf ich Lust habe oder was mir der Gastgeber auftischt. Nichts ist schlimmer, als bei einer Esseneinladung die Zicke zu geben: »Nein, das esse ich nicht, das auch nicht …« Sorry, das geht gar nicht. Wenn sich jemand die Mühe macht, sich an den Herd zu stellen und uns zu sich nach Hause einzuladen, gebietet es das gute Benehmen, das zu essen, was auf den Tisch kommt. Das ist ja kein tägliches Ritual, sondern die Ausnahme. Und Ausnahmen sind nicht nur erlaubt, sie sind das Salz in der Suppe.

Fisch mit Stäbchen statt Fischstäbchen

An den anderen sechs Tagen bleibt es dafür beinhart beim Eiweiß pur. Für mich ist inzwischen völlig normal, abends kein Brot, keine Nudeln, keinen Reis, keine Kartoffeln etc. mehr zu essen. Stattdessen gibt es Fisch, Fleisch, Geflügel, Käse, Eier oder auch mal Soja pur, das Ganze gebraten, gegart, gegrillt, gekocht oder roh. Das funktioniert übrigens auch im Restaurant ziemlich gut.

Wer Ü50 noch ärmellose Spaghetti-Tops tragen möchte, sollte die Nudeln links liegen lassen, auch die Reisnudeln. Trotzdem lohnt ein Blick in die Kochtöpfe anderer Nationen. Wenn es um eiweißreiche Ernährung geht, sind die Japaner Vorreiter. Deswegen überrascht weder die hohe Lebenserwartung der Japaner noch, dass sie bemerkenswert schlank sind. Das Geheimnis liegt in der Esskultur mit sehr fettarmer Kost aus Fisch und Soja begründet, die inzwischen auch bei uns sehr populär ist. Ich liebe Sashimi, den rohen, fein geschnittenen Fisch mit Wasabi, Sojasauce, Ingwer und japanischem Rettich – das ist für mich eine echte Delikatesse, die dazu noch perfekt für die Figur ist (wie vieles aus der asiatischen Küche).

Fisch ist für alle, die sich schlank und gesund ernähren wollen, eine wunderbare Wahl. Er enthält leicht verdauliches Eiweiß, viele Vitamine, die Spurenelemente Jod und Selen. Der Fettgehalt variiert, aber gelegentlich sind die »fetten« Vertreter wie Aal überhaupt kein Problem. Es kommt auf Menge und Mischung an.

Wenn es um Abwechslung beim Abendessen geht, können

Fisch mit Stäbchen statt Fischstäbchen

wir hier aus den Vollen schöpfen. Denn noch größer als die Auswahl an der Fleischtheke ist das Angebot der Fischauslage: Forelle, Kabeljau, Scholle, Seehecht, Seelachs, Seezunge, Steinbutt, Aal, Hering, Lachs, Makrele, Matjes, Thunfisch usw. Es gibt so unglaublich viele unterschiedliche Sorten, sie hier aufzuzählen würde den Rahmen dieses Buches sprengen, und jede Art von Fisch ist gesund.

In diesem Zusammenhang möchte ich auch an andere Meeresbewohner erinnern, die abends auf dem Teller landen sollten: Meeresfrüchte wie Muscheln, Krabben, Garnelen, Gambas, Langusten, Hummer, Shrimps, Tintenfisch oder Kalmar sind ebenfalls hochwertige Eiweißquellen.

Im vergangenen Jahr verzehrten die Deutschen durchschnittlich 15,6 Kilogramm Fisch im Vergleich zu circa 60 Kilo Fleisch. Da ist also noch viel Luft nach oben mit Blick auf unseren Fischkonsum. Lieblingsfisch der Deutschen ist übrigens der Alaska-Seelachs, der auch zu den beliebten Fischstäbchen verarbeitet wird. Aber davor sollten Sie zurückschrecken: Da umhüllen wieder böse, böse Kohlenhydrate den in Form gebrachten Fisch. Panade ist mega-out, sie setzt nur den unerwünschten Insulinkreislauf erneut in Gang und verfälscht außerdem den wunderbaren Geschmack des Produkts.

Wenn Sie in Wechselstimmung sind, geben Sie Ihren Gelüsten nach. Mich gelüstet es abends gelegentlich auch nach rein pflanzlichem Eiweiß. Im Sinn der Vielfalt lohnt es sich durchaus, hin und wieder mal auf Fleisch und Co. zu verzichten und vegetarisch zu schlemmen.

Fisch mit Stäbchen statt Fischstäbchen

An erster Stelle auf dem vegetarischen Protein-Menüplan steht das *Ei* in all seinen Zubereitungsmöglichkeiten: weich oder hart gekocht, als Spiegel- oder Rührei, mit oder ohne Schinken und als Omelette. Eier kochen kann jede, aber ein gutes Ei richtig zubereitet schmeckt besser. Wer einmal ein schwammartiges Rührei aus Fertigmasse gekostet hat, versteht, was damit gemeint ist.

Eiweiß hat eine empfindliche Struktur. Wenn man es zu heiß oder zu lange kocht, wird es zäh. Es kommt also auf die Temperatur an. Ein auf den Punkt weich gekochtes Ei oder ein perfektes Spiegelei besteht aus festem Eiklar und flüssigem Eigelb, ein delikates Rührei hat eine cremige Konsistenz. Das ist Molekularküche in ihrer Urform!

Und Eier sind gesund. Der Vorwurf, dass sie Cholesterinbomben und somit Gift seien, ist längst entkräftet. Ein Hühnerei hat 64 Kalorien und besteht aus viel Eiweiß, ein bisschen Fett, aber 239 Milligramm Cholesterin. Erhöhte Blutfettwerte, also ein hoher Cholesterinwert, sind bekanntermaßen gesundheitlich bedenklich. Und so geriet das Ei in den Verdacht, gefährliches Cholesterin zu liefern, da bereits der Verzehr eines Eigelbs eine gefährlich hohe Cholesterinmenge liefern würde. Damit lagen die Warner jedoch völlig daneben, da der Cholesteringehalt der Nahrung kaum Einfluss auf den Cholesterinspiegel im Blut hat.

Außerdem wurde unterschlagen, welche viele gesunde Bestandteile Eier haben, wie etwa Lecithin, das sogar die Aufnahme von Cholesterin im Darm absenken kann. Das ist ein glat-

125

Fisch mit Stäbchen statt Fischstäbchen

ter Freispruch für das Ei! Sie können es bedenkenlos essen, und es macht Sie schlank! Aber kaufen Sie nur Eier von glücklichen Hühnern aus ökologischer Erzeugung. Das sind Sie den Hühner und Bauern, die ihre Hühner artgerecht halten, schuldig. Auch wenn das jetzt etwas pathetisch klingen mag: Wir sollten Tiere und die Lebensmittel, die sie uns schenken, mit Sorgfalt und Dankbarkeit behandeln.

Sojaprodukte wie Tofu und *Hülsenfrüchte* wie Bohnen, Erbsen, Linsen sind ebenfalls pflanzliche Eiweißquellen und eine gesunde Alternative zu den tierischen Eiweißlieferanten. Doch nicht jeder verträgt sie. Von Soja habe ich leider arthritische Gelenkschmerzen in den Händen bekommen, deswegen esse ich es sehr selten. Aber probieren Sie, was Ihnen schmeckt und was Sie gut verdauen können.

Pilze sind ebenfalls eine leckere Eiweißquelle. Zuchtpilze wie Champignons, Austernpilze oder Shiitake, aber auch Waldpilze wie zum Beispiel Pfifferlinge liefern reinstes Eiweiß. Und auch der abendliche Käseteller ist erlaubt, allerdings ohne Brot!

FAZIT

Essen ohne Kalorienzufuhr ist leider nicht möglich, essen und dabei abnehmen aber schon.

Raubtierfütterung am Morgen

Manchmal wache ich morgens auf, und mein erster Gedanke ist: Hallo, ich hab ja richtig Hunger. Das ist ein gutes Gefühl, weil dieser Hunger echt ist. Es ist kein Appetit oder Heißhunger, das sind keine Gelüste, sondern es ist wahrhaftiger Hunger, ein Gefühl, das viele gar nicht mehr kennen und das mich mit Elan aus dem Bett treibt. Während ich geschlafen habe, hat mein Körper ein paar Wunder verbracht, in seine Trickkiste gegriffen und dabei viel Energie verbraucht: Er hat mich in der Nacht schnell mal runderneuert, entspeckt, verjüngt, gestrafft. Gott, fühlt sich das gut an!

Allerdings sollte sich mir niemand zu dieser frühen Stunde in den Weg stellen. Jeder würde weggebissen, denn ich befinde mich mit Tunnelblick auf der Zielgeraden zum Frühstückstisch. Hunger setzt gewaltige Kräfte frei und rückt alle Nebensächlichkeiten in den Hintergrund. Dieser Hunger ist gut, rein, pur und hat seine Daseinsberechtigung, denn die letzte Mahlzeit liegt ja zehn bis zwölf Stunden zurück.

Raubtierfütterung am Morgen

Die erste Aufgabe dieses jungen Tages lautet daher: Essen fassen, Nachschub liefern, reinhauen! Ernst beiseite, das Frühstück spielt für den Start in einen gelungenen Tag eine ziemlich große Rolle, denn nach der nächtlichen Fastenpause von mehreren Stunden braucht das Gehirn jetzt dringend Energie, vor allem in Form von Kohlenhydraten. Hier und jetzt haben sie ihre Berechtigung.

Sie frühstücken aber nicht, weil Sie morgens keinen Hunger oder keine Zeit haben? Vielleicht lässt sich das ändern. Ich denke, dass sich nach einem abendlichen Proteinmahl ohne Beilagen morgens der Hunger auch bei Ihnen meldet. Unser Gehirn schaltet in der Regel nachts, also während wir schlafen, in eine Art Energiesparmodus; der Energieverbrauch liegt dann bei etwa 40 Prozent unter dem Tageswert. Mit dem Erwachen fährt das Gehirn dann seine Leistung hoch, und dafür braucht es Power.

Vielleicht haben Sie sich auch an ein Frühstück to go gewöhnt, um ein Viertelstündchen länger schlafen zu können? Schlechte Gewohnheiten lassen sich ablegen. Falls Sie jedoch partout nicht frühstücken können, dann lassen Sie es. Hören Sie auf Ihren Bauch und nicht auf Schreiberlinge, aber sagen Sie nicht, ich hätte Sie nicht gewarnt.

Falls Sie so gerne frühstücken wie ich, dann essen Sie am Morgen, wonach Ihnen der Sinn steht. Ich bevorzuge Obst und Joghurt (muss nicht fettarm sein), manchmal gibt es ein Ei, Brot und Marmelade, in ganz, ganz seltenen Ausnahmen mal ein Croissant. Es empfiehlt sich, Butter oder Margarine unter den

Raubtierfütterung am Morgen

süßen Aufstrich zu geben, weil Fett die Aufnahme von Glukose im Darm verlangsamt.

Wenn Sie es morgens deftig mit Käse, Fisch, Wurst, Schinken und Gemüse lieben, dann bleiben Sie dabei. Das Frühstück ist die Mahlzeit des Tages, bei der Sie wenig falsch machen können, außer Sie essen Zucker in Form von industriell vorgefertigten Backwaren und gezuckerten Nahrungsmitteln wie zum Beispiel Toast, gesüßte Müslis und Cerealien und Schokoaufstrich. Kontraproduktiv ist es ebenfalls, das Frühstück im Gehen oder Stehen einzunehmen. Sie essen nur noch dreimal pro Tag, daher sollten Sie diese drei Mahlzeiten auch bewusst zelebrieren.

Was nun passiert, wissen Sie bereits: Nach dem Frühstück steigt Ihr Blutzuckerspiegel an, Insulin betritt die Bühne. Jetzt kommt es darauf an, dass der Blutzucker nicht nur langsam ansteigt, sondern genauso langsam wieder absinkt. Denn mit dem Sinkflug kommt der Hunger zurück, aber das Frühstück soll Sie so nachhaltig satt machen, dass Sie die nächsten fünf Stunden ohne Zwischenmahlzeit auskommen. Ein zweites Frühstück ist nämlich tabu; es liefert nicht nur zusätzliche Kalorien, sondern verhindert auch, dass der Insulinspiegel sich ausbalancieren und so die Fettverbrennung zwischen den Mahlzeiten stattfinden kann. Nach vier bis fünf Stunden meldet sich dann der Hunger wieder von selbst, wenn dieses wichtige Signal nicht durch Zwischenmahlzeiten überlagert und gestört wird.

Fünf Stunden nichts essen? Das kann für Neueinsteiger Kampfgeist erfordern und frau im Hungerdelirium zum Tier

Raubtierfütterung am Morgen

werden lassen, vor allem jetzt unter dem Einfluss von Testosteron, das nun überschüssig vorhanden ist, seit die Östrogene verschwunden sind. Aber während die weiblichen Hormone uns einst eher nachgiebig und friedlich gemacht hatten, verfügen wir nun über ein paar männliche Attribute, die uns das Testosteron neben Barthaaren und Bauch ebenfalls beschert: Entscheidungskraft, Durchhaltevermögen, Durchsetzungsfähigkeit, Ehrgeiz. Nutzen Sie diesen Kampfgeist, wenn der kleine Hungerdämon es sich auf Ihrer Schulter bequem machen will, kaum dass das Frühstück verdaut ist, und zu jammern beginnt: »Röchel, ich hab so 'nen Kohldampf. Wenn ich nicht sofort eine Butterbreze oder ein Nusshörnchen bekomme, falle ich tot um.« Mit diesem miesepetrigen Einflüsterer am Ohr könnte der Vormittag zum endlosen Albtraum werden. Noch drei lange Stunden soll das so weitergehen? *Brauchen Sie das?* Absolut nicht.

Um erst gar nicht in eine solch unpässliche Lage zu geraten, können Sie statt auf schnelle auf langsame Kohlenhydrate setzten. So, wie Fett nicht gleich Fett ist und nicht immer dick macht, ist Zucker nicht gleich Zucker. Je nach Anzahl der Zuckerbausteine gibt es Einfach-, Zweifach- und Mehrfachzucker.

Wenn Sie in einer Prüfung oder einem Meeting sitzen und schnell Zucker fürs Hirn brauchen, könnte Traubenzucker sofort helfen. Schnelle Kohlenhydrate bestehen aus Einfach- und Zweifachzucker; der Körper kann sie ruckzuck verdauen. Entsprechend flott steigt der Blutzuckerspiegel. Auch bei Mehrfachzucker steigt der Blutzuckerspiegel, aber dieser Vorgang läuft

130

Raubtierfütterung am Morgen

gebremst ab, weil diese Zuckervariante erst aufgespalten werden muss.

Wie Sie ja bereits wissen, werden letztlich alle vom Körper aufgenommenen Kohlenhydrate in Glukose umgewandelt, nur wie schnell und intensiv dabei der Blutzuckerspiegel steigt, ist ein Unterscheidungskriterium. Mancher Zucker schießt ins Blut, anderer tröpfelt gemächlich hinein und sorgt so dafür, dass der Blutzucker langsamer ansteigt. Beim schnellen Zucker sinkt mithilfe von Insulin der erhöhte Blutzucker rasch wieder, wodurch das Hungergefühl ebenso schnell wieder ausgelöst wird, denn ein sinkender Blutzucker schickt Hungersignale. Beim Mehrfachzucker geschieht dieser Vorgang zwar genauso, aber eben mit angezogener Handbremse. Das ist wie auf der Autobahn; manche fahren gemütlich mit konstanten 130 Stundenkilometern durch das Land, andere rasen vorbei, fahren auf, drängeln und provozieren mit der Lichthupe. Wer hat da wohl mehr Stress? Beim Mehrfachzucker steigt der Blutzucker nicht blitzartig, sondern allmählich an wie eine sanfte Dünung im Meer und sinkt auch entsprechend gemächlich wieder ab. Durch diesen gleichmäßigen Wellengang des Blutzuckers stellt sich das Hungergefühl später ein.

Wie schnell der Zucker in einem Lebensmittel den Blutzucker erhöht, beschreibt der glykämische Index, kurz GI, der Ihnen garantiert ein Begriff ist. Je niedriger der GI, umso besser für die Figur. Ein hoher GI sorgt dafür, dass der Blutzucker rapide hochschnellt. Je höher der Blutzucker, umso mehr Insulin wird ausgeschüttet, um den Zucker in die Zellen zu schleu-

131

Raubtierfütterung am Morgen

sen und als Fett einzulagern. Der GI ist also nichts anderes als ein Maß, welches angibt, wie leicht sich die Kohlenhydrate eines Nahrungsmittels in Glukose umwandeln lassen. GI-Diäten setzen beim Abnehmen auf die Unterscheidung zwischen »guten« und »schlechten« Kohlenhydraten. Aber wer kennt schon den jeweiligen Wert von jedem Lebensmittel und will vor jedem Bissen erst einen GI-Check machen? Zu kompliziert, *das brauchen wir nicht.*

Einfachzucker ist Traubenzucker (Glukose) und Fruchtzucker (Fructose), der in vielen Obstsorten, Süßigkeiten und Honig zu finden ist.

Zweifachzucker ist Milchzucker (Laktose), Saccharose, Malzzucker (Maltose) und steckt in Milch und Milchprodukten, in vielen Gemüse- und einigen Obstsorten, in Alkohol und Hefe.

Mehrfachzucker (auch komplexe Kohlenhydrate genannt) ist in Getreide und Vollkornprodukten zu finden, in einigen Brot- und Gemüsesorten, in wenigen Obstsorten. Sind jene Mehrfachzucker auch noch so lang und fest miteinander verbunden, dass wir sie nicht mehr verdauen können, heißen sie Ballaststoffe. Sie sind morgens günstig, weil sie besonders lange satt machen.

Wenn Sie braunen statt weißen Zucker verwenden in der stillen Hoffnung, dass der besser für die Figur sei, muss ich Sie leider enttäuschen. Hier ist nur die Farbe anders, sonst gar nichts. Das gilt auch für Roh-, Kandis-, Puder-, Hagel- oder Würfelzucker. Alle Sorten sind Haushalts- oder Kristallzucker beziehungsweise Saccharose, nur in anderer Form, und werden aus

Raubtierfütterung am Morgen

Zuckerrohr oder Zuckerrüben gewonnen. Traubenzucker oder Glukose oder Dextrose stammt aus Kartoffel- oder Maisstärke und ist nur halb so süß wie Rübenzucker. Er liefert einen schnellen Energiekick, zum Beispiel beim Sport. Fruchtzucker beziehungsweise Fructose entsteht in Früchten und in Honig, kann aber auch industriell gewonnen werden. Er ist 20 Prozent süßer als Rübenzucker.

Milchzucker beziehungsweise Laktose aus Molke bringt es nur auf ein Viertel der Süße von Kristallzucker. Beim Einkochen von Marmeladen und Gelees sorgt Gelierzucker für intensives Aroma, appetitliche Farbe und lange Haltbarkeit. Ein beliebter Zusatzstoff der Lebensmittelindustrie ist beispielsweise Maltose, womit angeblich so gesunde Müslis oder Cornflakes heimlich gezuckert werden. Lassen Sie sich nicht veräppeln! Fructose oder Maltose lösen kein Sättigungsgefühl aus. Deswegen können wir große Menge von Zerealien futtern, ohne davon satt zu werden.

Wohlgemerkt werden auch die langsamen Kohlenhydrate im Darm in einfachen Zucker, also Glukose, umgewandelt und in das Blut weitergeleitet. Bei den langsamen Kohlenhydraten dauert diese Umwandlung und Weiterleitung jedoch länger, die Glukose wird länger und gleichmäßiger im Blut verteilt, die Bauchspeicheldrüse produziert gleichmäßiger Insulin. Das erhöht die Nettoverweildauer des Zuckers.

Damit erreichen Sie genau die Balance, die Sie vor Heißhungerattacken schützt. Denn bei der stetigen und gleichmäßigen Energieversorgung ist der Körper, vor allem aber das Gehirn, das die Glukose braucht, lange Zeit bestens versorgt. Dadurch

Raubtierfütterung am Morgen

setzt ein erneutes Hungergefühl erst viel später ein, und fünf Stunden zwischen den Mahlzeiten sind damit überhaupt kein Problem mehr.

FAZIT

Wer weniger Zucker isst, ist schneller schlank, wer langsamen Zucker isst, ist länger satt. Also dann!

Von Schmetterlingen im Bauch wird frau nicht satt

Auch wenn Sie gerade vielleicht verliebt sind und nur von Luft und Liebe leben können, hat sich diese Mangelernährung im Alltag auf Dauer nicht bewährt. Falls Sie nicht verliebt und hungrig sind, kreisen Sie nach meinen Ausführungen inzwischen möglicherweise etwas verwirrt durch die Küche und finden Ihren Kühlschrank nicht mehr, weil er mit Post-it-Zettelchen übersät ist, auf denen Sie notiert haben, was Sie zum Frühstück essen sollen und was nicht. Entspannen Sie sich. Es ist viel einfacher, als Sie denken.

Hier kommt eine lange Liste mit »Du darfst«-Empfehlungen für Ihr Frühstücksbuffet.

Fangen wir beim *Heißgetränk* an. Bei der Frage Kaffee oder Tee entscheidet Ihr Geschmack. Wer Kaffee oder Tee schwarz und ohne Zucker trinkt, macht alles richtig. Wer beides jedoch mit Milch und Zucker trinkt, sollte die Kohlenhydrate und die Kalorien im Blick behalten. Viele unterschätzen, wie viele Kalorien

Von Schmetterlingen im Bauch wird frau nicht satt

vor allem der allseits beliebte Latte macchiato und Co. mit sich bringen. Zwei Gläser davon pro Tag ersetzen meist eine komplette Mahlzeit.

Während die früher übliche Tasse Kaffee mit einem Schuss Bärenmarke und zwei Stück Zucker nur 60 Kalorien hatte, liefert schon ein kleiner Latte macchiato aus dem Coffeeshop mindestens 160 Kalorien. Der Milchzucker macht's. Ich habe mich von Latte macchiato ganz entwöhnt, was mir nicht leichtfiel. Aber inzwischen weine ich dem Milchglas mit einem Schuss Kaffee keine Träne mehr nach, denn ich bin auf Espresso umgestiegen. Das ist Kaffeegeschmack pur!

Wer seinen Kaffee oder Tee süß trinkt, kann nicht einfach auf Zucker verzichten, denn schwarzer Kaffee oder Tee schmeckt ihm halt einfach nicht. Zum Glück gibt's ja den Süßstoff. Oder macht der auch dick? Die Behauptung, Süßstoffe würden ebenfalls dick machen, gibt es seit Jahren. Genauso wie die gegenteilige Behauptung. Je nach Studie unterscheiden sich die Ergebnisse.

Eine jüngere Studie besagt, dass die synthetischen Süßstoffe die Darmflora und damit die Stoffwechselaktivität verändern können, was wiederum das Hungergefühl steigern würde. Damit würden Lebensmittel, die Süßstoffe als Zusatz enthalten, um als kalorienarm zu gelten, genau das Gegenteil von dem bewirken, was geplant war. Da könnte etwas dran sein.

Hier hilft nur der gesunde Menschenverstand. Süßstoff hat keine Wirkung auf den Blutzuckerspiegel. Das ist neben den fehlenden Kalorien der zweite Vorteil. Aber der süße Nicht-

Von Schmetterlingen im Bauch wird frau nicht satt

Zucker täuscht das Gehirn. Das ist sein Nachteil. Süßstoff gaukelt dem Gehirn Energie vor, die aber in Wahrheit gar nicht ankommt. Süßstoff schmeckt nur süß wie Zucker, aber hat keine Kalorien, sprich Energie, im Gepäck. Er macht zwar keinen Hunger, aber auch nicht satt. Na und? In Kaffee oder Tee muss er das ja auch nicht. Deswegen spricht nichts gegen den Süßstoff in Kaffee oder Tee. Und bei ein, zwei Tassen pro Tag ist die Menge ja verschwindend gering. Eine Bekannte von mir trinkt jedoch drei bis vier Tassen am Tag und versüßt sich jede Tasse mit bis zu acht Süßstofftabletten. Da sagt der gesunde Menschverstand: So viel Chemie kann nicht gesund sein. Und da Sie ja auch keine mit Süßstoff gesüßten Limonaden in sich hineinschütten, gebe ich Ihnen Entwarnung und eine Alternative mit auf den Weg.

Kürzlich hatte ich ein Treffen mit einer Kollegin, die beneidenswert schlank ist, kein Gramm Fett auf den Rippen hat, sich aber überwiegend von Zigaretten ernährt. Beim gemeinsamen Kaffee zückte ich mein kleines Süßstoffdöschen und ließ eine kleine Tablette in die Tasse fallen.

»Oh, das ist aber ungesund«, kommentierte sie diesen Vorgang entsetzt zwischen zwei hektischen Zügen an ihrer Zigarette.

»Och, was ist schon gesund«, raunte ich und hielt ihr dann mein kleines Zuckerdöschen unter die Nase, »und das ist übrigens Stevia.«

Inzwischen gibt es auch bei uns Stevia als Süßstoff und Lebensmittel-Zusatzstoff, der aus den Blättern der südamerikanischen

Von Schmetterlingen im Bauch wird frau nicht satt

Pflanze Stevia rebaudiana gewonnen wird, hitzeständig ist, null Kalorien hat, die Zähne schont und Haushaltszucker problemlos ersetzen kann. Stevia bewirkt auch, dass Kohlenhydrate aus der Nahrung verzögert ins Blut gehen, sodass der Blutzuckerspiegel nach dem Essen langsamer ansteigt. Aber es erfordert etwas Übung bei der optimalen Dosierung, weil Stevia stärker süßt als herkömmlicher Zucker. Nur Mut, versuchen Sie es.

Aber von Kaffee und Tee wird frau morgens nicht satt. Wer es mag, greift morgens nach *Brötchen oder Sandwiches* mit Wurst, Käse, Fisch, Butter, Margarine, Marmelade. Sie liefern Ihrem Körper genau das, was er jetzt braucht. Um die Zuckerdosis optimal zu dosieren, sollten Sie nur Pumpernickel, Vollkornbrot, vor allem Roggenvollkornbrot oder -brötchen wegen der B-Vitamine, essen. Solange Sie auf Vollkorn setzen, bekommen Sie komplexe Kohlenhydrate, die länger satt machen.

Vollkornprodukte sind komplexe Kohlenhydrate und haben den gewünschten Bremsverstärker. Ein noch vollständiges Getreidekorn besteht aus der äußeren, ballaststoffreichen Kleie, dem inneren, mikronährstoffreichen Keim und dem stärkehaltigen Körper namens Endosperm. Sind alle diese drei Bestandteile noch vorhanden, spricht man von Vollkorn.

Was eigentlich normal sein sollte, haben moderne Verfahren verändert – zum Schlechten! So wurde es möglich, das Korn so zu verarbeiten, dass raffiniertes Weißmehl aus dem Endosperm gewonnen werden konnte und wichtige Mineralstoffe, Vitamine und Ballaststoffe dabei flöten gingen. Eine dumme Erfindung,

Von Schmetterlingen im Bauch wird frau nicht satt

denn Vollkornprodukte enthalten verschiedene Substanzen, die sich günstig auf den Blutzuckerstoffwechsel auswirken, wie etwa die Ballaststoffe und der Mineralstoff Magnesium.

Wie Sie nun wissen, versorgen uns Vollkornprodukte gleichmäßig und langsam mit Zucker. Und da beim vollen Korn der Verdauungsprozess länger andauert, meldet sich das Hungergefühl entsprechend später zurück. Die pflanzlichen Bestandteile, die nicht verdaut werden können, saugen sich voll Flüssigkeit und quellen auf wie ein Schwamm. Das füllt den Darm, regt die Verdauung an und macht lange satt.

Wer morgens gerne *Salat, Gemüse oder Eier* isst, sollte das ebenfalls tun. Wenn Sie jedoch *Obst* bevorzugen, greifen Sie besonders bei Apfel, Birne, allen Beerensorten, Grapefruit, Mandarinen, Mango, Nektarinen, Pfirsich, Orangen, Zitronen und Zwetschgen zu. Der Vorteil: Sie bekommen eine große Ladung an Vitaminen und Ballaststoffen.

Essen Sie die Früchte, aber trinken Sie keine Obstsäfte, auch nicht frisch gepresst. Ohne die Faserstoffe liefern die Säfte zu viel Fruchtzucker, der den Blutzucker zu rasch ansteigen lässt. Die Faserstoffe im Obst sind von Vorteil, weil Sie damit an Ballaststoffe kommen, die satt machen. In der Verbindung mit Joghurt verzögert sich die Zuckeraufnahme, weil das Fett aus dem Joghurt sie wünschenswerterweise etwas abbremst.

Falls Sie *Müsli* mögen, achten Sie beim Kauf auf ungezuckerte Sorten. Ein Indiz, dass Zucker darin versteckt ist, sind Fremdwörter in der kleinen Tabelle auf der Verpackung, die mit »ose« enden: Saccharose (Haushalts- oder Rübenzucker), Laktose (Milchzucker), Maltose (Malzzucker), Glukose, Dextrose (Traubenzucker) oder Fructose (Fruchtzucker). Probieren Sie doch mal Vollkornhaferflocken, dann sind Sie auf der sicheren Seite.

Wenn Sie sich für die inneren Werte interessieren und endlich mal erfahren wollen, welche Nährstoffe und vor allem in welcher Menge in einem Lebensmittel stecken, können Sie das im Internet unter www.fddb.info abfragen.

FAZIT

Morning Glory, Morgenstund hat Zucker im Mund, schöpfen Sie aber aus dem vollen Korn. Das macht länger satt und keine Pausbacken.

Currywurst und Schwarzwälder Kirsch für Übergrößen

Wie esse ich besonders kalorienreich, ohne es zu wissen? Dieser Leitsatz könnte über vielen Fertigprodukten, Fast Food, Nudelgerichten, Limonaden etc. hängen. Ich möchte hier nicht die Spaßbremse geben, aber wenn es ums Essen und die Figur geht, müssen Sie über Ihre Ernährung nachdenken: Wer bin ich und wenn ja, wie viele?

Ich möchte Ihnen keine Fütterungsanweisungen erteilen, ich bin weder Ärztin, Wissenschaftlerin noch Ernährungsguru. Doch ich beschäftige mich mit dem Thema seit vielen Jahren und bin quasi auf dem zweiten Bildungsweg gepaart mit viel Selbsterfahrung zur »Fachfrau« geworden. Und eines habe ich mit den Jahren gelernt: Glaube allein kann keine Fett-Berge versetzen. Wer mittags gut abgefüllt mit Currywurst und Schwarzwälder Kirschtorte im Nachgang nur am Schreibtisch sitzt, kann nicht schlank, sondern nur zur Biotonne werden. Sie lieben Currywurst und Schwarzwälder Kirschtorte? Okay, einmal ist keinmal – maximal an Tag 7 –, aber bitte nicht öfter!

Während beim Frühstück Kohlenhydrate erwünscht sind, in der richtigen Form und Dosis, steht mittags Mischkost auf dem Tisch: Eiweiß, Kohlenhydrate, Fett und natürlich Vitamine, Mineralstoffe und Ballaststoffe, also irgendwie alles. Und während Sie jetzt schon hungrig mit den Fingern auf dem Tisch trommeln, weil das Frühstück fünf Stunden zurückliegt, bombardiere ich Sie weiter mit Nährstoffen: Vereinfacht gesagt bekommen Sie Fett und Eiweiß in erster Linie durch Fleisch, Fisch, Geflügel; Vitamine und Mineralstoffe mithilfe von Salaten sowie Gemüse; und als Kohlenhydrat-Lieferant fungieren vorrangig die sogenannten Sättigungsbeilagen. Und hier möchte ich einen genaueren Blick riskieren, weil die Beilagen den Unterschied machen.

Fangen wir bei der Menge an. Kartoffeln, Nudeln, Reis und Co. sollten den allerkleinsten Anteil auf Ihrem Teller ausmachen, denn Sättigungsbeilagen sind, wie der Name schon sagt, »Beilieger«, nicht Hauptfüllmenge. Wenn Sie Ihren Hüftgürtel enger schnallen wollen, sollten Sättigungsbeilagen den geringsten Platz beanspruchen nach dem Motto: »Small is beautiful.« Packen Sie lieber mehr Salat, Gemüse, ein größeres Stück Huhn, Fisch oder Kotelett auf den Teller anstatt XXL-Portionen in Form von Kartoffeln, Reis und Nudeln. Diese Energielieferanten dürfen Sie ab jetzt nur noch mit spitzen Fingern anfassen.

In jedem Augenblick unseres Lebens verbrauchen unsere Zel-

Currywurst und Schwarzwälder Kirsch für Übergrößen

len Energie, damit wir morgens aufstehen und Unruhe stiften können, um Luft holen, laut nachdenken, lachen, laufen und loslassen zu können. Ein Energietreibstoff ist Zucker, von dem unser Gehirn rund 140 Gramm am Tag verbrennt. Diesen Zucker holt sich unser Organismus aus den Lebensmitteln, die wir essen.

Beim Mittagessen zeigt sich, ob Sie Ihre Lektion gelernt haben: Wie viel Zucker brauchen Sie jetzt wirklich noch für den Rest des Tages? Die meisten Menschen essen zu viel davon, und das auch noch über den ganzen Tag verteilt. Diesen Überschuss lagert der Körper ein, um daraus Problemzonen herzustellen und uns mit einer Wampe auszustatten. In diesem Speckgürtel speichert er die Energie für Notzeiten, wann auch immer die eintreten sollten.

Sättigungsbeilagen sind auch nicht immer das, wonach sie aussehen. Während eine klassische Salzkartoffel lange satt macht, hat Kartoffelpüree nicht diesen nachhaltigen Effekt. Je ursprünglicher das Lebensmittel, je weniger es verarbeitet wurde, umso besser.

Essen Sie deshalb lieber Vollkornbrot statt Weißbrot, Salzkartoffeln mit 70 Kalorien je 100 Gramm statt Kartoffelpüree mit 106 Kalorien je 100 Gramm, Bratkartoffeln mit 112 Kalorien je 100 Gramm, Klöße mit 115 Kalorien je 100 Gramm oder Pommes mit 130 Kalorien je 100 Gramm. Normalerweise achte ich nicht auf die Kalorien, aber in diesem Fall habe ich sie mal aufgeführt, weil sie deutlich machen, dass Kartoffel nicht gleich Kartoffel ist. Durch die Verarbeitung verändern sich die Lebensmittel, und der Kaloriengehalt steigt.

Currywurst und Schwarzwälder Kirsch für Übergrößen

In diesem Sinne ist Vollkornreis auch günstiger als weißer Reis. Der ungeschälte Naturreis enthält noch das Silberhäutchen, das das Reiskorn umhüllt. Darin stecken die wertvollen Nähr- und Aromastoffe, die beim geschälten Reis verloren gegangen sind. Wenn Sie die Wahl haben, essen Sie Vollkorn- statt Eiernudeln. Auch italienische Pasta aus Hartweizengrieß ist in Ordnung, solange sie bissfest »al dente« ist. Je weicher Nudeln gekocht sind, desto schneller gelangt der Zucker aus den Kohlenhydraten ins Blut. Es gibt also feine Unterschiede in der Zubereitung, die vorteilhaft für die schlanke Linie sind.

Ein vollwertiges Mittagessen mit Salat, Gemüse, Eiweiß und Vollkornprodukten bringt nicht nur die Energiebilanz ins Lot und macht satt und schlank. Es liefert auch Ballaststoffe und beugt damit Verstopfung vor, die Frauen in den Wechseljahren das Leben schwermachen kann, weil weniger Östrogen leider auch die Verdauung beeinflusst. Wenn es nicht so furchtbar wäre, könnten wir uns darüber totlachen.

FAZIT

So hart es ist, aber der Überflusses an Nahrung in unserer Hemisphäre erfordert ein ständiges Verhaltensmanagement. Nicht der Koch im Restaurant oder in der Kantine entscheidet, was Sie essen, sondern Sie ganz allein. Und mit der Weisheit einer Ü50 kann Ihnen niemand mehr etwas vormachen.

Zellulose statt Cellulitis

Yvonne hatte zum Mädelsabend eingeladen. Normalerweise gab es bei ihr abends vorzugsweise Salate und Gemüse zum Knabbern, nicht mein Ding, wie Sie inzwischen wissen, weil ich zu dieser Zeit lieber einen Hühnerschlegel zwischen den Zähnen habe, als auf einem Salatblatt herumzukauen. Aber als Gast halte ich die Füße unter dem Tisch still und esse, was mir aufgetragen wird.

Diesmal jedoch war alles anders. Yvonne servierte jeder von uns ein großes Glas mit einer ominösen grünen Flüssigkeit. »Heute kriegt Ihr einen grünen Smoothie«, feixte sie, als sie unsere skeptischen Mienen sah. Weder Susanne, Tanja noch Carina, geschweige denn ich, hatten ein solches breiartiges Getränk bisher probiert. Entsprechend misstrauisch waren unsere Blicke.

»Ich bin doch kein Baby mehr«, maulte Susanne, »ich brauche keinen Brei, ich habe noch Zähne, sogar die eigenen.«

Ich nickte zustimmend, aber Carina rief uns zur Ordnung. »Stellt euch nicht so an, ihr seid noch nicht zu alt, um mal etwas Neues zu probieren.« Peng, das saß. Brav schlürften wir also unsere grünen Smoothies in andächtiger Stille.

Zellulose statt Cellulitis

»Und?«, fragte Yvonne neugierig in die Runde.

»Noch einen«, meinte Tanja gierig.

»Schmeckt«, gestand ich zögerlich, »etwas gewöhnungsbe-
dürftig, aber durchaus lecker.«

»Und woraus ist das grüne Gesöff gemacht?«, wollte Carina
wissen.

»Ihr lebt wirklich hinterm Mond«, zog uns Yvonne auf. »Das
kommt aus Hollywood und ist total hip. Und das hilft auch gegen Cellulitis.«

»Pfff«, lautete Susannes Kommentar.

Und dann erfuhren wir, was es mit so einem grünen Smoothie
auf sich hat. Man nehme beispielsweise eine Handvoll Petersilie und Dill, je eine halbe Salatgurke und Avocado und püriere
alles mit zwei Tassen Wasser, dem Saft einer Zitrone und einer
Prise Pfeffer im Mixer. Ohne großen Aufwand verwandelt sich
so ein Berg aus Salat, Gemüse und Kräutern blitzschnell in einen Powerdrink.

Ob das schmecken kann? Ich finde ja. Letztlich kommt es auf
einen Versuch an, aber Smoothie-Fans schwören darauf. Und
die Hersteller setzen längst auf den Pürier-Trend. In den Supermärkten stehen fertig gemixte Obst-Smoothies im Kühlregal,
die jedoch mehr Zusatzstoffe und Zucker als Vitamine liefern.
Mit diesen Fertigdrinks hat die grüne Variante nichts tun. Hier
gibt es nur Natur pur.

Frisches Gemüse, knackiger Salat, gelegentlich etwas Obst
werden nicht zu Saft ausgepresst, sondern als Ganzes im Mixer

Zellulose statt Cellulitis

püriert und dann getrunken. Anscheinend mal ein sinnvoller Trend aus Amerika. Ernährungsberater empfehlen das grüne Modegetränk, weil es für chronische Gemüse-Vermeider eine Chance bietet, doch noch auf den Geschmack und die tägliche Vitamindosis zu kommen.

»Das wäre vielleicht was für meine Tochter«, stellte Tanja fest. »Für die Jugend ist es ja viel cooler, sich an Hollywood als an ihrer alten Mutter zu orientieren, und wie die Stars so einen grünen Smoothie zu genießen.«

Will man der »Erfinderin« Victoria Boutenko und ihren Anhängern glauben, müssten die Mixdrinks ähnliche Kräfte verleihen wie Miraculix' geheimnisvoller Zaubertrank aus *Asterix & Obelix.* Die in den USA lebende Russin hatte lange mit Blattgemüsen und Rohkost experimentiert, um diverse gesundheitliche Probleme zu bekämpfen.

Wenn ich so etwas höre, frage ich mich immer, was die Leute davor alles in sich reingestopft haben, um erst einmal so krank zu werden. Wir wissen es nicht, aber wir kennen das Ergebnis ihrer Experimente: Sie und ihre Familie wurden nach eigenen Aussagen wieder gesund, ihre grünen Smoothies erobern inzwischen als das Modegetränk die Welt. Wie gesagt, ich bin immer besonders skeptisch, wenn Menschen behaupten, mit einseitiger Ernährung wie ausschließlich Rohkost oder veganer Küche plötzlich alle gesundheitlichen Leiden losgeworden zu sein.

Aber es spricht natürlich nichts dagegen, gelegentlich aufs Salatputzen und Gemüseschnippeln zu verzichten, alles samt Kräutern in den Mixer zu werfen und zu einem grünen Smoo-

Zellulose statt Cellulitis

thie zu pürieren. So ein Energie-Cocktail ist ab und an sicher nicht das Schlechteste.

Auch wir Carnivoren wissen, dass wir für unsere Gesundheit täglich mindestens fünf Portionen ballaststoffreiches Gemüse und Früchte essen sollten. Ich habe von einer Studie gelesen, nach der mit jeder täglichen Portion Obst oder Gemüse das Risiko eines frühzeitigen Todes um etwa fünf Prozent sinkt. Bei Teilnehmern, die fünf Portionen, was etwa fünf Handvoll entspricht, am Tag aßen, war das Risiko, zwangsweise das Gras wachsen zu sehen, um rund 25 Prozent verringert, wenn sie freiwillig ins Grünzeug bissen. Das Risiko, an einem Herz-Kreislauf-Leiden zu sterben, sank um rund vier Prozent pro täglicher Portion. Wie viel nun die Tagesdosis genau sein sollte, darüber streiten sich Forscher und Fachleute. Die Angaben gehen von 400 bis 650 Gramm pro Tag, einigen wir uns auf rund ein Pfund.

Doch Hand aufs Herz: Wie oft gelingt das im Alltag? Tatsache ist, dass die meisten die Fünf-Portionen-Regel nicht einhalten. Entweder fehlt die Zeit, das Gemüse zu schnippeln und einen Salat zu putzen, vermutlich noch häufiger die Lust, sich die Arbeit zu machen, wenn das Fertigprodukt aus dem Tiefkühler nur in die Mikrowelle geschoben werden muss. Laut der *Nationalen Verzehrsstudie II* sollen zwei Drittel der Bevölkerung die »Fünf am Tag« nicht einhalten. Aber meine Damen, wir zählen ab sofort zum verbleibenden Drittel! Und bei Zeitproblemen könnte der grüne Smoothie gelegentlich Abhilfe schaffen.

Zellulose statt Cellulitis

Der Drink lässt sich in wenigen Minuten zubereiten und im Kühlschrank bis zu drei Tage aufbewahren – vorausgesetzt, die Lagerung stimmt. Denn die pürierten Zutaten bieten mit ihrer größeren Oberfläche Keimen einen guten Nährboden. Auch wenn älter zu werden mit Verstopfung einhergehen kann, wäre das nicht die beste Abführmethode. Deswegen muss der Smoothie gut gekühlt und in eine dunkle Flasche abgefüllt werden, um die lichtempfindlichen Vitamine zu schützen. Aber in dieser Darreichung bietet der Rohkostdrink nicht nur am Arbeitsplatz einen gesunden Mittagssnack zum Trinken – allemal gesünder als ein belegtes Brötchen oder die beliebte Currywurst. Und das Kauen entfällt, weil die Zellwände beim Pürieren bereits aufgespalten wurden.

Zutaten wie Gurke, Rucola, Radicchio, Spinat, Wirsing, Brennnessel, Löwenzahn, Sauerampfer, Petersilie, Sellerie, Tomaten oder Paprika sind prall gefüllt mit Vitaminen, Mineralien, Aminosäuren, Spurenelementen, Ballaststoffen und Antioxidantien – zur Abwechslung mal ein optimaler Nährstoffmix.

Rucola, Endivien, Chicorée, Radicchio, Rosmarin, Salbei oder Löwenzahn im Smoothie haben noch etwas gemeinsam: Bitterstoffe. Diese dämpfen den Appetit, vor allem auf Süßes, und sie regen die Verdauung an. Leider verleihen sie einem grünen Smoothies oft auch einen bitteren Geschmack, weshalb in vielen Mixrezepten bis zu einem Drittel Obst – wie beispielsweise Bananen oder Birnen – beigemischt wird. Durch die »fette« Zugabe von Nüssen, Joghurt oder Schmand wird die Kohlenhydrataufnahme und damit auch der Zuckeranstieg verzögert.

149

Zellulose statt Cellulitis

Wer beim Smoothie statt Obst Kräuter und Gewürze wie Vanille, Kardamom, Chili, Zimt oder Zitronenschale verwendet, dem eröffnen sich ganz neue Geschmackssensationen.

Eine tägliche Portion von 300 Milliliter des Rohkostdrinks lautet die Empfehlung, das genügt und macht richtig satt. Denn die grünen Blätter sind ein optimaler Ballaststofflieferant. Um einen grünen Smoothie zu kreieren, braucht es einen Mixer, je leistungsfähiger das Gerät, umso schneller und schonender wird eine cremige Konsistenz der pürierten Salate, Gemüse und Kräuter erreicht. Wer noch keinen Mixer oder keine große Küchenmaschine hat, kann seinen ersten grünen Smoothie auch mit einem Stabmixer pürieren.

Trotz allem bevorzuge ich Salat und Gemüse in Urform, aber dann schonend gegart oder als Rohkost, weil die wasserlöslichen Vitamine wie etwa B und C beim Kochen schnell verloren gehen können.

FAZIT

Geht nicht, gibt's nicht: Gemüse und Salate lassen sich auch trinken. Grüne Smoothies verhelfen schnell zur täglichen Vitamindosis.

Nachtisch, Naschereien, Nachschlag?

Warum habe ich mein Buch nicht »Akzeptable Figur über 50« oder besser noch »Angemessene Figur über 50« genannt? Dann müsste ich Sie nicht mit Kohlenhydrat-Schreckensgeschichten und Insulinkreisläufen bombardieren. Kontrolliertes Essen kann Krisen auslösen, spätestens bei der Frage nach den Portionsgrößen und ob in diesem abgespeckten Leben überhaupt noch ein Dessert erlaubt ist.

Was die Portionen betrifft, überlasse ich Sie Ihrem Schicksal. Sie sollten selbst am besten wissen, wie viel Sie essen können und wann Sie satt sind. Langsames Essen ist von Vorteil auf der Suche nach der eigenen Grenze. Und wenn Sie nach einer zweistündigen Session im Langsam-Essen Ihren Teller nicht mehr leer essen können, tun Sie es nicht. Jetzt ist eh alles kalt.

Wenn ich manchmal die Teller sehe, die in Restaurants vor den Gästen landen, dann liegt mir auf der Zunge: Hey, schau mal in den Spiegel, eine halbe Portion würde es auch tun. Aber wir haben uns so an die XXL-Portionen gewöhnt, dass sie im

Nachtisch, Naschereien, Nachschlag?

Lauf der Jahre immer größer und selbstverständlich geworden sind.

Und auch deswegen essen wir mehr als notwendig. Wir wurden heimlich angefüttert und gemästet. Das betrifft übrigens auch abgepackte Lebensmittel und Getränke. Nach dem Motto »ein bisschen mehr fürs Geld« haben Hersteller und Restaurants so unseren Appetit erfolgreich um 30 Prozent gesteigert. Wenn Sie auf vornehme Zurückhaltung setzen, liegen Sie auf jeden Fall richtig. Und es hilft niemandem in Afrika, wenn Sie Ihren Teller brav leer essen.

Bescheidenheit schadet auch nicht beim dritten Gang. Dessert? Nein danke. Wenn Sie aber nicht herunterschalten können und nach dem Mittagessen die schier unbändige Lust verspüren, in die Schublade mit den Süßigkeiten zu greifen, bitte schön. Es ist besser, gleich nach dem Lunch zu naschen oder ein Dessert zu essen als zwei Stunden später am Nachmittag bei einem gemütlichen Kaffeeplausch. Um abzunehmen und das Gewicht zu halten, sollten Sie nach dem Mittagessen eine circa fünfstündige Essenspause einlegen – bis es das eiweißbetonte Abendessen gibt.

Bei Nachtisch und Naschereien gibt es – wie könnte es anders sein – bessere und schlechtere Wahlmöglichkeiten. Mit Blick auf die Figur und die Vitamindosis würden sich frische Früchte je nach Saison mit oder ohne Quark, Joghurt oder einem Klacks Sahne empfehlen. Ein Stück Kuchen oder eine Süßspeise lasse ich ebenfalls nachsichtig durchgehen, wenn Sie dringend danach gelüstet. Zu dieser Zeit besteht ja noch eine reelle Chan-

Nachtisch, Naschereien, Nachschlag?

ce, dass Sie diese Kalorien durch Aktivität und Abendsport verbrennen. Ich verzichte häufig beim Mittagessen auf die Beilage und gönne mir stattdessen ein Stückchen Kuchen, weil ich soooo gerne nasche. Und da mein Gewicht das mitmacht, scheint es ein gangbarer Weg zu sein.

Bei all dieser bemerkenswerten Disziplin, mit der wir die kulinarischen Verführungen ignorieren, können immer wieder Gelüste in den Essenspausen oder abends auf der Couch vor dem Fernseher aufkeimen, wir sind schließlich auch nur aus Fleisch und Blut. Hier habe ich eine praktikable Notlösung für Sie parat: Nüsse! Sie sind trotz ihres hohen Fettgehalts ein idealer Snack gegen den kleinen Hunger zwischendurch und allemal besser als Chips oder süße Knabbereien. Nüsse sind wahre Eiweißbomben und machen richtig satt, ohne den Blutzuckerspiegel zu beeinflussen. Ein paar Mandeln, und der Hunger ist weg, garantiert. Und wer ungeschälte Nüsse wie Pistazien, Sonnenblumenkerne oder Walnüsse erst aus der Schale pellen muss, ist damit länger beschäftigt, als schnell eine Tüte Chips oder eine Tafel Schokolade zu futtern.

FAZIT

Sie wollen Rumkugeln? Tun Sie sich keinen Zwang an. Stecken Sie eine in den Mund, und dann schlagen Sie 50 Purzelbäume.

Zeit, Champagner zu trinken und auf dem Tisch zu tanzen

Haben Sie schon einmal vom malaiischen Federschwanz-Spitzhörnchen gehört? Ich habe kürzlich etwas sehr Interessantes über dieses possierliche Tierchen gelesen, das als der Alkoholiker unter den Vierbeinern gilt. Nacht für Nacht kippt sich das Federschwanz-Spitzhörnchen eine Art Palmbier aus dem Blütennektar der Bertam-Palme hinter die Binde. Und trotz des mehrstündigen Zechgelages zeigt das Tier keinerlei Ausfallerscheinungen. Kein Torkeln, kein Lallen, keine Verbrüderungsaktionen mit lautem Gesang und anschließendem Gezeter. Das nenne ich mal ein progressives Rauschmanagement.

Aber wie kann das sein? Der Alkohol wird einfach blitzschnell wieder abgebaut. Warum ich Ihnen das erzähle? Nur weil es solche Lebewesen gibt, trifft das nicht auf jedes Geschöpf zu. Falls Sie keine Gewohnheitstrinkerin sind, werden Sie vermutlich auch nicht so trinkfest sein. Und selbst wenn Sie es noch nicht wussten, dann ahnen Sie es vermutlich bereits: Wenn es ums

Zeit, Champagner zu trinken und auf dem Tisch zu tanzen

Zunehmen – nicht nur in der Menopause – geht, spielt der Alkoholkonsum eine nicht zu unterschätzende Rolle.

Manche glauben immer noch, sie könnten alles mit Alkohol konservieren. Erwiesenermaßen sind die Drogen des Alters: Alkohol und Tabletten. Das trifft bei Ihnen natürlich nicht zu. Und da Sie inzwischen schon soooo vernünftig und sooo unmenschlich diszipliniert sind, ist es eigentlich überflüssig, mit Ihnen über Alkohol zu diskutieren. Aber ich tu's trotzdem. Ich möchte mir später nicht vorwerfen lassen, ich hätte Sie nicht gewarnt.

Zuerst die »bad news«: Abgesehen von den gesundheitlichen Problemen, die regelmäßiger Alkoholgenuss so mit sich bringt, macht er dick. Alkohol regt den Appetit an und verlangsamt die Magenentleerung. Außerdem liefert er schnelle Kohlenhydrate, also Zucker, und da der Körper diese sofort verbrennt, drosselt er gleichzeitig die Fettverbrennung. In Verbindung mit Alkohol läuft der Fettstoffwechsel nur noch mit halber Kraft, denn der Körper registriert Alkohol als Gift und baut ihn zuerst ab. Während dieser Zeit wird weniger Fett vom Körper verbraucht und stattdessen gebunkert.

Noch eine schlechte Nachricht: Alkohol ist eine Kalorienbombe. Ein Gramm hat 7 Kalorien. Zum Vergleich: Ein Gramm Fett liefert 9 Kalorien, ein Gramm Zucker nur 4 Kalorien. Denken Sie daran, das macht bei einem Glas Bier (0,3 Liter) 126 Kalorien, bei einem Glas Wein (1/8 Liter) 100 Kalorien, bei einem Glas Sekt (100 ml) 76 Kalorien, bei einem

155

Zeit, Champagner zu trinken und auf dem Tisch zu tanzen

Gläschen Schnaps (20 ml) 209 Kalorien oder bei einem Caipirinha (300 ml) 320 Kalorien. Und trotz des hohen Energiegehalts bietet der Alkohol keinerlei Nährstoffe – außer natürlich Vergnügen. Während Sie in Stimmung kommen, speichert der Körper leere Kalorien geschickt an der Taille.

Aber es gibt durchaus auch »good news«, und um es gleich an dieser Stelle zu sagen: Sie dürfen Alkohol trinken, in Maßen hat er durchaus wünschenswerte Wirkungen: Er kann entspannen, locker und beschwingt machen. Denn über den Magen und die Blutbahn landet Alkohol auch im Gehirn, verteilt sich dort fein überall und beeinflusst fast alle Neurotransmitter gleichzeitig, und das schon in geringster Dosis. Wohldosiert setzt er unter anderem jene Botenstoffe verstärkt frei, die zum Belohnungssystem gehören, also Dopamin und Serotonin. Wer jedoch zu viel trinkt, kommt nicht mehr in diesen angenehmen Zustand.

Alkohol, aber nur in Form von Wein, hat eine blutzuckersenkende Wirkung und kann den Energieverbrauch leicht anheben. Denn er stellt die Gefäße weit, erwärmt den Körper und steigert so den Energieverbrauch. Und Alkohol hemmt über Stunden die Zuckerfreisetzung aus der Leber und lässt so den Blutzuckerwert abfallen. Der Grund: Der Alkoholabbau greift erheblich in andere Stoffwechselvorgänge der Leber ein und bremst vor allem die Zuckerneubildung.

Die positive Wirkung erreichen Sie jedoch nur, wenn Sie nicht mehr als ein kleines Glas trockenen Wein oder Champagner, das sind 0,1 Milliliter für Frauen pro Tag, trinken. Alle anderen alkoholischen Getränke wie Bier, Spirituosen oder Cocktails fallen komplett aus dem Programm, weil sie nicht nur hochprozentig, sondern auch voller Zucker sind.

Um auf die restlichen empfohlenen 1,5 Liter Flüssigkeit pro Tag zu kommen, sollten Sie in erster Linie ausschließlich Mineralwasser trinken. Daran kann frau sich gewöhnen, und um sicherzugehen, dass die nötige Menge auch wirklich in Ihrem Magen landet, sollten Sie immer eine Flasche Wasser in Griffnähe haben.

FAZIT

Als Heldin des Alltags wissen Sie: Ein kleines Gläschen Alkohol hebt die Stimmung und senkt den Blutzucker. Wer jedoch über die Maßen trinkt, den bestraft die Waage.

Last, but not least:
Ladies' Agreement

Auch wenn die weibliche Brust nur eine Funktionseinheit ist, wollen wir unseren Busen rund und fest. Größere Brüste haben keine bessere Funktion, nur mehr Signalwirkung. Beim Bauch ist das etwas anders, hier ist eine deutlich sichtbare runde Wölbung unerwünscht. Die nützt auch niemandem etwas, und die Signalwirkung ist eher abschreckend als anziehend.

Nachdem Sie nun mehr als 100 Seiten zu diesem Thema gelesen haben, sind Sie bestens gerüstet für die Entscheidung, wie es mit Ihnen als Menotierende nun weitergehen soll. Wechseljahre halten viele Möglichkeiten parat: Die Menopause kann aus Ihnen einen Meno-Moppel machen, oder Sie betrachten Mengenlehre nicht nur unter rein mathematischen Gesichtspunkten und katapultieren sich in eine völlig neue Umlaufbahn, auf der Sie wie ausgewechselt schlank, verjüngt, glücklich und entspannt durch die nächsten Jahre rauschen.

Bevor ich das Thema Ernährung hier nun abschließe, möchte ich noch einmal die ersten fünf meiner sieben Regeln zusam-

Last, but not least: Ladies' Agreement

menfassen. Denn unser Gedächtnis arbeitet derzeit eher wie ein Sieb, in dem nur noch Großes hängen bleibt. Deswegen kann eine Wiederholung nicht schaden.

- Regel Nr. 1: Ab sofort essen Sie nur noch dreimal pro Tag, also früh, mittags und abends. Zwischenmahlzeiten sind tabu.
- Regel Nr. 2: Sie essen im Biorhythmus, das heißt morgens brauchen Ihr Gehirn und natürlich auch Ihr Körper Kohlenhydrate. Mittags bewegt sich Ihre Dosis an Kohlenhydraten im homöopathischen Bereich, und Sie essen die Vollkorn- oder Urversion, also keine industriell produzierten Nahrungsmittel mehr. Abends verzichten Sie komplett auf Kohlenhydrate und essen nur noch Eiweiß pur. Ohne Kompromisse!
- Regel Nr. 3: Insgesamt reduzieren Sie Ihre tägliche Kohlenhydratration, weil Ihr Stoffwechsel die bisherige Menge gar nicht mehr braucht.
- Regel Nr. 4: Sie trinken weniger Alkohol, also nicht mehr täglich, sondern nur noch als Genussmittel.
- Regel Nr. 5: Diese Essensregeln halten Sie an sechs Tagen in der Woche ein, einmal pro Woche dürfen und sollen Sie sündigen. Denn zu viel Selbstkontrolle bewirkt auf Dauer nicht Disziplin, sondern Haltlosigkeit. Über die Stränge zu schlagen ist also notwendig. Jedes ständig bewusst unterdrückte Verlangen macht über kurz oder lang anfällig für Hemmungslosigkeit.

Sie können nicht auf Kohlenhydrate verzichten, weil Ihr Gehirn den Zucker braucht. Sie können aber Dosis und Timing steuern, ohne den Verstand oder Ihre Selbstkontrolle zu verlieren.

159

Last, but not least: Ladies' Agreement

Außerdem können Sie lernen, Gedanken, Gefühle und Impulse zu regulieren, indem Sie Versuchungen vermeiden, Ihre Küchenschränke von Verführern freihalten und als Heißhunger-Notration Nüsse bunkern.

Sport hilft übrigens auch, die körperliche Selbstkontrolle zu trainieren. Und wenn Sie sich nun ganz auf Ihr langfristiges Ziel konzentrieren, schlank zu werden und schlank zu bleiben, anstatt auf das, was sich nur im Moment gut anfühlt, dann werden Sie auch über kurz oder lang über 50 Ihr Traumgewicht auf die Waage bringen.

FAZIT

Das Leben ist hart, Sie aber auch. Sollten Sie das Ganze nicht verstanden haben, dann denken Sie sich halt Ihren Teil und lesen alles einfach noch einmal.

Kauen am Rande des Nervenzusammenbruchs

Ich hoffe, der spanische Kultregisseur Pedro Almodóvar verzeiht mir diese Verballhornung, aber der Filmtitel schreit doch förmlich danach. Denn Stress, Essen und Übergewicht bilden ein Trio infernale – vor allem, wenn frau alles über den Kopf wächst, wie häufiger mal in den Wechseljahren.

Bei all meinen Recherchen und Interviews mit Fachleuten konnte ich keine eindeutige Erklärung dafür bekommen, warum unsere »Haut« jenseits der 50 dünner zu werden scheint. Was wir noch vor fünf Jahren mit einem Schulterzucken abgetan hatten, kann uns jetzt ratzfatz aus den Schuhen kippen lassen. Vielleicht liegt's einfach daran, dass sich wieder einmal der Status quo ändert. Veränderung mag unser Körper ja nicht besonders, also bereitet dem Gewohnheitstier das alles ziemlich viel Stress.

Ich dachte ganz naiv, dass wir spätestens mit Ü50 dem ganzen Irrsinn um uns herum viel gelassener gegenübertreten würden. Schließlich haben wir in den zurückliegenden fünf Jahrzehnten

Kauen am Rande des Nervenzusammenbruchs

viel gesehen und erlebt, Großartiges geleistet und erreicht, manches bewältigt oder verdrängt. Trotzdem scheint sich die innere Ruhe eher zu verflüchtigen, statt zu vertiefen. Gerade noch war die Welt in Ordnung, und jetzt scheint uns alles um die Ohren zu fliegen. Warum können Wechseljahre nicht abwechselnd mit Gefühlen wie Entspannung, Euphorie und Ekstase einhergehen? Das ist doch nicht zu viel verlangt, finde ich. Also immer schön auf dem Teppich bleiben, in der Hoffnung, dass er fliegt?

Carina hatte zum Mädelsabend geladen. Da mein Auto in der Werkstatt war, holte Yvonne mich ab. Gemeinsam kurvten wir im Feierabendverkehr durch die Stadt. Auf dieser kurzen Autofahrt zu Carina lernte ich Yvonne von einer neuen Seite kennen, ich erlebte quasi einen Vulkanausbruch auf zwei Quadratmetern mit der Wucht eines Eyjafjallajökull, der bekanntermaßen den Flugverkehr in Europa für Wochen lahmgelegt hatte.

Nachdem wir die Fahrt ohne Karambolage mit abrupt bremsenden Autos vor uns oder Schlägereien mit anderen aggressiven Lenkern hinter uns bewältigt hatten, landeten wir in der Straße, in der Carina wohnte. Ich entdeckte einen Parkplatz und fuchtelte hektisch mit dem Zeigefinger: »Da, da ist einer. Schnell, gib Gas, bevor ihn ein anderer entdeckt.« In Städten wie München sind Parkplätze so begehrt wie eine Steuerrückzahlung.

Leider hatte ich nicht berücksichtigt, dass die Lücke relativ knapp bemessen war. Sie war zwar noch groß genug für Yvonnes Auto, erforderte aber etwas Geschicklichkeit beim Einparken. Kein Problem, dachte ich leichtsinnig, als Yvonne zum ersten

Kauen am Rande des Nervenzusammenbruchs

Einparkversuch ansetzte, schließlich war sie eine exzellente Autofahrerin und die Ruhe selbst. Normalerweise.

Weit gefehlt. Erste aufsteigende Rauchwolken hätten mir eine Warnung sein sollen, da braute sich was zusammen. Und nach dem dritten gescheiterten Einparkversuch saß eine schwitzende Yvonne so laut grollend neben mir, dass ich mich zum eigenen Schutz in den Fußraum verkroch. Yvonnes Wagen stand in zweiter Reihe vor der Parklücke, hinter ihr hatte sich inzwischen eine Autoschlange gebildet, die ein lautes Hupkonzert veranstaltete, alles andere als entspannend.

»Yvonne«, versuchte ich, sie zu beschwichtigen, »das macht ja nichts, wir finden bestimmt noch einen besseren Parkplatz. Fahr doch einfach weiter.«

Yvonne fauchte mich wie der Leibhaftige Funken sprühend an und fletschte die Zähne. »Was machst du da unten? Komm hoch, du Feigling.«

»Aber nur, wenn du schwörst, dass du mich nicht beißt!«

Ich wertete ihr Knurren als Einverständnis und kroch wieder nach oben auf den Beifahrersitz. Ich möchte an dieser Stelle Yvonnes Schimpftiraden nicht wiederholen, weil allein der Gedanke daran mich vor Fremdscham erröten lässt und manche Eskalation unter dem Begriff Wechseljahre besser unter Verschluss bleiben sollte. Aber Fakt war, meine Freundin hatte in diesem Moment hochgradig unter Stress gestanden. Und das war nicht normal. Früher hätte sie ihren Wagen einhändig eingeparkt und dabei noch mit der anderen Hand ihren Lidstrich nachgezogen. Doch diese Abgeklärtheit lag lange zurück.

163

Als wir bei Carina eintrafen, öffnete unsere Freundin mit hektischen roten Flecken im Gesicht die Tür. »Wo bleibt ihr denn?«, keifte sie empört. Yvonne und ich warfen uns einen fragenden Blick zu. Carina winkte uns ungeduldig herein: »Während ihr spazieren fahrt, spielt sich hier ein Drama ab. In meiner Küche geht's drunter und drüber, im Wohnzimmer sitzt ein heulendes Elend. Kümmert euch darum, während ich versuche, unser Abendessen zu retten.«

Wir fanden Susanne auf der Couch. Unter Tränen verriet sie uns dann nach hartnäckigem Bohren den Grund ihres Kummers; ihr Mann hatte den Hochzeitstag vergessen. »Aber den vergisst er doch jedes Jahr«, meinte Yvonne verständnislos, womit sie recht hatte, aber Rechthaberei ist keine beliebte Eigenschaft.

Susanne jaulte auf und jammerte etwas wie »er liebt mich nicht mehr«, während ich Yvonne mit einem strafenden Blick bedachte. »Ich hatte ihn am Tag davor sogar noch daran erinnert«, schluchzte Susanne weiter, »und trotzdem hat er nicht daran gedacht.«

»Natürlich liebt er dich noch. Aber Männer haben auch Hormonschwankungen, da kann das Erinnerungsvermögen schon mal auf der Strecke bleiben«, gab ich zu bedenken. »Die haben auch Schweizer Käse unter der Schädeldecke.« Susanne sah mich an. »Meinst du wirklich?«, fragte sie mit einem Hauch Hoffnung in der Stimme.

Dann rauschte Carina mit hochrotem Kopf herein und sank neben Susanne auf die Couch. »Die Quiche Lorraine sieht aus

Kauen am Rande des Nervenzusammenbruchs

wie ein alter Autoreifen. Sorry. Essen fällt aus.« Erschöpft sank ich ebenfalls auf das Sofa. Wenn ich nicht bald was zu essen bekäme, würde ich die Contenance verlieren. »Ist doch nicht so schlimm«, meinte ich bereits im mittleren Unterzucker, »dann bestellen wir halt ganz schnell Sashimi beim Japaner. Eiweiß ist eh besser für unsere Figur.«

»Du immer«, kreischte Carina außer sich, »wozu stell ich mich überhaupt in die Küche? Ihr macht euch keine Vorstellungen, was bei mir heute im Büro losgewesen ist. Ein totales Irrenhaus. Und jetzt auch noch das? Ich halt das nicht mehr aus.«

Susanne schluchzte auf. »Ja, das Leben ist schrecklich.«

»Und dann dieser Verkehr«, stimmte Yvonne mit ein. »Da will ich einparken, und hinter mir drängeln die mit Lichthupe, weil ich nicht mit Karacho in der Parklücke verschwinde. Eine alte Frau ist doch kein D-Zug.«

Es klingelte an der Tür. Niemand rührte sich. Schließlich stand ich auf und öffnete Tanja, die als Letzte im Bunde eintraf.

»Oje«, meinte sie nur, als sie uns vier sah, »feiert ihr gerade die Meno-Motto-Party: Wer verliert zuerst die Nerven?«

»Das ist nicht lustig«, stöhnte Carina. »Mir wächst alles über den Kopf. Ich schaffe es nicht einmal mehr, die einfachsten Dinge gleichzeitig zu erledigen. Früher war ich ein Multitasking-Genie und habe ohne mit der Wimper zu zucken nach der Arbeit abends noch ein Vier-Gänge-Menü gezaubert. Heute kann ich nicht mal mehr Tomaten angstfrei aufschneiden.«

Yvonne nickt zustimmend: »Wem sagst du das. Ich bekomme schon Stresspickel, wenn ich nur ins Auto einsteige.«

Tanja fasste sich an die Stirn. »Fragt mich mal«, stimmte sie in den Chor ein. »Abends kann ich ewig nicht einschlafen. Morgens wache ich dann schweißgebadet auf und bin den ganzen Tag wie gerädert. Wann hört dieser Wahnsinn endlich auf?«

»Hast du Alkohol im Haus?«, fragte ich Carina leicht verzweifelt. »Vielleicht sollten wir uns einfach erst einmal einen hinter die Binde kippen.«

»Wie wär's mit einem Mon Cheri?«, fragte Carina in die Runde.

Ich tippte gegen meine Schläfe. »Geht's noch ... ich meinte natürlich Champagner!«

Carina grinste mit einem Nicken, Sabina putzte sich die Nase, Yvonne strahlte übers ganze Gesicht, und Tanja klopfte mir lachend auf die Schulter: »Das ist das Beste, was ich heute gehört habe. Champagner ist das Einzige, was mir gegen diesen Stress noch helfen kann. Vor allem jetzt, auf nüchternen Magen.« Das kann heiter werden, schoss mir durch den Kopf. Und das wurde es auch.

Ja, dieser Stress. Mit den Wechseljahren geht nicht nur unserem Stoffwechsel die Puste aus und unser Energielevel sinkt, auch unser Hormonspiegel verändert sich mit sichtbaren und spürbaren Folgen: Krokodilstränen, Schweißperlen, hektische rote Flecken, geraufte Haare ... Wir verlieren schneller die Geduld, sind öfter gereizt oder nervös. Und wir sind nicht nur näher am Ufer gebaut, wir stehen inzwischen ständig mit einem Bein, ach, was sag ich, mit beiden Beinen im Wasser. Die Wechseljahre

Kauen am Rande des Nervenzusammenbruchs

verändern ganz offensichtlich nicht nur unsere Figur, sondern auch unsere Stressresistenz, also die Fähigkeit, schlau mit Stress umzugehen. Oder kommt uns das nur so vor?

Obwohl uns Maschinen, Geräte und Computer viele Handgriffe abgenommen haben, rinnt uns die Zeit durch die Finger, und der Druck wächst. Ein Termin jagt den nächsten. Wir müssen den Haushalt wuppen, im Job bestehen, vielleicht immer noch die Familie versorgen, nebenbei kaufen wir ein, kochen für den Clan, organisieren Einladungen, verreisen übers Wochenende oder einen ganzen Urlaub, terminieren Besuche bei den Eltern, bezahlen Rechnungen, beantworten E-Mails, bringen das Auto in die Werkstatt, besorgen ein Geburtstagsgeschenk, kümmern uns um Termine beim Friseur, Arzt, Steuerberater. Uff.

Kein Wunder, dass wir immer öfter auf dem Zahnfleisch gehen, das auch nicht mehr das ist, was es mal war. Hilfe! Und zu allem Übel kann Stress sehr hungrig und damit dick machen. Wie hätte es anders sein können: Hormone spielen auch hier ihr Spiel mit uns. *Brauchen wir das?* Stress, lass nach!

Aber zu seiner Ehrenrettung muss ich hier anführen, dass Stress ein sehr wichtiger Teil unseres Lebens ist, denn ohne ihn gäbe es uns gar nicht mehr, und das wäre auch nicht schön – trotz Wechseljahre. Unser Stresssystem arbeitet wie eine Alarmanlage, es warnt uns vor Gefahr und sichert so unser Überleben. Wenn Sie beispielsweise auf der Autobahn links mit 130 Stundenkilometern vor sich hin bummeln und Ihnen dann von hinten ein Drängler mit 200 Stundenkilometern zu nahe rückt und Sie mit seiner Lichthupe attackiert, geraten Sie wahrscheinlich

Kauen am Rande des Nervenzusammenbruchs

unter Stress. Sie können Ihren Hintermann förmlich schreien hören: »Schleich dich, du Schnecke.«

Bei Störungen wie diesen startet in unserem Körper augenblicklich ein Programm, das mit der Ausschüttung von Stresshormonen einhergeht. Während Sie sich am Lenkrad festkrallen und überlegen, ob Sie aufs Gas drücken sollen oder nach rechts ausweichen, fluten Adrenalin und Cortisol Ihren Organismus, um Sie für die drohende Gefahr zu wappnen. Unter Stress steigt logischerweise der Energiebedarf des Gehirns an, weil es nun Entscheidungen treffen wird, die fürs Überleben wichtig sein könnten. Das Gehirn meldet mithilfe dieser Stresshormone seinen erhöhten Energiebedarf.

Die Adrenalin- und Cortisolwerte schnellen in die Höhe und senden damit den Auftrag an den Körper, blitzschnell Zucker in den Blutkreislauf zu entsenden, wodurch der Energieschub entsteht. Der Zucker stammt aus den Muskeln und der Leber, wo die Reserven gespeichert sind. Die Hormone machen außerdem Bauchfett als reichhaltigen Energietreibstoff verfügbar. Cortisol greift sich Fett und energiegeladene Glukose aus den Körperspeichern, leitet das Blut von gerade unwichtigeren Organen wie Magen oder Niere um und schießt es zum Gehirn, zum Herzen, zu der Lunge und den Muskeln mit der Folge, dass wir Augen kriegen wie ein Adler, Ohren wie ein Luchs, Muskelkräfte wie Hulk. Theoretisch könnten wir nun richtig loslegen, denn unser Körper fährt jetzt Vollgas. Dabei können wir förmlich zusehen, wie der Tankuhrzeiger immer mehr nach links geht.

Kauen am Rande des Nervenzusammenbruchs

Unter Stress haben Sie zwei Optionen. Sie könnten sich gegen den Angreifer zur Wehr setzen oder die Flucht ergreifen. Als intelligente Vertreterin Ihres Geschlechts werden Sie den Raser vermutlich mit Missachtung strafen, die Fahrbahn wechseln, ihn vorbeilassen und ihm den kleinen Finger zeigen. Die Aktion ist straffrei, und er weiß dann schon, was damit gemeint ist.

Aber trotzdem läuft das Stressprogramm weiter. Sie treten ja nicht die Flucht an, indem Sie die Beine in die Hand nehmen und das Weite suchen, Sie bremsen ihn auch nicht aus und versetzen dem Rüpel ein paar gezielte Faustschläge. Stattdessen lenken Sie mit wenigen Handgriffen Ihren Wagen auf die rechte Spur und verbrauchen dabei nicht den Hauch von Energie. Das, was unser Stressprogramm eigentlich vorsieht, nämlich den körperlichen Einsatz, um die bereitgestellte Energie rasch zu verbrauchen, findet nicht statt. Das Abenteuer bleibt im Kopf.

Unser Stressprogramm läuft seit Millionen von Jahren nach dem gleichen Muster ab. Bei drohender Gefahr schüttet der Körper Adrenalin aus, was uns augenblicklich in Alarmbereitschaft versetzt. Im Bruchteil einer Sekunde verwandelt es uns von der schläfrigen Zeitgenossin in eine aufmerksame Kriegerin, mit einem Schlag sind wir extrem aufmerksam und bereit zu reagieren.

Unser Gehirn schätzt blitzschnell die Lage ein, entscheidet, wie gefährlich eine Situation ist und welche Strategie die beste Überlebenschance bietet: Flucht oder Kampf. Ob Sie dabei nur ein Drängler bedroht, ein nerviger Anruf eines Callcenters auf die Palme bringt oder eine zwielichtige Gestalt hinter Ihnen her

Kauen am Rande des Nervenzusammenbruchs

ist, spielt überhaupt keine Rolle. Der Körper entscheidet nach seinem Gefühl, nicht nach Ihrem.

Flaut dann der Stress endlich wieder ab, möchte unser Körper den Normalzustand zurückerobern. Denn genauso wie ein zu hoher Blutzuckerspiegel ist ein zu hoher Stresshormonlevel alles andere als gesund und erwünscht. Unser harmoniesüchtiger Organismus will also schleunigst in den Alltagsmodus zurückwechseln. Aber das gelingt nicht immer. Wenn der Stress nachlässt, sinkt der Adrenalinspiegel im Blut rapide ab, Cortisol verweilt dagegen noch länger im Körper, manchmal auch als gefährlicher Dauergast mit üblen Folgen für Figur und Gesundheit.

Es gibt unterschiedliche Arten von Stress, den wie oben beschriebenen im Alltag, mit dem wir in der Regel ganz gut zurechtkommen, aber auch den Stress im Kopf, den wir uns selbst bereiten durch unsere Gedanken, Ängste oder Sorgen. Diäten und Wechseljahre bereiten ebenfalls Stress, weil unser Selbstwertgefühl leiden kann, wir schlecht schlafen oder vielleicht Angst vor dem Älterwerden haben.

Viele Frauen nehmen in den Wechseljahren bis zu zehn Kilo zu, und zwar rund um die Taille, nicht nur, weil der Stoffwechsel nachlässt und die Muskelmasse schrumpft, sie essen auch die gleich bleibende oder steigende Kalorienmenge bei erheblich weniger Aktivität, vor allem, wenn sie häufig unter Stress leiden.

Denn nach jeder Aufregung, wenn der Stress abgeklungen ist und sich die Hormonwerte allmählich wieder normalisiert haben, möchte der Körper die geleerten Energiespeicher schnell

Kauen am Rande des Nervenzusammenbruchs

wieder auffüllen und sendet entsprechende Hungersignale. Erst wenn die verbrauchten Zucker- und Fettreserven wieder aufgefüllt sind, ist das Stressprogramm wirklich zu Ende. Menschen im Dauerstress haben deswegen ständig Hunger, weil ihr Körper sich unentwegt in Alarmbereitschaft befindet. Dauerstress und damit ständig erhöhte Cortisolwerte fördern das Zunehmen.

Wenn die Energietanks nach einem stressigen Tag restlos geleert sind, kommen wir kaum umhin, die Speicher wieder aufzufüllen, und zwar mit kohlenhydratreichem Essen. Stress beeinflusst unser Essverhalten und beschert uns einen Jieper auf Zucker. Stress-Esser verzehren häufiger Fast Food unter Zeitdruck und merken gar nicht, was und wie viel sie sich nebenbei in den Mund schieben. Andere benutzen Essen als Trostpflaster, um sich nach dem stressigen Arbeitstag noch etwas Gutes zu tun oder sich zu betäuben.

Aber wer abends viele Kohlenhydrate isst, jagt seinen Blutzucker nach oben und lockt Insulin. Das bremst nicht nur die Fettverbrennung, es legt auch noch neue Jahresringe an. Außerdem fällt tief in der Nacht dann der Blutzucker unter die Normalmarke. Dann wachen manche mitten in der Nacht mit Bärenhunger auf und schlurfen mit schlafwandlerischer Sicherheit zum Kühlschrank, um den Rest der kalten Lasagne vom Vortag in sich hineinzustopfen.

Während unsere Vorfahren einst mithilfe dieses Stressprogramms perfekt auf lebensgefährliche Situation vorbereitet waren und sich dann in den Kampf stürzten oder die Flucht antraten, fehlt bei uns dieser wichtige Teil des Körperprogramms.

Kauen am Rande des Nervenzusammenbruchs

Wir schlagen uns weder mit Kollegen, die uns nerven, noch laufen wir vor ihnen davon. Wir rühren uns kaum von der Stelle, ballen vielleicht eine Faust in der Hosentasche, wir malen uns möglichweise in schillernden Farben aus, wie wir dem Vollpfosten einen Schwinger mit der Handtasche verpassen, aber Tatsache ist doch, wir schlucken meistens unseren Ärger runter. Damit bleibt die gesamte Stressenergie im Körper stecken.

Doch wohin mit dieser zusätzlichen Kraft, wenn wir sie in der Gefahrensituation nicht loswerden? Wenn wir die überschüssige Energie nicht verarbeiten, wird der Körper wiederkehrend oder ständig von Stresshormonen durchströmt. Dies hat Folgen für die Gesundheit: Übergewicht, Kopfschmerzen, Magen- und Verdauungsprobleme, Depressionen, Schlafstörungen, Verspannungen oder Rückenschmerzen. Wir werden unruhig und gereizt. Auch bei Depressionen vermuten Wissenschaftler eine Entgleisung des Stresshormonsystems als Auslöser.

Vielleicht sind viele Symptome, mit denen Sie sich gerade herumschlagen, in Wirklichkeit Folgen von Dauerstress und nicht der Wechseljahre. Denn negativer Stress schlägt auf die Stimmung, macht miese Laune, auf Dauer krank und meistens dick! Um diese Folgen zu vermeiden, müssen wir für die Energie, die sich in Stresssituationen aufbaut, ein Ventil finden. Und das gibt's. Darf ich vorstellen, täterätää: Sport!

Stress verändert den Körper und das Gewicht. Wer über Monate oder Jahre hinweg einen erhöhten Cortisolspiegel hat, wird mehr Fett speichern und an Bauchfett zulegen mit gesundheit-

Kauen am Rande des Nervenzusammenbruchs

lichen Risiken. Außerdem reagieren die Geschlechter unterschiedlich auf Stress. Kummer, Ärger, Stress und Belastungen verringern bei Frauen die Durchblutung des Herzmuskels und fördern Blutgerinnsel. Das führt zu Herzschmerz, Herzrasen, Herzdrücken, Herzstolpern und letztendlich sogar zum Herzinfarkt. Frauen sind traurig, angespannt und ängstlich, wenn sie sich gestresst oder überfordert fühlten. Negativ empfundener Stress, der sogenannte Disstress, kann also das Herz angreifen, während angenehme Belastungen wie Sport, auch Eustress genannt, gesund sind.

Die wirklich einzig zielführende Rettung aus diesem Teufelskreis ist also Sport, Aktivität, Bewegung. Sport erfüllt das, was früher Flucht oder Kampf geleistet haben: Körperliche Anstrengung verbraucht die durch das Stressprogramm bereitgestellte Energie und verbessert auch noch unsere Stressresistenz. Und alles, was Sie zu diesem Thema wissen wollen, erfahren Sie nun im nächsten Kapitel.

FAZIT

Wer vor lauter Stress an die Decke springt, bleibt nachher bewusstlos am Boden liegen. Laufen Sie lieber um Ihr Leben, als alles in sich hineinzufressen.

Arm mit Charme

Das Leben steckt voller Überraschungen und Wunder, ein Körper auch. Ein Beispiel für diese Behauptung sind Michelle Obamas Arme. Mit der Wahl des amerikanischen Präsidenten Barack Obama im Jahr 2008 betrat auch seine Frau als »first lady« die Weltbühne.

Nicht nur ihr Modestil, vor allem ihre wohlgeformten Arme ernteten Szenenapplaus. Bizeps, Trizeps, Schultern – alles ragte gut modelliert aus ihren ärmellosen Kleidern heraus, nicht zu vergleichen mit den Oberarmen mancher prominenter Frau in unseren Gefilden. Hatten wir hier je eine »first lady« von diesem Kaliber?

Und ist es nicht überraschend, dass es gerade die »ersten Arme« eines Landes waren, die so großen Anklang fanden und zum Vorbild für viele Frauen auch außerhalb der USA wurden? Noch vor 20 Jahren war Lady Dis Frisur der letzte Schrei gewesen, und nun machten muskulöse Arme die Mädels verrückt. Wie die Zeiten sich ändern, da kann man sich nur noch wundern. Jetzt wollten plötzlich alle Oberarme wie die First Lady haben, so straff, fest, schlank und wohlgeformt – bis sie erfuhren, wie sich Michelle Obama dafür bisweilen quälte.

Arm mit Charme

Da die Präsidentengattin täglich ein ziemliches Pensum an offiziellen Terminen und Verpflichtungen zu bewältigen und nur sehr wenig Zeit für Sport hat, steht sie an manchen Tagen bereits um 4:30 Uhr auf, um auf jeden Fall ihr Fitnessprogramm absolvieren zu können.

Das kann man machen, muss man aber nicht. Ich neige demütig mein Haupt vor so viel Disziplin, ich hätte die nicht. Um 4:30 Uhr tapere ich vielleicht halb blind auf die Toilette, zu mehr wäre ich aber nicht imstande. Wäre ich die »First Lady«, sähe es wohl düster für meine Oberarme aus. Ich habe mal im Fernsehen gesehen, wie Michelle Liegestützen macht. Puh, um da mithalten zu können, muss ich noch ziemlich viel trainieren; aber ich bleib dran!

Ja, die Arme ... allerspätestens jenseits der 50 lassen sie uns ziemlich hängen, wenn wir sie bis dahin eher stiefmütterlich behandelt haben. Bei vielen beginnt der Verfall übrigens schon viel früher. So oder so, das Ergebnis ist das gleiche: Auf den Oberarmen und in den Achseln kräuselt sich die Haut, auf der Unterseite beginnt das Gewebe zu hängen, ganz zu schweigen von der Achsel des Bösen, dem gruseligen Achselfett, das sich neben dem Träger des BHs angesiedelt hat und als kleiner Wulst herausquillt. Fettzellen lauern wirklich überall.

Nicht erst seit wir Michelle kennen, wissen wir, dass die Oberarme eine gefährliche Problemzone am weiblichen Körper sind. Brust, Po, Bauch und Oberschenkel lassen sich geschickt verhüllen. Selbst wenn der Allerwerteste bereits bis zu den Kniekehlen hängt und die Brüste engen Kontakt mit dem

175

Arm mit Charme

Bauchnabel aufgenommen haben, lässt sich alles mithilfe von Korsage, Wonderbra und Stützstrümpfen an die Ursprungs-stelle zurückschieben. Aber nackte Oberarme bedeuteten definitiv das Aus.

Yvonne verhüllte deswegen jahrelang züchtig die ihren. Sie hatte mir mal gestanden, dass sie ihre Arme mehr hasst als ihren Bauch. Aber Yvonne war erfindungsreich und wusste sich stets zu helfen. Für Situationen, in denen nackte Oberarme unvermeidlich waren, wie etwa am Strand, hatte sie eine spezielle Wink-Technik entwickelt. Während sie uns mit einem »Huhu, Mädels, hier bin ich« zu sich rief, hielt sie dabei den angewinkelten Arm eng an den Körper gepresst und bewegte nur die Finger und das Handgelenk.

Das sah zwar völlig bescheuert aus, wie Susanne, Tanja, Carina und ich ihr einstimmig bei unserem letzten gemeinsamen Kurzurlaub unverblümt mitgeteilt hatten, aber diese Technik hielt definitiv die überschüssige Haut in Schach. Warum ich das in der Vergangenheit erzähle? Weil's da hingehört. Sie sollten heute mal Yvonnes Arme sehen; Sie würden vor Neid erblassen. Und wie sie das geschafft hat, verrate ich Ihnen noch.

Einmal runderneuern, das wär's. Nun ja, noch können viele Frauen Ü50 ärmellose T-Shirts tragen und netten Menschen zum Abschied winken, ohne dass das Achselfett vibriert und Hautlappen in der Größe eines Elefantenohrs von ihren Oberarmen herabbaumeln. Aber die lebenslange Garantie, dass das auch in Zukunft ohne ein geeignetes Fitnesstraining so bleibt, gibt es nicht.

Arm mit Charme

Im Gegenteil: Der Verfall ist vorprogrammiert, und ich spreche hier nicht nur von den kosmetischen Problemen einer erschlaffenden Muskulatur. Die ist nur die optische Folge einer tiefer gehenden Vergänglichkeit. Sackgasse, ich komme! Warum gibt es keine Google Map, die uns auf direktem Weg durch die Wechseljahre manövriert? Stattdessen dringt immer öfter an mein Ohr: »Da sind Sie auf dem Holzweg, bitte wenden.« Weiter so ist nicht.

Michelle hat gestanden, dass sie inzwischen Bauch-Weg-Höschen trägt. Vertuschen ist nicht die optimale Lösung, wie ich finde. Vielleicht sollte ich ihr mal mein Buch schicken.

Wie wir bitter erfahren mussten, hat die Menopause weitreichende Folgen. Während sich die weiblichen Hormone in Luft auflösen, kommt es zu dieser verhängnisvollen Veränderung der Fettverteilung. Seit wir testosterongesteuert unterwegs sind, scheint unser Bauchnabel einen Magnetismus entwickelt zu haben, der alle Fettzellen magisch anzieht und uns skandalöserweise mit einem überreifen, sprich wabbel-weichen Apfelbauch bedenkt und den Rest mit Cellulitis überzieht. Aber nicht die Wechseljahre, sondern die Alterskeule schlägt viel härter zu mit Blick auf unsere Muskeln, die unseren Körper zusammenhalten und stützen.

Doch Schluss mit den Horrormeldungen, die gute Nachricht in diesem Trauerspiel lautet nämlich: Muskeln haben weder ein Verfallsdatum, noch kennen sie ein Alter. Und sie können zu jeder Zeit trainiert und wieder aufgebaut werden. Wenigstens in diesem Fall hat es die Natur mal gut mit uns Ü50 gemeint. Wenn das kein Grund zur Freude ist!

Arm mit Charme

Die Schlüsselfrage lautet: Wie viel mehr Sinn steckt im Liegen- oder Sitzenbleiben als im Bewegen und Schwitzen? Hat Stillstand nicht mehr Qualität als ständiges Gasgeben, vor allem, wenn wir alle dazu aufgerufen sind, Energie zu sparen? Ich ruhe, also bin ich? Ich möchte Sie mit diesen philosophischen Gedanken nicht weiter aus Ihrer Komfortzone treiben, aber falls es für Sie den Himmel auf Erden bedeutet, wie ein Koalabär 20 Stunden am Tag faul herumzuhängen, dann rückt das Wunschgewicht in bedenklich weite Ferne.

Leider gilt es nicht als Leistungssport, täglich einen Sitzmarathon zu absolvieren und auf der Suche nach einem vernünftigen TV-Programm mehrmals die Fernsehzeitung hektisch durchzublättern. Und Beckenschiefstand, Schleudertrauma und Zahnstellung sind auch keine gängigen Turnübungen. Also was tun?

Erst einmal tief Luft holen und entspannt bleiben. Ich werde versuchen, alle Möglichkeiten auszuloten, und Sie dann Schritt für Schritt in ein bewegteres Leben führen. Das ist mir mit Yvonne gelungen, die seitdem Arme hat, die selbst Michelle vor Neid erblassen lassen würden, und das soll mir auch mit Ihnen gelingen. Betrachten Sie mich als Ihren Privat-Coach.

Carina hat sich ja auch vor einiger Zeit in einem Fitnessstudio angemeldet und ist dort seitdem ein gern gesehener und häufiger Gast. Und Tanja ist auf dem besten Weg, ein Yogaguru zu werden. Da sie früher Ballett gemacht hat, sind ihr selbst die wildesten Verrenkungen nicht fremd. Im Gegensatz zu mir, aber dazu später. Nur bei Susanne haben meine Verführungskünste bislang noch keine nachhaltigen Früchte gezeigt; aber ich bleibe dran.

178

Arm mit Charme

Ein häufiger und zugleich profaner Tipp lautet, täglich einfach 10 000 Schritte zu gehen, und alles wird gut. Ich habe das wirklich sehr ambitioniert probiert und mir zur Selbstkontrolle ein Nike-Armband angelegt, das meine tägliche Schrittfrequenz zählt. Das Ergebnis war ernüchternd, ach, was sage ich, niederschmetternd. Obwohl ich den ganzen Tag auf Achse gewesen und abends mit schweren Beinen ermattet in den Sessel gesunken war, zeigte das Armband nur eine Zahl an, die im unteren Drittel lag. An den folgenden Tagen erging es mir kaum besser. Um 10 000 Schritte zu erreichen, müsste mein Tag mindestens 55 Stunden lang sein.

Ein weiteres Problem: Ich gehe nicht gerne spazieren, ich habe keinen Hund, und zu allem Übel befindet sich mein Arbeitsplatz bei mir zu Hause. Ein Homeoffice ist natürlich gut im Sinne des Klimaschutzes, weil meine CO_2-Bilanz damit vorbildlich bleibt. Aber bei meiner Schrittzahl hapert es damit leider gewaltig, denn ich muss morgens nicht das Haus verlassen, und leider nenne ich auch keine 1000-Zimmer-Flucht wie den neuen Palast des türkischen Präsidenten mein Eigen.

Ich marschiere morgens nach dem Frühstück, das ich in der Küche einnehme, vielleicht zehn Meter, um an meinen Arbeitsplatz zu gelangen. Natürlich könnte ich diese Strecke täglich 500-mal absolvieren, hin- und herlaufen, um auf meine 10 000 Schritte zu kommen, aber ob das meinem Geisteszustand auf Dauer guttun würde, wage ich zu bezweifeln. Ich sehe schon die Schlagzeile: »Frau (55) in Psychiatrie eingeliefert; sie glaubt, ein Hamster zu sein. Ärzte haben wenig Hoffnung.«

Arm mit Charme

Zurück zu meinem Homeoffice. Berufsbedingt verbringe ich also drei Viertel des Tages am Schreibtisch im Sitzen. Ich kann mir den Computer nicht vor den Bauch schnallen und beim Schreiben durch die Wohnung mäandern. Ich kann dabei auch nicht auf den Händen laufen oder auf dem Kopf stehen, das alles gibt meine Tätigkeit oder mein Können nicht her. Und so, wie ich zum Vielsitzen gezwungen bin, ergeht es vielen anderen Leidensgenossinnen.

Es ist eine Tatsache, dass wir uns mit zunehmendem Alter immer weniger anstatt mehr bewegen. Bewegung findet nun vornehmlich im Kopf statt. Da werden Gedanken, Zweifel, Ängste, Probleme, Sorgen von links nach rechts gerollt, gut durchgekaut, im besten Fall neu sortiert, gelöscht oder ad acta gelegt, im ungünstigen Fall entwickeln sie dort ein Eigenleben, und das Grübeln beginnt jeden Tag von Neuem.

Unabhängig von dem Kopfprogramm liege ich nachts im Bett, dann sitze ich beim Essen, Arbeiten, im Auto, beim Lesen oder Fernsehen. Da bleibt wenig Raum fürs Herumlaufen. Aber ich weiß, dass eine überwiegend sitzende Lebensweise nicht zielführend ist, weil sie uns nur geringfügig energetisch beansprucht und mehr verkümmern lässt als aufbaut.

Ich habe gelesen, dass jeder Erwachsene im Durchschnitt 11,5 Stunden täglich sitzt, die meiste Zeit im Büro, dann im Auto, daheim auf der Couch. Dann liegt dieser Erwachsene circa acht Stunden im Bett. So bewegt sich ein moderner Mensch heute nur noch etwa 25 Minuten am Tag aktiv.

Hier sind Raucher eindeutig im Vorteil. Sie müssen stän-

Arm mit Charme

dig aufstehen und hinausgehen, um eine zu rauchen. Dass wir uns nicht missverstehen, ich möchte Sie keinesfalls zum Rauchen animieren, aber vielleicht gibt es einen Raucher in Ihrer Nähe, den Sie regelmäßig an die frische Luft begleiten können? Das wäre ein Anfang. Denn die sitzende Alltagshaltung ist alles andere als artgerecht, und die Folgen sind auch nicht ohne. Durchgesessene Stühle lassen sich austauschen, abgewetzte Bezüge erneuern, aber wer richtet so einen Sitzkörper wieder her?

»Ich hab's im Rücken«, lautet eine klassische Standardfolge. Aber damit nicht genug. Dauersitzen macht krank, dick und kostet Lebensjahre, denn beim Sitzen staut sich das Blut, der Sauerstoffgehalt geht rapide nach unten, es beeinträchtigt Herz- und Kreislauf, der Stoffwechsel läuft im Stand-by-Modus, unbenutzte Muskeln bauen sich ab. Fazit: Die Lebenserwartung sinkt. Sogar das Krebsrisiko soll steigen, wenn der Bewegungsdrang gegen null läuft. Mehr möchte ich zu diesem Desaster nicht mehr sagen.

Es gibt also vier einleuchtende Gründe, warum wir unser Leben nicht aussitzen sollten:

1. Muskeln, die nicht benutzt werden, verabschieden sich. Damit sinken der Grundumsatz und unser Kalorienverbrauch. Die Folge: Wir werden dick.

2. Fettzellen besetzen ungefragt die leeren Plätze; das macht einst festes Gewebe weich und nachgiebig, ganz zu schweigen von der Cellulitis, die den ganzen Körper besiedelt. Die Folge: Wir werden wabbelig.

Arm mit Charme

3. Fehlende Bewegung führt zu Muskelproblemen, Verspannungen und anderem Teufelszeug. Die Folge: Wir werden krank.
4. Ohne trainierte Muskeln werden wir gebrechlich. Die Folge: Uns drohen später Rollator, Wagerl, Treppenlift.

Brauchen wir das? Auf keinen Fall. Hier ist Widerstand gefragt und sinnvoll. Denn das alles lässt sich ziemlich erfolgreich aufhalten oder sogar verhindern. Einen Versuch ist es auf jeden Fall wert.

Nun gibt es zwischen Wunsch und Wirklichkeit einen tiefen Graben und zwischen Sagen und Tun schier unüberwindbare Hürden. Der Mensch ist zu vielem fähig, aber was er wirklich perfekt beherrscht, ist das Sitzenbleiben. Aber am Ende dieses Buches werden Sie verstehen, dass alle Ausreden und Hürden nur Fata Morganas sind und Sie im Grunde Ihres Herzen nie etwas anderes als starke Muskeln und eine gute Kondition haben wollten.

FAZIT

Die meisten Menschen brauchen für ihr Leben nur recht wenig Platz, ein Stuhl oder ein Sessel reicht völlig aus. Was Batterielegehennen aufgezwungen wird, verordnen wir uns freiwillig. Aber die Sitzhaltung ist nicht artgerecht. Gehen Sie deshalb schleunigst auf die Barrikaden!

Wie überzeugt man einen sturen Esel, sich zu bewegen?

Bevor dieser fliegende Wechsel bei mir einsetzte, hatte ich mir keine konkreten Vorstellungen davon gemacht, was da so über mich hereinbrechen könnte. Ich hatte etwas naiv angenommen, dass das mit dem Älterwerden eher so nebenbei geschehen würde, und bevor ich es richtig wahrgenommen hätte, würde der Deckel schon über mir zufallen. Schließlich sehe ich mich ja jeden Tag im Spiegel, und durch diesen Dauerkontakt fallen einem selbst die Veränderungen kaum auf.

Ich kann mich nicht mehr erinnern, welche Gedanken ich mir mit Anfang 40 übers Älterwerden gemacht hatte. Wahrscheinlich wenig, schließlich war ich damals auch noch jung. Doch ich erinnere mich an eine Begebenheit vor etwa zehn Jahren. Damals war mir bei einer Einladung eine Bekanntschaft aus meiner Schulzeit über den Weg gelaufen. Begegnungen wie diese können manchmal echt erschreckend sein, wenn da ein Mensch, den wir in unserer Jugend kannten, dann aus den Augen verloren hatten, nach vielen Jahren plötzlich wieder vor uns steht und ganz verändert ist – vorausgesetzt, wir erkennen ihn überhaupt wieder.

Ich verstand schlagartig: Menschen, die ich von früher als drahtige Energiebolzen in Erinnerung hatte, konnten sich mit den Jahren in abgeschlaffte Stubenhocker mit bemerkenswertem Sitzfleisch, sprich dickem Hintern, verwandelt haben. Nicht jede(r) altert gleich gut. Klar spielen die Gene eine Rolle, aber in erster Linie ist es unser Lebensstil, der seine Spuren hinterlässt, im Guten wie im Schlechten.

Was unseren Astralleib betrifft, ist Energiesparen nicht Trumpf. Muskeln wollen und müssen in unserem Leben eine tragende Rolle spielen. Ähnlich wie bei den Proteinen ist Muskeltraining ein Multitalent: Es kann uns schlank, stark, verjüngt, schön, gesund, schlau, glücklich, entspannt machen und alle Symptome der Wechseljahre zum Teufel jagen – vorausgesetzt, man quält sich ein bisschen dafür. Und dafür scheinen Frauen eine Schwäche zu haben, oder hätten sie sonst *50 Shades of Grey* zum Millionenseller gemacht? Bevor ich Ihnen also ein paar Tritte versetze, um Sie nach vorne zu treiben, möchte ich es erst mit ein paar schlagenden Argumenten versuchen.

Muskeln machen schlank! Um diese Behauptung mit Fakten untermauern zu können, muss ich Ihnen erst eine Illusion rauben. Sie können mit Sport nicht abnehmen, wenn Sie genau so weiteressen wie bisher. Die paar Kalorien, die Sie beim Sport tatsächlich verbrennen, haben Sie mit einem Glas Latte macchiato

Wie überzeugt man einen sturen Esel, sich zu bewegen?

sofort wieder auf den Rippen. Nur wenn Sie sich wie eine Leistungssportlerin täglich mehrere Stunden schinden, besteht die reelle Chance, dabei abzunehmen. Aber als Amateurin, die im Schweinsgalopp durch Wald und Wiesen joggt oder mit klappernden Stöcken auf dem Asphalt herumwabert, ist der Verbrennungseffekt relativ gering.

»Ah, wusst ich's doch, alles nur Augenwischerei«, höre ich chronische Couch-Potatos jubilieren, »alles nur PR für die Fitnessindustrie.« Gemach, gemach, denn ich behaupte unverdrossen weiter, dass Sport Sie schlank macht, aber im Umkehrschluss.

Wir haben 656 Muskeln, davon hält die überwiegende Zahl, rund 400, unser Skelett in Form. Die gesamte Muskulatur macht etwa 40 Prozent unseres Körpergewichts aus – im Idealfall wohlgemerkt, also nur, wenn wir regelmäßig unsere Muskeln anstrengen. Der prozentuale Anteil der Muskelmasse geht bei Bewegungslosen in Richtung null; um sich von einer Seite auf die andere zu drehen, braucht man ja kaum Kraft.

Nur benutzte Muskeln funktionieren bis ins hohe Alter und bauen sich entsprechend langsamer ab. Es wäre kein Problem, sondern sogar wünschenswert, auch als über 90-Jährige noch als gemäßigte Bodybuilderin aktiv zu sein. Dagegen spricht gar nichts, aber viel dafür!

Mit jedem Lebensjahr, das wir dazugewinnen, verlieren wir ein paar Gramm Muskelmasse. Dieser Abbau ist naturgegeben und hat bereits in unseren 30ern eingesetzt, wir haben es nur nicht bemerkt, weil es ein schleichender Prozess ist.

Wie überzeugt man einen sturen Esel, sich zu bewegen?

Aber jetzt, 20 Jahre später, lässt sich dieser Vorgang nicht mehr ignorieren. Das größte Ärgernis dabei ist, dass damit unser Grundumsatz sinkt, also die Menge der Kalorien, die wir täglich grundsätzlich verbrennen.

Die gähnende Leere, die desertierende Muskelzellen hinterlassen, füllen Fettzellen ungefragt wieder auf. Sie lieben es, Lückenbüßer zu spielen. Jede fehlende Muskelzelle bedeutet weniger Kalorienverbrauch. Denn Muskeln verbrennen Energie sprich Kalorien sogar in Ruhe, keine Muskeln verbrennen keine Energie, auch nicht bei Unruhe, das heißt, unser Stoffwechsel pfeift aus dem letzten Loch.

Couch-Potatos büßen jährlich circa 250 Gramm Muskelmasse ein, die normalerweise 50 Kalorien pro Tag einfach so verbrannt hätten. Deshalb nehmen Bewegungsmuffel im Schnitt bis zu zwei Pfund jährlich zu, auch wenn sie nicht mehr als sonst essen.

Muskeln sind ein Synonym für Kalorienverbrenner, und deswegen dürfen wir nicht kampflos zusehen, wie Muskelzellen über den Jordan gehen. Wir haben immer noch die Chance, diesen Muskelabbau zu bremsen und somit unseren Energieverbrauch wieder zu erhöhen. Und genau aus diesem Grund machen uns Muskeln wieder schlank.

Muskeln machen stark! Dazu muss ich vermutlich nicht viel sagen, es handelt sich schließlich um eine Binsenweisheit. Muskeln sind nicht nur Brennöfen, die Kalorien vernichten, sie stehen auch für unsere Kraft in doppelten Wortsinn. Einerseits

Wie überzeugt man einen sturen Esel, sich zu bewegen?

machen sie unseren Körper stark, das Gewebe straff, die Arme fest, den Bauch flach, den Po knackig und die Beine stramm. Muskeln halten uns aufrecht und einigermaßen beweglich bis zum bitteren Ende. Dazu braucht es gar keine aufgeblasenen Muskelpakete, auch zierliche Muskelprotze profitieren von den Kraftpaketen, wenn sich dort, wo gerade noch Pudding drin war, irgendwann wieder Muskelzellen breitmachen.

Aber Muskeln machen uns auch mental stark. Ältere Menschen werden deshalb unsicher, weil sie ihrem Körper nicht mehr vertrauen können. Sie haben Angst, zu stolpern oder zu fallen, weil ihr Körper nicht mehr dagegenhalten kann. Mangels Muskeln fehlen Kraft, Koordination und Gleichgewicht.

Mit gut trainierten Muskeln macht Ihnen wenig Angst auf Ihrem Parcours durch den Alltag. Sie können schnell noch bei Rot über die Straße spurten, dem Taschendieb eine überbraten oder bei der Treppe zwei Stufen auf einmal nehmen, wenn es Ihnen pressiert. Sie fallen in der (Straßen-)Bahn oder im Bus nicht um, auch wenn der Fahrer wie Hamilton um die Kurven schießt – warum? Weil Ihr Körper auf all das schnell und kraftvoll reagieren kann und Ihre Muskeln noch ihre Arbeit tun. Die körperliche Sicherheit hebt das Selbstvertrauen.

Muskeln machen gesund! Wie das denn, fragen Sie? Die Muskulatur ist das größte Stoffwechselorgan unseres Körpers. Das spielt im Hinblick auf den Blutzucker-Insulin-Kreislauf eine große Rolle. Der positive Effekt von Krafttraining liegt in der verbesserten Insulinsensitivität durch die erhöhte Muskelmasse.

Wie überzeugt man einen sturen Esel, sich zu bewegen?

Wegen der besseren Durchblutung der Muskulatur kann das Insulin mehr Rezeptoren erreichen. Das entlastet die Insulin produzierenden Zellen in der Bauchspeicheldrüse.

Außerdem stimulieren Botenstoffe aus dem Gehirn und den Nebennieren den Abbau von Fettsäuren, denn aktive Muskeln senden sogenannte Myokine aus, die den Entzündungsstoffen aus dem Fett entgegenwirken und dafür sorgen, dass genau das ungeliebte Bauchfett verbrannt wird. Myokine beeinflussen aber auch Gefäße, Leber und Gehirn positiv, halten sie gesund und schützen vor Demenz. *Brauchen wir das?* Yep!

Das alles ist eine ziemlich komplexe Angelegenheit, die ich hier nicht vertiefen muss. Es genügt völlig, wenn Sie wissen, dass Muskeln alles verbrennen, was Sie nicht brauchen, vor allem das Fett, denn nur in den Muskeln kann Fett verbrannt werden. Und das geschieht nicht nur, wenn wir sie anstrengen, auch in Ruhe verbrennen Muskeln Energie und Zucker, um durchblutet, versorgt und warm gehalten zu werden. Jetzt sollte klar geworden sein, warum mehr Muskeln nicht nur einen höheren Grundumsatz bedeuten, sondern auch vor dem gefährlichen und unschönen Bauchfett schützen.

Regelmäßiges Training stärkt außerdem die Abwehr, weil damit die Zahl der Fresszellen im Körper steigt. Das ist gut fürs Immunsystem und schützt uns vor Bakterien und Viren.

Muskeln stützen, soweit vorhanden, den Rücken. Hier scheint jedoch vieles im Argen zu liegen, wenn man der Statistik glauben mag. Von 100 000 Erwachsenen hatten im letzten Jahr 62 000 Rückenschmerzen, 12 000 chronische Rückenschmer-

Wie überzeugt man einen sturen Esel, sich zu bewegen?

zen, es gab deswegen 9000 Arztkonsultationen, 500 Krankenhausaufenthalte, 300 Operationen. Ufff. Und 80 bis 90 Prozent der Patienten mit chronischen Rückenschmerzen haben leichte Depressionen. In den westlichen Industrienationen leidet mindestens jede zehnte Person im Verlauf ihres Lebens einmal daran. Depressionen werden in der Regel mit Medikamenten und Psychotherapie behandelt, aber Studien haben gezeigt, dass Sport und körperliche Aktivität wie Antidepressiva wirken können. Denn sie verbessern die Aufnahmefähigkeit von Serotonin im Gehirn, fördern das Nervenwachstum und reduzieren das Stresshormon Cortisol. Bevor Sie also zum Stimmungsaufheller greifen, versuchen Sie es doch erst einmal mit Bewegung. Das macht auch gute Laune, denn schlechte Gefühle verändern die Muskelspannung.

Menschen, die die Zähne zusammenbeißen, verspannen sich im Bereich des Kiefers und der oberen Halswirbelsäule. Wer viel ertragen muss oder auf dem Buckel hat, zieht unbewusst die Schultern hoch. Wer sich hängen lässt, überdehnt die Rumpfmuskeln. Manchen wird das Kreuz gebrochen, andere ziehen den Schwanz ein und versteifen im unteren Rückenbereich. Stress erhöht den Muskeltonus und löst Rückenbeschwerden aus – viele Gründe, um die eigenen Muskeln mit anderen Augen zu sehen und entsprechend zu pflegen.

Übrigens haben schon 35 Prozent der jüngeren Deutschen vorgefallene oder degenerierte Bandscheiben. Fehlende und/oder einseitige Bewegung lassen die Muskeln verkümmern, die das Rückgrat stützen. Verspannungen bereiten Schmerzen und

Wie überzeugt man einen sturen Esel, sich zu bewegen?

zwingen in eine Schonhaltung, die zusätzlich die Bandscheiben belastet. Genug mit den Schauergeschichten. Um es kurz zu machen: Wenn Sie sich bewegen und Ihre Muskeln stärken, sind Rückenprobleme, Depression und Co. Fremdworte für Sie.

Muskeln wirken verjüngend! Bevor Sie von Muskeln reden können, müssen Sie diese natürlich trainieren, aufbauen, stärken. Und genau diese Arbeit hält Herz und Kreislauf in Schwung, kurbelt den Stoffwechsel und die Entgiftung an, hebt die Stimmung und wirkt gegen die freien Radikale im Körper, die den Alterungsprozess beschleunigen.

Der Körper produziert ständig diese ominösen Terroristen. Dabei handelt es sich um flüchtigen Atome oder Molekülfragmente, die sehr aggressiv sind. Sie stören und zerstören wichtige Funktionen und Strukturen im Körper. Dadurch entstehen Krankheiten, und der Organismus altert vorzeitig. Selbst Altersflecken sind ein Resultat freier Radikale.

Herrscht ein Ungleichgewicht zwischen Abwehr und Angreifern, steigt die Anzahl der freien Radikale über eine normale Konzentration, und es entsteht der sogenannte oxidative Stress. Auslöser sind Nikotin, Alkohol, Gifte, Medikamente, Stress, Verletzungen, Entzündungen, Leistungssport und selbstverständlich schlechte Ernährung, also das Leben an sich. Aber ein optimal trainierter Organismus stellt bei sportlicher Belastung eine größere Anzahl an Abfangjägern bereit, die die freien Radikale einfangen und unschädlich machen. Deswegen machen Muskeln jung und knackig.

Wie überzeugt man einen sturen Esel, sich zu bewegen?

Das Krafttraining stärkt außerdem die Knochen, denn wer seine Muskeln regelmäßig arbeiten lässt, regt die Knochenzellen an. Das schützt im Alter vor Osteoporose, denn schon jenseits der 40 nimmt die Knochenmasse ab. Dann übersteigt der Abbau den Aufbau. Ist der Verlust sehr stark, wird der Knochen brüchig, und man spricht von einer Osteoporose. Die droht uns allen jenseits der 50 wegen der hormonellen Umstellung. *Brauchen wir das?* Nein! Deswegen werden Sie ein harter Knochen und stemmen von nun an Gewichte. Je besser die Muskeln funktionieren, umso besser ist das für Knochenmasse und die Knochenfestigkeit.

Das Training mobilisiert auch die Gelenke, weil der Knorpelstoffwechsel besser funktioniert und die Gelenke dadurch beweglich und geschmeidig bleiben.

Symptome wie schnelle Erschöpfung, schlechtere Konzentrationsfähigkeit, löchriges Gedächtnis, Verlust der Kraft und Geschmeidigkeit, Rückgang der Muskelmasse oder schmerzende Gelenke sind nicht wirklich die Folge des Älterwerdens, sondern in erster Linie des Nichtgebrauchs.

Gutes Sitzfleisch ist kein Kompliment, sondern die Abrissbirne: Muskeln werden abgebaut, ihr Energiespeicher geplündert. Der Körper legt die kleinen Blut- und Nervenbahnen lahm, die zum Muskel führen; die werden ja nicht mehr gebraucht. Einen Teil wandelt er dann in Fett um als Vorrat für schlechte Zeiten, einen weiteren Teil entsorgt er einfach. Damit bleibt nur noch ein muskuläres Grundgerüst erhalten, das für die Alltagsbewegungen wie das Gehen gerade noch funktioniert. Aber für mehr, wie etwa Rennen, Treppensteigen oder sich ohne fremde Hilfe aus einem tiefen Sessel erheben, reicht das nicht mehr aus. Damit fallen Bewegungen schwerer, und das Sturzrisiko steigt.

Das alles hat überhaupt nichts mit dem Älterwerden oder den Wechseljahren zu tun, sondern nur damit, dass die Muskeln verkümmern. Deswegen sind Sie auch nur so alt wie Ihre Muskeln und nicht, wie die Anzahl der Kerzen auf Ihrer Geburtstagstorte behauptet.

Muskeln machen schön! Trainierte Muskeln, gute Haltung, schlanke Figur und strahlender Teint sind die Folge eines regelmäßigen Trainings. Untrainiert schleichen sich hingegen Haltungsschäden ein und werden zur Gewohnheit. Der Klassiker: gebeugter Rücken, hängende Schultern, gesenktes Kinn und herausgestreckter Bauch. Das Problem: Die Rückenmuskulatur überdehnt und leiert aus, Brustmuskeln verkürzen sich, der Schulter-Nacken-Bereich verspannt.

Brauchen wir das? Nein, denn das sieht alles andere als sexy aus. Also richten Sie sich auf, als würde Sie jemand an den Haaren nach oben ziehen. Machen Sie sich lang, recken Sie dabei das Kinn nach vorne, ziehen Sie die Schultern tief, die Schulterblätter zusammen und den Bauchnabel nach innen – die perfekte Haltung, die Ihren Körper in angenehmer Spannung hält und Sie mindestens drei Zentimeter größer und zum Blickfang macht.

Muskeln sind ein Korsett unter der Haut, das besser funktioniert als jede Bodyforming-Unterwäsche, und dieses Muskelkorsett ist auch noch unsichtbar, ein Vorteil, falls es mal zu einer ungeplanten Spontan-Entkleidung kommt, weil Sie sich vor Lust die Kleider vom Leib reißen. Ernte ich da ein müdes Lächeln?

Moment, das hatte ich vergessen zu erwähnen: Muskeln und Krafttraining steigern auch die Libido. Sie müssen es damit ja nicht gleich wie Schwarzenegger übertreiben. Aber testen Sie es! Vielleicht erleben Sie ganz neue Höhepunkte in den Wechseljahren. Denn Sport steigert auch den Flirtfaktor, weil er schlau und gewitzt macht. Und damit komme ich auch schon zum nächsten Argument:

Muskeln machen schlau! Sieht man manchem Bodybuilder ins Gesicht, mag man diese These kaum glauben. Theoretisch müssten Muskelprotze dann echte Intelligenzbestien sein. Keine Ahnung, was da falsch gelaufen ist, aber leider wird in der Regel nur der Muskelumfang und nicht der IQ gemessen. Aber wir sollten auch kein Urteil nur wegen des Aussehens fällen, sonst übersehen wir leicht die inneren Werte.

Sind unsere Muskeln aktiv, wird im Gehirn, aber auch in den Muskeln BDNF (*brain-derived neurotrophic factor*) gebildet. Diese Substanz regt das Gehirn dazu an, viele neue Nervenzellen und Synapsenverbindungen zu entwickeln. Je mehr Sie davon haben, umso besser klappt's auch mit dem Denken. Das Training regt auch bestimmte Hormone an, die den Strom der Gedanken und Geistesblitze sprudeln lassen. So kommen viele gute Ideen, die Sie auch noch beruflich voranbringen könnten. Voll krass, oder?

Muskeln machen entspannt! Auch hier ist es natürlich vorrangig der Weg zum weiblichen Popeye, der die Entspannung bringt. Denn der Kraftakt kann die Flucht-Kampf-Reaktion ersetzen, die in unserer Welt nicht mehr stattfindet, aber dringend nötig wäre, um den Stress abklingen zu lassen.

Ein moderates Kraft-Ausdauer-Training kann aus zweierlei Gründen eine Möglichkeit sein, den Stress des Alltags abzubauen. Zum Ersten schafft es ein Ventil. Nach einem hektischen Arbeitstag oder einer langen Autofahrt sind Gehirn und Körper mit Stresshormonen überflutet, der Blutdruck ist erhöht, die Atmung geht schneller, die Muskeln sind angespannt. Diese Energie konnte im Auto oder im Büro nicht abgebaut werden. Das gelingt nur durch Sport.

Zum Zweiten verbessert Sport die Stressfähigkeit. Die meisten Menschen empfinden die Empfehlung, aktiv zu werden, als Widerspruch: Jetzt bin ich erschöpft und abgespannt, jetzt soll ich auch noch Sport treiben? Och ne … Ja, denn es wurde nachgewiesen, dass körperliche Aktivität den Energielevel anhebt und nicht noch weiter senkt. Es gibt eine biologische Verbindung zwischen physischer Aktivität und Energie: Wenn das eine zunimmt, wächst auch das andere.

Stress fördert übrigens auch Osteoporose, weil das Stresshormon Cortisol das Knochenwachstum stört. Wer Stress und damit Cortisol abbaut, wird zum harten Knochen, auch in den Wechseljahren.

Sport bedeutet Eustress, also gesunden Stress. Ähnlich wie bei Saunaanwendungen, wo der Wechsel von Hitze und Kälte das

Wie überzeugt man einen sturen Esel, sich zu bewegen?

Immunsystem reizt und stärkt, gewöhnt sich der Körper bei der Anstrengung an diesen Eustress und verbessert seine Stressabwehrkraft. Voraussetzung: Das Training verläuft moderat, innerhalb der eigenen Belastungsgrenzen, man überfordert sich dabei nicht, trainiert regelmäßig, die Sportart macht Spaß und ist frei von Druck oder Leistungsgedanken. Unter der Woche nichts zu tun und am Wochenende dann alles aufholen zu wollen bewirkt jedoch genau das Gegenteil. Auch hier liebt unser Körper die Regelmäßigkeit und nicht die Ausnahme.

Bereits ein leichtes Training baut Stress ab, entspannt und stärkt das Nervenkostüm. Deswegen sind Sie, wenn andere schon durchdrehen, immer noch die Ruhe selbst. Körperliche Aktivitäten hellen bei Stress die Stimmung auf und entspannen. Und nach der Anstrengung schlafen Sie auch besser.

Die seelische Verfassung wirkt direkt auf den Körper, besonders gerne auf den Rücken, und auch bestimmte Stimmungen äußern sich in bestimmten Körperhaltungen. So sitzt etwa der Stress im Nacken, lastet auf den Schultern und führt zu angespannten Muskeln.

Wer jedoch ganz extrem unter Stress leidet, sollte zusätzlich Entspannungstechniken ausprobieren. Sie helfen gezielt dabei, ihn loszulassen. Autogenes Training sorgt für bewusste Entspannung. Verkrampfte Muskeln lösen sich durch progressive Muskelentspannung nach Jacobsen. Die asiatischen Bewegungstherapien Qigong und Tai-Chi-Chuan helfen durch fließende Bewegungen, Spannungen abzubauen. Yoga stärkt die Muskulatur und steigert das Körperbewusstsein. Da gibt es viele Möglichkeiten.

Wie überzeugt man einen sturen Esel, sich zu bewegen?

Aber nichts nervt mehr als Gesundheitsapostel, die ständig an unser Gewissen appellieren. Mensch, beweg dich! Und was bringt's? Wir sterben ja trotzdem, halt nur gesünder. Bewegungsmuffeln bereitet ja schon die pure Vorstellung, den Allerwertesten hochzukriegen und schwitzend durch die Pampa zu rennen, Höllenqualen. Gesundheit zieht nicht als Argument. Außerdem kostet ja jeder Sport mit Übergewicht auch viel mehr Kraft und Überwindung.

Wenn es überhaupt einen Grund für den Startschuss in ein »bewegtes« Leben geben kann, dann ist es der Spaßfaktor und der aufrichtige Wunsch nach Veränderung. Sie sind doch im Wechselmodus und in Ihrem Arbeitseifer bestimmt eine Naturgewalt. Ich verspreche Ihnen: Mit Muskeln gleiten Sie geschmeidig durch die Menopause. Denn wie Sie gerade gelesen haben, vertreibt das Training fast alle Beschwerden, die in den Wechseljahren auftreten können. Die körperliche Anstrengung stabilisiert das vegetative Nervensystem, was Hitzewallungen und Schweißausbrüche verschwinden lässt und den Puls normalisiert. Das Risiko für Brustkrebs, Osteoporose und Depressionen sinkt gewaltig. Forscher haben entdeckt, dass Menschen mit Depressionen und Alzheimer einen geringeren BDNF im Blut haben. Auch diese Substanz bauen wir beim Muskeltraining auf. Sie wirkt wie Doping fürs Gehirn, weil sie den Aufbau neuer Nervenzellen und Synapsenverbindungen im Gehirn anregt. Ohne BDNF würde das Gehirn verkümmern.

Wer sich täglich richtig verausgabt, hat ein besseres Körpergefühl. Der Stolz, etwas für sich und seinen Körper getan zu haben, beflügelt das Selbstbewusstsein. Das Kraft-Ausdauer-Training sorgt für Entspannung und hilft gegen Schlafprobleme, denn das Mehr an Bewegung lässt uns besser und tiefer schlafen. Und nach dem erholsamen Schlummer erwachen wir am nächsten Morgen erfrischt und munter. Das ist wie ein Bad im Jungbrunnen: Sie begeben sich auf Zeitreise und stellen dabei fest, dass Sie sich ja gar nicht in den Wechseljahren befinden. Sie haben den Reifungsprozess quasi gestoppt. Juhu!

FAZIT

Haben Sie bisher nach dem Motto gelebt: Warum Treppensteigen, wenn es einen Aufzug gibt? Dann können Sie diese energiesparende Einstellung jetzt getrost über Bord werfen. Diese Haltung ist echt old school!

Apfelpo statt Apfelbauch – ein Zweistufenplan

Klingt ja alles schön und gut, werden Sie möglichweise einwenden, aber um sich diesem Martyrium namens Sport freiwillig zu unterziehen, braucht es bei hartnäckigen Drückebergerinnen mehr als nur überzeugende Argumente. Die Anstrengung hat ja ein paar hässliche Begleiterscheinungen: Wir schwitzen, laufen rot an, röcheln nach Luft, stöhnen und ächzen, weil unsere Muskeln brennen, und spätestens am übernächsten Tag haben wir zum Dank auch noch einen krachenden Muskelkater, der uns derart hölzern durch die Gegend schleichen lässt, dass Pinocchio gegen uns wie ein Schlangenmensch wirken muss. Kann das alles wirklich gut sein? Ja!

Hätte, hätte, Fahrradkette … um die eigenen Ausreden für die eigene Faulheit nicht ständig hören zu müssen, gibt es zwei Möglichkeiten. Entweder Sie legen sich die Messlatte für den Erfolg so hoch, dass Sie bequem unten durchlaufen können, oder Sie lernen, auch die kleinsten Triumphe ausgiebig zu feiern. Ich kann Ihnen körperliche Anstrengung leider nicht erspa-

Apfelpo statt Apfelbauch – ein Zweistufenplan

ren, aber Sie könnten ja erst einmal ganz klein anfangen. Und mit meinem Zweistufenplan mache ich Ihnen den Einstieg in ein bewegtes Leben so leicht wie möglich.

Um Raketenstufe eins zu starten, legen Sie Ihre Latte eine Etage höher und sich eine gute Portion Alltags-ADHS zu, meint, Sie werden ab sofort im »normalen« Leben hyperaktiv. Das ist nun wirklich eine leichte Übung! Für Vielsitzer und Schreibtischtäter bedeutet das lediglich: Machen Sie es wie die Raucher, erheben Sie sich alle 30 Minuten von Ihrem Allerwertesten, und laufen Sie zwei, drei Minuten aufgeregt hin und her. Vertreten Sie sich die Beine, lockern Sie die Wirbelsäule, rollen Sie die Schultern vor und zurück. Nicht nur die Bandscheiben werden es Ihnen danken.

Telefonieren Sie ab sofort im Stehen, das heißt, springen Sie beim ersten Klingelton unaufgefordert auf und sprechen Sie in aufrechter Haltung ins Telefon. Und wieder gewinnen Sie ein paar Minuten pro Tag, die Sie nicht in der Sitzhaltung verkümmern. Ich habe mir ein paar High Heels neben das Telefon gestellt, in die ich bei längeren Telefonaten hineinschlüpfe. Der Effekt ist grandios: Kaum, dass ich in den Stöckelschuhen stehe, ist meine Haltung tadellos. Und selbst die Füße freuen sich über die neue Herausforderung. Ich laufe damit ja keinen Marathon, sondern nur ein paar Schritte auf und ab.

Stufe eins beinhaltet also: Wann immer Sie stehen statt sitzen können, tun Sie es. Wann immer Sie eine Treppe statt des Aufzugs oder der Rolltreppe nehmen können, steigen Sie mit eig-

Apfelpo statt Apfelbauch – ein Zweistufenplan

ner Muskelkraft nach oben. Und probieren Sie die Stufen auch mal in einem höheren Tempo oder gleich zwei Stufen auf einmal. Also nicht vergessen: Zum Erfolg gibt es keinen Lift, man muss die Treppe benutzen.

Von der Fitnessidee, Treppen auch mal einbeinig hinaufzuhüpfen, würde ich jedoch abraten. Mir scheint das Verletzungsrisiko höher als der Nutzen. Aber vermeiden Sie ab sofort jede Form der Bequemlichkeit im Alltag, benutzen Sie alles, was Ihnen in die Quere kommt, als Trainingsgerät. Und wenn dann jemand zu Ihnen sagt: »Mein Gott, hast du Hummeln im Hintern, kannst du nicht endlich mal Ruhe geben und dich hinsetzen?«, dann fassen Sie das als Kompliment und Bestätigung auf. Damit sind Sie nämlich auf der richtigen Spur.

Stufe eins bedeutet auch, dass Sie viele Strecken besser zu Fuß oder mit dem Fahrrad zurücklegen sollten als im Auto. Gehen statt fahren bringt Sie voran, in Stauzonen dazu noch schneller. Mit diesen einfachen Alltagsbewegungen lässt sich die Ausdauer ganz einfach nebenbei trainieren. Es genügt schon, sich in kleinen Portionen von jeweils mindestens zehn Minuten zu bewegen. Wenn Sie so mehr Bewegung in Ihren Alltag bringen, sammeln Sie Ihre Ausdauertrainingseinheiten ohne großen Aufwand. Und Kleinvieh macht ja bekanntlich auch Mist.

Wenn Sie Stufe eins verinnerlicht und in die Tat umgesetzt haben, sollten Sie nach ein, zwei Wochen Vorlaufzeit zum Vorglühen Stufe zwei zünden und endlich wie ein Silvesterknaller durch Raum und Zeit schießen. Damit verabschieden Sie sich aus der bequem gewordenen Komfortzone, verlassen die altbekannte Umlaufbahn und steuern schnurgerade in die unendlichen Weiten Ihres neuen Bewegungs-Biotops.

FAZIT

Sitzt du noch, oder lebst du schon? Nicht früher war, sondern jetzt wird alles besser – mit meinem Zweistufenplan.

Vom Ranzen zum Sixpack

Es gibt da ein japanisches Sprichwort, das besagt: »Zwischen Denken und Tun ist kein Hauch.« Das mag im Fernen Osten gelten, im Westen trifft das leider nicht zu. Um hier die Gesetze der eigenen Schwerkraft außer Kraft zu setzen, möchte ich Ihnen deshalb ein paar erfolgversprechende Varianten vorstellen, mit denen Sie die zweite Stufe meines Plans tatsächlich in die Tat umsetzen.

Möglichkeit Nr. 1: Sie leisten sich einen Personal Trainer. Dabei handelt es sich zugegebenermaßen um eine kostenintensive Luxusvariante. Vielleicht ein Geburtstagsgeschenk? Aber was nützt eine Stunde ... die Stundenlöhne bei den Personal Trainern liegen so zwischen 60 und 100 Euro, da kann bei einem regelmäßigen Trainingspensum ein ganz schönes Sümmchen zusammenkommen. Vielleicht verkaufen Sie Haus und Hof? Keine so gute Idee, okay.

Möglichkeit Nr. 2: Wenn Nummer eins Ihre finanziellen Möglichkeiten übersteigt, könnten Sie die Variante in Erwägung zie-

Vom Ranzen zum Sixpack

hen, sich in einem Fitnessstudio anzumelden. Der Vorteil: Hier trainieren Sie ebenfalls unter Anleitung, sowohl an Geräten als auch in den Fitnessstunden, aber in der Gruppe. Mit anderen zusammen trainiert es sich einfach leichter als in enger Zweisamkeit mit einem Coach, der einen nie aus den Augen lässt. Mogeln ist möglich, wäre aber nicht zielführend.

8,5 Millionen Deutsche betreiben Fitnesssport, und neun Prozent ackern regelmäßig in der Muckibude oder im Kieser-Studio – noch zu wenige. »Och«, werden Sie vielleicht sagen, »wo die Mitgliedskarte für mein Fitnessstudio ist, kann ich leider gerade nicht sagen.« Das ist das Hauptproblem, viele sind bereits irgendwo angemeldet, lassen sich aber nirgendwo blicken. Fitnessstudios lieben solche Untoten, die Karteileichen bringen Geld in die Kasse, machen aber keinen Ärger. Laut Statistik steigt jeder Zweite, der ein Fitnessstudio besucht, nach drei Monaten wieder aus.

Deswegen mein Rat: Unterschreiben Sie den Vertrag mit dem Studio nur, wenn Sie dort tatsächlich regelmäßig auftauchen werden und man Sie dort nach kurzer Zeit bereits mit Ihrem Vornamen begrüßt. Vereinbaren Sie zuvor einen Probemonat, oder wenn das nicht geht, leisten Sie sich zuerst nur eine Zehnerkarte. Kaufen Sie nicht die Katze im Sack, sondern testen Sie das Fitnessstudio, sein Angebot und vor allem die Lebensdauer Ihres Enthusiasmus.

Wenn Ihr Interesse an regelmäßigen Trainingsstunden im Fitnessstudio schnell erlahmt, wird das nichts, und für ein Leben als Karteileiche sind Sie definitiv noch zu jung. Nur wenn Sie

Spaß daran haben und Zeit für drei bis vier wöchentliche Besuche finden, besteht eine realistische Chance, dass Sie am Ball bleiben und sich der finanzielle Einsatz wirklich lohnt. Das Studio sollte für Sie gut erreichbar sein, alles, was den Weg dorthin erschwert, wird Sie über kurz oder lang davon abhalten, dorthin zu gehen. Ein gutes Studio bietet Trainingsstunden auch abends, nach der Bürozeit an.

Zeit könnte ein grundsätzliches Handicap bedeuten, denn wenn wir den Hin- und Rückweg, die Parkplatzsuche plus den Aufenthalt zusammenrechnen, können da schnell mehr als 90 Minuten zusammenkommen. Haben Sie die mindestens viermal pro Woche? Denn so oft sollten Sie mindestens trainieren, sonst wird das ja nichts mit dem Bewegungs-Burn-out. Hier hapert es bei vielen, und deswegen möchte ich Ihnen eine dritte, zeitsparende Variante schmackhaft machen.

Möglichkeit Nr. 3: Holen Sie sich Ihr Fitnessstudio ins Wohnzimmer. Das ist auch die perfekte Lösung für alle, die nicht über die Hemmschwelle kommen. Falls Sie nun bereits bei Amazon durch die Angebote von Hometrainern scrollen, haben Sie mich missverstanden. Ich bin überhaupt kein Fan dieser monströsen Gerätschaften in Wohn- oder Schlafzimmer oder – noch schlimmer – im Keller. Wer geht denn fröhlich und freiwillig in den muffigen Keller, um dort zu trainieren? Nein, mein Vorschlag ist ein virtuelles Fitnessstudio. Interessiert?

Als ich vor einigen Monaten aus der Stadt aufs Land umgezogen bin, gab es plötzlich kein Fitnessstudio mehr weit und breit.

Vom Ranzen zum Sixpack

Anfangs versuchte ich, alleine zu Hause zu trainieren, Gewichte zu stemmen und durch die Pampa zu joggen. Es mag Menschen geben, die es geschafft haben und sich durch Besessenheit auszeichnen; sie laufen jeden Tag kilometerweit um ihr Leben, stemmen täglich einen Kleinwagen, alle Gewichte zusammengerechnet, treiben sich selbst zu Höchstleistungen an und turnen bis zur Urne. Ich zähle leider nicht dazu.

Ich brauche jemanden, der mich in den Allerwertesten tritt, so einen Drill Sergeant, der mich antreibt, motiviert und lobt. Der muss nicht in Fleisch und Blut vor mir stehen, ein virtueller tut es auch. Und so einen Personal Trainer gibt es frei Haus, umsonst, allzeit bereit – via YouTube.

Gehen Sie einfach online! Schalten Sie Ihren Computer ein, öffnen Sie Ihren Internetbrowser und geben Sie www.youtube.de ein. In dem Videoportal gibt es oben ein Suchfenster, in das Sie verschiedene Begriffe eingeben können, zum Beispiel Work-out, Bauchmuskeltraining, Pilates, Yoga, Muskeltraining, Stretching, Entspannung usw.

Ganz egal, für welchen Begriff Sie sich als Suchkriterium entscheiden, solange es nicht »Nichtstun« oder »Nullbewegung« ist, finden Sie zu jedem Wort ein unendliches Angebot. Irgendwelche Menschenfreunde haben sich eigens dafür vor einer Kamera positioniert und demonstrieren Ihnen ein Work-out, ein Bauchmuskeltraining, eine Pilates- oder Yoga-Session, ein Muskeltraining oder ein Stretching.

Als Fitness-YouTuber finden Sie viele sinnvolle Anleitungen, die Sie Ihrem Traumkörper näher bringen. Die Videos sind von unterschiedlicher Länge und natürlich auch von unterschiedlicher Qualität. Machen Sie sich die Mühe und surfen Sie – dabei dürfen Sie sitzen – einmal durch das YouTube-Angebot, es ist schier unerschöpflich. Und falls Sie noch nicht wissen, wie frau ein perfektes Steak brät, finden Sie auch dazu gute filmische Anleitungen.

Zu der Verwandlung von einem mit Meno-Speck behafteten Wrack in den Wechseljahren in eine schlanke, energiegeladene Gazelle gehören nur ein paar einfache Wertvorstellungen: Was ist gut für mich, wie viel davon und ab wann? Fragen, auf die Sie die Antworten inzwischen kennen sollten. Falls nicht, sollten Sie das Buch noch einmal von vorne lesen.

Auch für die Möglichkeit Nr. 3 in meinem Zweistufenplan müssen Sie sich in Bewegung setzen, denn wer nur nach dem Motto »eigentlich hatte ich heute viel vor, jetzt habe ich morgen viel vor« lebt, kommt auch hier nicht voran. Also zurück zum Training, das Sie schon gar nicht mehr erwarten können. Ich möchte Ihnen ein paar Seiten vorschlagen, die ich gefunden, getestet und für gut befunden habe. Die Videos gibt es umsonst, aber ein paar Utensilien müssen Sie sich je nach Trainingsmethode anschaffen.

Was Sie brauchen, ist ein Computer, Laptop oder Tablet mit Internetzugang. Falls möglich, schließen Sie das Gerät mittels eines HDMI-Kabels an Ihren Fernseher an, um ein größeres Bild zu bekommen. Das schaffen Sie alleine, dazu brauchen Sie keinen starken Arm! Das Verbindungskabel, das das Bild vom kleinen Computerbildschirm auf den größeren Fernseher proji-

Vom Ranzen zum Sixpack

ziert, gibt's für ein paar Euro in jedem Elektroladen. Falls Ihnen der Computerbildschirm von der Größe her reicht, auch gut.

Außerdem brauchen Sie etwa zwei Meter Platz vor dem Computer oder Fernsehgerät als Bewegungsradius für Ihre Turnübungen; Sitzriesen kalkulieren mit etwas mehr Fläche.

Des Weiteren benötigen Sie eine Trainingsmatte, die es in allen Farben ab circa 20 Euro aufwärts gibt, sowie ein paar Hanteln. Für den Anfang würde ich ein Set empfehlen, das aus zwei Hanteln besteht, mit je einem Kilo, und ein zweites Set mit je zwei Kilo. Die kosten jeweils ab circa zehn Euro, und es gibt sie aus Kunststoff in vielen hübschen Farben. Für etwa 50 Euro sollte das ganze Equipment zu beschaffen sein, eine Investition, die sich lohnt.

Es kann auch nicht schaden, über ein paar Englischkenntnisse zu verfügen, da die meisten guten Videos aus den USA kommen und die Trainer eben englisch sprechen. So können Sie nebenbei auch Ihre Sprachkenntnisse trainieren. Wenn Sie das alles parat haben, sind Sie optimal gerüstet, um zum Beispiel mit meiner YouTube-Fitnessqueen namens Jillian Michaels anzufangen.

Mit ihr verbindet mich eine große Hassliebe. Während ich mich in meinem Wohnzimmer ächzend und stöhnend durch ihr circa 20-minütiges Kraft-Ausdauer-Training quäle, verfluche ich sie; »Bitch« ist dabei noch eine der netteren Beschimpfungen.

Jillians Training ist eine echte Herausforderung, und in den USA ist sie so bekannt wie bei uns die Kickboxerin Dr. Christi-

Vom Ranzen zum Sixpack

ne Theiss. Aber sobald das Programm zu Ende und der Schweiß abgetupft ist, liebe ich Jillian wieder von ganzem Herzen. Denn für den Erfolg ihres Work-outs namens »Ripped in 30 days« finde ich kaum Worte. Schade, dass Sie mein breites Grinsen nicht sehen können. Ich hoffe sehr für Sie, dass »Ripped in 30 days« immer noch bei YouTube zu finden ist, wenn Sie gerade dieses Kapitel lesen. Probieren Sie es aus! Falls nicht, finden Sie ein anderes, aber genauso schreckliches Fitnessprogramm an dieser Stelle. Jillian liebt es, uns zu Höchstleistungen zu quälen, und denkt sich ständig neue Programme aus.

Ich habe in meinem Leben wirklich viele Work-out-Varianten ausprobiert, aber keines hat so schnell und effizient meinen Körper optimiert wie dieses. Das gibt es natürlich auch als DVD zu kaufen, aber starten Sie erst einmal mit der kostenlosen Version auf YouTube, und wenn Sie Spaß daran finden, bestellen Sie sich die DVD.

Jillians Trainingsmethode ist höchst zeitgemäß und arbeitet nach dem HIT-Prinzip, High Intensity Training: kurz und intensiv, also schmerzvoll. Ich erkläre das Prinzip etwas später ausführlich. Die Muskeln brennen, der Puls erreicht schwindelerregende Höhe, und knapp vorm Kollaps ist es schon wieder vorbei. Genial! Ich war noch nie so fit wie jetzt mit über 50! Kein Witz.

Meine geliebte Jillian arbeitet in drei Intervallen: Nach einem kurzen Aufwärmen quält sie mich mit einem dreiminütigen Krafttraining, gefolgt von einem zweiminütigen Herz-Kreislauf-Training, an das sich das einminütige Bauchtraining an-

Vom Ranzen zum Sixpack

schließt. Das erste Intervall hat also sechs Minuten, es folgen zwei weitere, aber mit anderen Übungen, damit keine Langeweile aufkommt.

Sie hat jeweils zwei Mitturnerinnen dabei, eine demonstriert eine leichtere Variante für Einsteiger, die andere zeigt die Hardcore-Variante für die Cracks. Außerdem erklärt sie jede Übung und weist auch auf die korrekte Ausführung und richtige Haltung hin. Man kann da eigentlich nicht viel falsch machen, denke ich, außer nicht mitzumachen.

Alles in allem muss man sich kurz aufwärmen, dann 18 Minuten quälen, und am Ende folgt ein leichtes Stretching, bei dem der Puls wieder heruntergeht und frau ihre Fassung zurückgewinnt. Wenn Sie eines dieser 30-Tage-Programme durchgestanden haben, sind Sie nicht mehr die Alte! Ich schwöre es. Nach nur vier Wochen werden Sie spürbar gestählte Muskeln haben, Ihre Haltung, Ihr Körperbewusstsein und Ihre Ausdauerleistung werden top sein, nebenbei werden Sie Ihr Gleichgewicht und Ihre Koordination perfektioniert haben – das perfekte Training.

Wer jedoch bei minus null anfängt, sollte sich nicht gleich mit Drill Sergeants wie Jillian Michaels herumschlagen. Alternativ empfehle ich Ihnen Tracy Anderson und Tiffany Rothe sowie die Seiten von FitnessBlender. Stöbern Sie einfach ein wenig und probieren Sie aus, was Ihnen am besten zusagt und Ihrem aktuellen Fitnessstatus entspricht. Darüber hinaus gibt es im Internet auch deutsche Fitnessangebote und viele, die mit Ge-

Vom Ranzen zum Sixpack

bühren verbunden sind. Vielleicht finden Sie etwas, was Ihnen gefällt. Auch gut.

Wenn Sie gerne Yoga, Pilates oder Zumba machen, finden Sie auf YouTube dazu ebenfalls Trainingsanleitungen. Dort ist eben alles möglich, nur für Ausreden gibt es keine Chance mehr. Dafür die Qual der Wahl. Und das führt mich zu meinem letzten Vorschlag.

Möglichkeit Nr. 4: Machen Sie in puncto Sport etwas, was Sie noch nie getan haben. Bei Begriffen wie Slackline oder TRX sollten Ihnen die Ohren klingeln. Neugierig geworden? Wunderbar.

Als Fan von Trendsportarten möchte ich Ihnen ein paar moderne Trainingsgeräte für zu Hause empfehlen, mit denen Sie zum Teil ein funktionelles Training absolvieren, zum Teil einfach nur perfekt Ihre Muskeln trainieren können: Slackline, TRX, XCOs und den Jumper.

Was ist eine **Slackline?** Seit einem Jahr wohne ich nicht mehr in der Stadt, sondern auf dem Land, und bin seitdem glückliche Besitzerin eines Gartens. Dort stehen zwei große alte Bäume im Abstand von zehn Metern, und dazwischen habe ich eine Slackline gespannt. Sie haben das vielleicht schon mal in einem Park gesehen; dort treffen sich inzwischen viele junge Leute, um über ein Seil zu gehen. Die Jugend von heute lungert nicht mehr draußen herum und vertrödelt sinnlos Zeit – das sollte Ihnen ein Vorbild sein.

Vom Ranzen zum Sixpack

Die Slackline ist ein fünf Zentimeter schmales Nylonband, das sowohl hin- und herschwingt als auch von oben nach unten, also eine ziemlich wackelige Angelegenheit. Und was mache ich als Ü50 damit? Ich hänge dort keine Wäsche auf, sondern gehe auf der langen Leine auf und ab und balanciere jeden Tag ein paar Minuten auf dem Seil.

Es hat etwa zehn Tage gedauert, bis ich die ersten Schritte ohne helfende Hand oder stützenden Besenstil alleine bewältigen konnte. Aber dann wurde es mit jedem Tag besser, und inzwischen gehe ich auf der Slackline auf und ab, als hätte ich mein ganzes Leben nichts anderes getan. Wozu das gut sein soll? Die Slackline hat alle meine Muskeln angesprochen und gestärkt, mein Gleichgewicht geschult und mich selbst am meisten überrascht: Es geht ja noch was. Und eine bessere Sturz-Prophylaxe gibt es nicht; wer auf einem Bein leichtfüßig auf einem Seil balancieren kann, steht erst recht mit beiden Beinen fest auf dem Boden.

Auch das **TRX** besteht aus Nylonseilen. Während die Slackline ein reines Outdoor-Trainingsgerät ist, funktioniert das TRX drinnen wie draußen. Es besteht aus zwei Nylonschlingen und einem Befestigungsgurt. Damit sollen Sie sich nicht erhängen oder strangulieren, sondern einfach in den Seilen hängen und dabei Ihren Körper stählen. Die Nylonschlingen werden drinnen oben zwischen Tür und Türrahmen geklemmt, im Freien an einem Baum oder Zaun fixiert, und los geht's. Das eigene Körpergewicht dient als

Vom Ranzen zum Sixpack

Trainingswiderstand, und das ist ja inzwischen nicht unerheblich.

Die Übungen mit dem TRX machen wirklich gute Muckis und treiben den Puls nach oben, ein ebenfalls erwünschter Effekt. Mit ihm kann man im Haus, Garten, auf dem Balkon, im Park und im Urlaub trainieren, nur nicht im Auto! Ein Ganzkörper-Work-out braucht nur 20 Minuten. Wie die Technik funktioniert, können Sie im Internet sehen unter https://de.trx-training.com/. Das Set kostet ab circa 60 Euro, dazu gibt es die Anleitung auf DVD, aber auch als App fürs Handy oder als Video auf YouTube.

Mit dem TRX können Sie ein funktionelles Training absolvieren; das ist sehr in, weil es Alltagsbewegungen trainiert. Diese moderne Trainingsvariante hat ihren Ursprung in der Physiotherapie, wurde aber in den USA schon lange im Spitzensport eingesetzt. Anders als beim klassischen Muskeltraining oder Bodybuilding an Fitnessgeräten werden dabei nicht einzelne Muskelgruppen isoliert trainiert, sondern der ganze Körper beansprucht. Das stabilisiert die Gelenke, stärkt den Rumpf, verbessert Kraft, Schnelligkeit, Koordination, Beweglichkeit und setzt leichte Ausdauerreize, da der Puls nach oben geht. Außerdem fordern die komplexen Übungen auch das Gehirn. Funktionelles Training eignet sich für Geübte und Einsteiger oder ältere Menschen.

Ein anderes Trendsportgerät sind die **XCOs.** Was dem Nordic Walker die Stöcke, sind dem Läufer diese kleinen Hanteln. Die

Vom Ranzen zum Sixpack

Schwungmasse macht's: Die je 600 Gramm leichten Hanteln mit Handschlaufen bestehen aus Aluminiumröhren, die zum Teil mit Granulat gefüllt sind. Kostenpunkt: ab circa 80 Euro, DVD inklusive. Durch ein dynamisches Auf-und-ab-Bewegen dieser Hanteln wird das Granulat hörbar von einer Seite zur anderen geschleudert. Und während Nordic Walker unmotiviert umherlaufen und ihre Stöcke auf dem Asphalt schleifen lassen, wandern Sie dynamisch voran und geben dabei rasselnd den Ton an.

Vor allem ältere Jahrgänge greifen ja gerne zu den Stöcken und marschieren damit durch Städte, Parks und Wälder. Nordic Walking wurde eigentlich als Sommertrainingsmethode von den Ski-Langläufern, Biathleten und Kombinierern genutzt. Im Unterschied zum reinen Walking soll der Einsatz der Stöcke die Bewegungsintensität verstärken. Aber mal ehrlich: Bei den meisten verkümmern die Stöcke zur Gehhilfe und schrappen nur über den Asphalt, statt als Trainingsgerät eingesetzt zu werden. Ich persönlich habe noch nie jemanden gesehen, der die Stöcke richtig verwendet hat; Zahnstocher hätten da auch gereicht. Deshalb sind die XCOs eine gute Alternative, weil sie das Schummeln verhindern. Wie die Technik funktioniert, sehen Sie im Internet unter www.xco-Trainer.de.

Die XCOs sprechen während des Laufens oder Gehens Arme, Schultern, Bauch und Rücken an. Das Hin und Her der Hanteln trainiert aber auch im Stehen, Sitzen oder Liegen das tief liegende Bindegewebe und die Tiefenmuskulatur von Armen und Oberkörper. Sie müssen sich damit also nicht vor die Tür wagen und wie eine Dampfwalze durch den Park jagen, mit

Vom Ranzen zum Sixpack

den XCOs können Sie auch ganz gemütlich im Wohnzimmer im Stehen und im Liegen arbeiten. Das mache ich persönlich lieber, als damit herumzulaufen.

Wo auch immer Sie damit trainieren, die XCOs aktivieren den ganzen Körper, trainieren Herz und Kreislauf, heizen die Fettverbrennung an und steigern den Kalorienverbrauch um 30 Prozent. Das Auf-und-ab-Schleudern der XCOs wirkt körperstraffend, schult die Körperwahrnehmung und verbessert das Rhythmusgefühl.

Der **Jumper** ist das letzte Trendsportgerät, das ich Ihnen hier vorstellen möchte und das ausnahmsweise mal nicht aus den USA kommt, sondern in Prien am bayerischen Chiemsee erfunden wurde. Der Jumper erinnert an einen halben großen Ball. Das Ballonkissen hat 52 Zentimeter Durchmesser, eine ausgeprägte Rückfederung und gibt Schwingungen direkt an den Sportler zurück.

Sprungübungen auf dem Jumper trainieren gleichzeitig Ausdauer, Gleichgewicht, Kraft und Koordination. Das Intervall-Training kurbelt die Fettverbrennung an, verbessert die Balance und stärkt das Herz-Kreislauf-System. Anfangs hat mich das schnell an meine Grenzen gebracht, aber mit der Zeit hat sich meine Jumper-Kondition verbessert.

Das Trainingsgerät wird inzwischen vielfach in Fitnessstudios beim Power-Work-out eingesetzt, gibt es aber auch für zu Hause mit einer Anleitungs-DVD. Leider ist es nicht ganz billig: Circa 150 Euro müssen Sie dafür berappen.

Vom Ranzen zum Sixpack

Ich liebe Trendsportarten, nicht alle machen Sinn, viele aber Spaß, und sie trainieren spielerisch den Körper auf höchst effektive Weise. Probieren Sie es aus, seien Sie mal wieder Kind, trauen Sie sich! Testen Sie verschiedene Sportarten, denn das Training muss in erster Linie Freude machen. Das ist die beste Garantie, dass eine Fortsetzung folgt und die Aktion nicht zum »One-Hit-Wonder« wird – einmal ganz oben, und dann nie mehr was davon gehört.

Bevor Sie Ihre Wahl treffen, möchte ich Ihren Fokus jedoch auf alle Trainingsvarianten richten, die mit Muskelaufbau und Muskelkräftigung verbunden sind. Warum sonst würde ich hier seitenweise über die Wohltaten der Muskeln fabulieren?

Viele glauben, dass Ausdauertraining, also Laufen und Co., schlank macht. Aber tatsächlich ist es das Muskeltraining. Deshalb sollte der Muskelaufbau erste Priorität haben. Bevor Sie joggen gehen, stemmen Sie lieber die Hantelstange. Mit Workouts wie beispielsweise von Jillian Michaels sind Sie auf der richtigen Seite. Wenn Sie Spaß daran finden, mit Hanteln und Gewichten Ihre Muskeln zum Glühen zu bringen, umso besser.

Ihre Muckis werden Ihnen diese Quälerei danken. Die positiven Veränderungen machen sich sehr schnell bemerkbar: Schon nach zwei Tagen verbessert sich die Energiebereitstellung im Muskel, nach zwei Wochen sind die Muskeln leistungsfähiger, die Kräftigung ist bereits nach vier Wochen spürbar. Und nach nur acht Wochen regelmäßigem Krafttraining sind die Muskeln messbar gewachsen und sichtbar straffer. Innerhalb eines Jahres lässt sich die Muskelkraft um 100 Prozent steigern. Das gilt übrigens auch für ältere Einsteigerinnen Ü60 oder Ü70.

Muskeln lassen sich bis ins hohe Alter aufbauen und spielen zu jeder Lebenszeit eine unschätzbare Rolle: Nur mit trainierten Muskeln bleiben wir mobil und selbstständig. Sie verleihen uns Kraft, stabilisieren Wirbelsäule und Gelenke, schützen vor Stürzen sowie Verletzungen und sorgen zudem für starke Knochen. Und wo sich Fettzellen nicht ausbreiten, hat auch Cellulitis keine Chance.

Was das Pensum betrifft, genügen maximal 30 Minuten pro Tag völlig, fünf- bis sechsmal pro Woche wäre ideal. Dann haben Sie ruckzuck Muskeln und Nerven wie Drahtseile.

FAZIT

Das Mikado-Lebensprinzip »Wer sich zuerst rührt, hat verloren« ist old school. Wer in ist, ist in YouTube. Also bitte rühren.

So wird die Menopause zum HIT

Mädelsausflug ins Freibad. Nicht immer, aber immer öfter verabreden wir uns je nach Anlass und Jahreszeit mal zu einem Ausflug – ohne Anhang wohlgemerkt – auf den Weihnachtsmarkt, aufs Oktoberfest oder eben ins Freibad wie dieses Mal.

Alle außer Susanne waren bereits da, sie traf wie immer als Letzte ein. Sie liebte den großen Auftritt. Yvonne sah sie kommen, sprang überraschend wendig von ihrem Handtuch auf und lenkte mit einem peinlich lauten »Huhu, hier sind wir!« nicht nur Tanjas Aufmerksamkeit in unsere Richtung.

Bislang hatte uns niemand weiter zur Kenntnis genommen. Ü50 geht auch mit einer gewissen Unsichtbarkeit einher, vor allem was Männer betrifft. Aber mit ihrem »Huhu« waren wir ins Blickfeld gerückt, und alle starrten Yvonne an, wie sie mit einem angewinkelten Arm, den sie eng an den Körper gepresst hatte, und einem neckischen Fingerspiel Tanja heranwinkte.

»Um Himmels willen, Yvonne, lass das«, herrschte Carina sie an. »Du bist nicht Queen Mum.«

»Ja, das ist voll peinlich«, stimmte ich zu. »Wenn du die Elefantenohren an den Unterarmen loswerden willst, um vernünftig zu winken, kann ich dir eine super Trizepsübung zeigen.« Die anderen rollten nur mit den Augen. »Dann eben nicht«, maulte ich eingeschnappt.

Susanne breitete ihr Handtuch aus und sank erschöpft zu Boden. So lagen wir eine Zeit lang schweigend nebeneinander aufgereiht, genossen die Sonne und beobachteten andere Menschen. Ein junger Mann trug seine Angebetete zum Becken, die sich heftig dagegen wehrte. Susanne seufzte: »Ich möchte auch mal wieder auf Händen getragen werden.«

»Hast du mal auf die Waage geschaut?«, knallte ihr Yvonne an den Kopf.

Susanne öffnete empört den Mund, klappte ihn aber sofort wieder zu, als sie unsere betretenen Mienen sah. Die sprachen offensichtlich Bände, obwohl keiner von uns auch nur eine Silbe über die Lippen gekommen war.

Unter Freundinnen gilt es als unausgesprochenes Gesetz, nicht über die Figur der anderen zu reden, geschweige denn zu lästern, es sei denn, sie selbst fängt mit diesem heiklen Thema an. Susanne hatte den Startschuss gegeben und unseren Fokus auf ihren beachtlichen Bauch gelenkt, der trotz Badeanzug nicht zu übersehen war. Selber schuld.

Wer gezwungenermaßen die Hüllen fallen lassen muss, weil das an Orten wie in einem Freibad zum Verhaltenskodex gehört, wird damit natürlich auch unwillkürlich zum Objekt für anatomische und sonstige Studien.

So wird die Menopause zum HIT

»Ich esse fast nichts mehr«, jammerte Susanne, »aber ich nehme kein Gramm ab.«

»Aber du musst essen, um abzunehmen«, erwiderte Tanja, »sonst landest du in der Jo-Jo-Falle.«

»Ja, ja«, stimmten wir alle zu und nickten einträchtig.

»Warum versuchst du es nicht mal mit Sport?«, schlug Carina vor – ein Klassiker aus dem Bereich »Figur retten XXL«.

»Mit Sport kannst du nicht abnehmen«, mischte ich mich ein, »das ist eine Illusion, außer du trainierst für einen Marathon. Da bestünde eine geringe Chance, Fett zu verlieren.«

Susanne ignorierte meinen Einwand. »Ich finde es einfach sterbenslangweilig, durch den Wald zu rennen, oder schlimmer noch auf einem Laufband, oder zu schwimmen wie da.« Susanne deutete auf eine Frau im Wasser, die Bahn um Bahn durchs Becken pflügte. »5000 Meter zu schwimmen und nie irgendwo anzukommen, das grenzt doch an Masochismus.«

»Bringt auch nicht viel«, unkte ich. »Dieses stundenlange Hin-und-her-Schwimmen, noch dazu in diesem Schneckentempo, verbrennt vielleicht 300 Kalorien.«

»Aber es ist doch gut für die Muckis«, meinte Yvonne, in deren Augen ich bereits zum Muskel-Maniac abgestempelt war.

»Unerheblich, wenn man den zeitlichen Aufwand betrachtet«, winkte ich ab. »Wie lange ist die da schon drin?«

»Die war schon am Schwimmen, als wir kamen«, sagte Carina. »Also mindestens eine Dreiviertelstunde.«

»Ein Albtraum«, stöhnte Susanne.

219

»Aber schwimmen soll doch gesund sein und wird bei Übergewicht empfohlen, weil es die Gelenke schont«, gab Tanja zu bedenken.

»Schon, aber wenn es kaum was bringt ...« Ich klopfte auf meinen flachen Bauch. »Uns läuft die Zeit davon.«

Yvonnes Mine verdüsterte sich. »Du immer ... du hast halt gute Gene.«

»Pfff«, stieß ich ungeduldig hervor. »Faule Ausreden.«

»Ich will in Würde altern und nicht an diesen Selbstbeobachtungen verzweifeln«, jammerte Susanne weiter.

»In Würde altern?« Carina schlug die Hände über dem Kopf zusammen.

»Papperlapapp«, widersprach ich Susanne entschieden, »aber ihr habt Glück, ich habe heute mein Spendierhöschen an. Ich spendier euch ausnahmsweise einen bösen, bösen Eiskaffee, der soll hier nämlich ganz lecker sein, und dabei bekommt ihr eine weitere Vorlesung über den Sinn oder Unsinn von Sport. Da braucht ihr gar nicht solche Grimassen zu schneiden.«

Es entstand eine kurze Gesprächspause, in der man die Gedanken über das Für und Wider zum Thema Eiskaffee und meinen bevorstehenden Vortrag förmlich hören konnte. »Okay«, lautete das einstimmige Urteil nach der kurzen Abwägung. Mit einer Kalorienbombe wie dieser kriegte ich sie immer.

»Bauch rein, Schultern zurück, Brust raus, Kinn hoch«, lautete mein Kommando. Und so wackelten wir fünf Grazien mit erhobenem Haupt und durchgedrücktem Kreuz zum Kiosk und ernteten auf unserem Marsch durchs Freibad ein paar durchaus

So wird die Menopause zum HIT

interessierte und wohlmeinende Blicke, die mir selbstverständlich nicht entgingen.

Und während wir unseren Eiskaffee schlürften, erklärte ich meinen Freundinnen, warum kurz, aber heftig in puncto Sport nicht nur Zeit spart, sondern auch besser ist als lang und langweilig. Hier die Zusammenfassung ohne Eiskaffee für Sie.

Wer mit Ausdauersportarten wie Laufen, Walken, Schwimmen, Radfahren, Inline skaten, Rudern, Langlauf und Co. seinen Körper regelmäßig einer kontinuierlichen Belastung aussetzt, kommt natürlich in den Genuss vieler gesundheitlicher Vorteile. Ausdauersport entspannt, verbessert die Stressresistenz, senkt den Blutzuckerspiegel, trainiert Herz- und Kreislauf, blablabla. Haben wir hundertausendmal gehört und gelesen. Wenn es so toll ist, warum tun's dann nur so wenige oder so ungern?

Wir bewegen uns eben nicht in der Schwerelosigkeit. Es kostet Überwindung und Durchhaltevermögen, die eigene Schwerkraft zu überwinden, denn Laufen, Walken, Schwimmen und Co. sind auf Dauer oft langweilig, und der sichtbare Erfolg lässt ziemlich lange auf sich warten. Im nächsten Leben von den positiven Folgen zu zehren ist keine Option: Wir wollen alles, und das sofort!

Außerdem sieht es bei den meisten seltsam aus, wenn sie schwitzend, schnaufend und mit hochrotem Kopf durch den Park joggen und dabei von Spaziergängern überholt werden. Wenigstens schützen die Kopfhörer und die laute Musik davor,

So wird die Menopause zum HIT

das Gespött der anderen zu hören. Niemand jubelt einem dabei zu oder signalisiert mit einem ausgestreckten Daumen seine Anerkennung für die freiwillig auferlegte Mühsal.

Bis vor wenigen Jahren galt ja noch die Empfehlung, mindestens eine Stunde bei gleichbleibender und mäßiger Geschwindigkeit zu laufen, damit die Fettverbrennung in Gang käme. Alles Quatsch, wie wir heute wissen, denn die Fettverbrennung startet mit dem ersten Schritt. Und wer hat schon Zeit, regelmäßig mindestens eine Stunde durch die Pampa zu rennen? Ich nicht, aber ich schaffe es fast immer, eine halbe Stunde zu Hause zu trainieren. Tatsache ist: Was wir Amateure als Ausdauersport betreiben, trägt nicht wirklich dazu bei, viele Kalorien und viel Fett zu verbrennen und viele Muskeln aufzubauen. Der Effekt ist verschwindend gering. Dafür haben wir Ü50 einfach nicht mehr genug Zeit. Natürlich sollten Sie weiter durchs Becken pflügen oder auf dem Laufband rennen, wenn es Ihnen Spaß macht. Ich möchte Ihnen das auf keinen Fall ausreden, aber ich möchte Sie hier mit dem High Intensity Training, kurz HIT genannt, vertraut machen, weil Sie damit in kürzerer Zeit mehr erreichen können.

HIT beschreibt ein kurzes, schnelles, aber sehr intensives Intervalltraining: Kurze, intensive Belastungsintervalle wechseln sich mit längeren, ruhigen Phasen ab. Das entspricht dem Aktivitätsmuster unserer Urahnen und steckt noch in unseren Genen. Deswegen fühlen wir uns manchmal wie Ötzi, der geistert immer noch durch unsere DNA.

222

So wird die Menopause zum HIT

Zu einer Zeit, als Übergewicht ein allgemein gehegter Wunsch, aber wegen des Fehlens von Supermärkten und Dönerbuden eine Illusion war, legten die Jäger und Sammler auf der Suche nach Essbarem lange Strecken im ruhigen Tempo zurück, um dann für die Jagd kurze Sprints einzulegen. Und genau dieses Bewegungsmodell imitiert das High Intensity Training.

Das Plus des HIT: Es setzt intensive Reize und stimuliert so die Körperzellen. Die brauchen genau diesen »Stress«. Unsere Körperzellen müssen immer wieder an ihre Grenzen gebracht werden, um sich positiv weiterentwickeln zu können. Zellen, die nicht stimuliert werden, degenerieren.

Lohnt sich die Quälerei à la Neandertaler? Ja, denn schon nach einem Monat Training gibt es messbare Veränderungen. Die Fitness verbessert sich im Schnitt um circa 20 Prozent. Der Körperfettanteil sinkt, während die Muskelmasse wächst. Die Vorteile gegenüber einem klassischen Ausdauertraining: Es dauert nur halb so lang, sorgt für schnellen Formanstieg und verbrennt viel mehr Kalorien.

Laut Studienlage ist das HIT-Prinzip einem herkömmlichen Ausdauertraining weit überlegen. Untersuchungen haben gezeigt, dass Sportler, die kürzer, aber intensiver trainieren, sich in allen Bereichen schneller verbessern. Der Wechsel aus maximaler Anstrengung und Ruhephasen macht's. Wichtig ist nur, bei den anstrengenden Passagen wirklich an die Leistungsgrenze zu gehen.

Da unsere Urahnen barfuß unterwegs waren, hat barfuß zu laufen auch bei uns inzwischen viele Anhänger gefunden.

Statt dämpfender Sportschuhe tragen Läufer handschuhähnliche Spezialschuhe, die lediglich die Fußsohle vor Verletzungen schützen, aber das Gefühl des Barfußlaufens vermitteln. Diese Variante empfiehlt sich allerdings nur für gut trainierte Sportler wegen der Belastung für die Fuß- und Beinmuskulatur; für Einsteiger und Übergewichtige kann sie zu extrem sein. Ich empfehle, bei jedem Sport eher auf gutes Schuhwerk zu setzen.

Und hier nun ein Beispiel für eine HIT-Laufvariante: Sie laufen vier Minuten in einem flotten Tempo, gefolgt von einem harten 30-Sekunden-Sprint, der die letzte Kraft aus Ihnen herauspresst, darauf folgt eine 30-Sekunden-Erholungsphase, in der Sie Luft holen und Ihr Puls sich wieder normalisiert. Diese Fünf-Minuten-Einheit wiederholen Sie viermal, das reicht. Ein solches Intervalltraining mit kurzen Sprints bringt mehr als eine Stunde Jogging im gleichen Tempo.

Aber diese Trainingsform ist wegen ihrer Intensität nicht gleich für Anfänger geeignet. Der untrainierte Körper muss erst einmal an Bewegung und Belastung gewöhnt werden. Dafür eignet sich ein moderates Ausdauertraining, mit dem eine Grundlagenausdauer gesetzt wird. Fangen Sie einfach damit an, vier Minuten zu laufen oder zu walken und dann eine Minute zu gehen, um wieder zu Atem zu kommen, und wiederholen Sie dieses Intervall viermal. Wenn Sie das wöchentlich zweimal schaffen, sind Sie nach einem Monat fit für das echte HIT-Training. Und dann lässt sich mit dieser modernen Trainingsmethode in kurzer Zeit sehr viel für die Fitness tun.

Das HIT-System lässt sich übrigens genauso auf dem Laufband, dem Crosstrainer oder Stepper anwenden sowie beim Walken, Schwimmen, Rollerskating, Radfahren, denn das Intervall-Prinzip bleibt immer das gleiche.

FAZIT

Wer schneller läuft, kommt früher an. Und wer um sein Leben rennt, hat mehr vom selbigen.

Happy. Healthy. Holy. Ommm ...

Das sportliche Betätigungsfeld ist riesig, Sie müssen nur das Richtige für sich finden, das Ihnen Spaß macht. Egal, ob es Golf, Boxen, Zumba oder Pilates ist, kümmern Sie sich zusätzlich und gezielt immer auch um den Muskelaufbau. Hier könnte Yoga eine Möglichkeit sein, wenn Ihnen Hanteln und Gewichte völlig zuwider sind. Yoga als Bodybuilding-Ersatz?

Ja, das hätte ich auch nicht gedacht, bis nach meiner ersten Yogastunde vor vielen Jahren. Zuerst hatte ich Bauklötze gestaunt über die Kraftakte, die die Yogalehrerin uns vorturnte und die ich damals nicht mal im Ansatz nachmachen konnte. Und dann der Muskelkater am Tag danach ...

Ja, Yoga ist ein Phänomen. Es hat eine jahrtausendealte Tradition, war während der Hippiezeit schon einmal sehr modern bei uns, verschwand dann wieder in der Mottenkiste von Volkshochschulen und Kurzentren, um dann erneut weltweit einen regelrechten Massenboom auszulösen. Da muss also etwas dran sein.

Happy. Healthy. Holy. Ommm …

Yoga einst und Yoga heute unterscheiden sich sehr. Während Yoga in Indien spirituellen Zielen diente und dient, setzt Yoga bei uns mehr auf ein forderndes Körpertraining ohne esoterischen Anstrich. Die Übersetzung aus der altindischen Gelehrtensprache des Sanskrit bedeutet zwar so viel wie »die Vereinigung mit Gott suchen«, aber ich vermute mal, dass das in unseren Breitengraden keine Rolle spielt. Ursprünglich wurde Yoga in Indien auch nur von Männern praktiziert, um über den Körper zu höherer geistiger und spiritueller Stärke zu gelangen.

Heute sind 80 Prozent der Nachwuchs-Yogis weiblich. Wir erobern schließlich jede Männerdomäne. Indische Yogis haben damit übrigens kein Problem. Denn auch unser westliches Yoga light führt über ein neues Haltungs- und Bewegungsmuster in eine bewusstere Lebenshaltung. Ob körperbetont oder spirituell – Yoga zielt auf die Einheit von Geist, Körper und Seele, die zu innerem Frieden, Glück und Harmonie führt. Omm …

Ganz egal, aus welchen Motiven wir es betreiben wollen, Fakt ist, dass Yoga viele Vorzüge hat. Es ist eine Art Bodybuilding im schönsten Sinn des Wortes, ein Krafttraining bis in die kleinsten Muskeln hinein. Dazu kommen Koordinationsübungen, Dehnungen, Atemtraining und Entspannung.

Der Körper wird dehnbarer und beweglicher, Gleichgewicht und Koordination werden verbessert, Muskeln und Bindegewebe gestärkt, Verspannungen gelöst, Stress abgebaut. Yoga weckt die Selbstheilungskräfte, es fördert die Durchblutung, stärkt Herz und Kreislauf und reguliert die Verdauung. Und wenn der Beckenboden an einen ausgeleierten Hosengummi erinnert,

Happy. Healthy. Holy. Ommm ...

lässt auch dieser sich damit wieder straff spannen. Wer einmal die Asana »herabschauender Hund« gemacht hat, weiß, wie der Beckenboden darauf reagiert.

Sie kennen diese Asana nicht? Diese häufig praktizierte Yoga-übung kräftigt und dehnt den gesamten Körper, speziell die Brustmuskulatur und die Beinrückseite, und strafft den Becken-boden. So geht's:

Gehen Sie auf dem Boden in den Vierfüßlerstand, stel-len Sie die Füße auf die Fußballen, und heben Sie nun die Knie an. Strecken Sie langsam die Beine durch, und drü-cken Sie den Po nach oben. Sie stehen jetzt auf Händen und Füßen, und Ihr Körper hat die Form einen Bergs oder Dreiecks. Lassen Sie aber den Kopf nicht hängen, ziehen Sie die Schultern weg von den Ohren und versuchen dann einmal ganz vorsichtig, Achseln und Fersen in Richtung Boden zu drücken. Das wird vermutlich nicht ganz klap-pen, aber Sie werden sicher die Dehnung in den Beinrück-seiten und der Brust spüren. Und achten Sie mal darauf, was mit Ihrem Beckenboden geschieht. Um wieder aus dieser Position zu kommen, beugen Sie einfach die Knie und gehen zurück in den Vierfüßlerstand.

Entspannung ist ebenfalls ein wichtiger Teil jeder Yogapraxis. Denn nicht nur in absoluter Ruhe im Liegen, sondern auch in anstrengenden Haltungen können Muskeln loslassen. Das mag absurd klingen, wenn Sie gerade völlig verknotet damit kämpfen, nicht Ihre Haltung zu verlieren, aber es wirkt trotzdem. Denn sobald Sie Ihre Arme und Beine wieder entwirrt haben, spüren Sie, wie alles leicht wird.

Yoga verschiebt auch mentale Grenzen: Es löst selbst auferlegte Einschränkungen und mobilisiert die eigenen Stärken. Durch das Training entsteht allmählich ein neues Körperbewusstsein. Und über die Arbeit am eigenen Körper wächst dann der Geist. Damit stärkt Yoga die eigenen Ressourcen. Yoga ebnet guten Gefühlen und Gedanken den Weg und hilft ihnen auf die Sprünge.

Hormonyoga gilt außerdem als Wunderwaffe gegen Wechseljahre. Ich habe nur Vinyasa-Yoga gemacht, nie Hormonyoga probiert, deswegen kann ich dazu nichts sagen. Aber ich werde das im Auge behalten. Ein kleiner Hormon-Push kann ja nicht schaden.

Yoga lehrt auch, die Atmung bewusst zu regulieren und selbst bei Anstrengung oder Stress rhythmisch und tief zu atmen. Wenn einem mal wieder das ganze Leben um die Ohren zu fliegen droht, kann bewusstes Luftholen vor der Schnappatmung schützen. Denn wir atmen 20 000-mal pro Tag, meist unbewusst und flach, vor allem bei Stress. Das liefert nur noch ein Viertel der Luft und verspannt Schultern wie Nacken. Wer im größten Trubel die Ruhe bewahren will, muss ganz bewusst Sauerstoff tanken. Da bekommt die Redensart »von Luft und Liebe leben« eine ganz neue Bedeutung.

Bei dem yogischen Atemtraining namens Pranayama wird die Zwerchfellatmung bewusst verlangsamt und vertieft. Die Wechselatmung ist eine Übung, und die geht so:

Happy. Healthy. Holy. Ommm ...

Der rechte Zeigefinger verschließt das linke Nasenloch, man atmet langsam durch die rechte Öffnung ein. Dann verschließt der rechte Daumen auch das rechte Nasenloch, der Atem stoppt für ein paar Sekunden. Nun hebt sich der Zeigefinger, öffnet so das linke Nasenloch, und der Atem strömt langsam wieder aus. Danach wiederholen Sie die Prozedur umgekehrt: Der Daumen verschließt das rechte Nasenloch, Luft holen mit links. Nach einer kurzen Atempause und Fingerwechsel bleibt die linke Öffnung geschlossen, und die Luft kommt durchs rechte Nasenloch wieder heraus. Wichtig: Nie beide Nasenlöcher länger zuhalten, denn sonst wäre das Ihre letzte Übung gewesen.

Und da komme ich zu einem wunden Punkt, denn Yoga kann auch schaden, das weiß ich aus eigener Erfahrung. Hier deswegen noch ein klitzekleiner Warnhinweis in eigener Sache: Wenn Sie bisher nach der Devise »Sport ist Mord« gelebt haben, sollten Sie nicht einfach loslegen. Es gibt ein paar Punkte, die Frischlinge beachten sollten, damit Sport seine positiven Seiten entfaltet und nicht das Gegenteil bewirkt. Ich bin sportlich, hatte aber diesen Grundsatz bei meinen Yogastunden im Fitnesscenter ignoriert und jede Asana mitgemacht, als gäbe es kein Morgen mehr. Leider hat das meine Wirbelsäule nicht goutiert. Als ich in die Arztpraxis humpelte, war es leider schon zu

230

Happy. Healthy. Holy. Ommm …

spät für gut gemeinte Ratschläge. Da hatte mir mein Ischiasnerv die Grenzen aufgezeigt.

»Ihre obere Wirbelsäule ist zu gerade und zu unbeweglich«, erklärte mir die Orthopädin. »Wenn Sie damit die im Yoga üblichen Rückbeugen machen und Ihre Wirbelsäule intensiv nach hinten durchbiegen, erfährt Ihr unterer Rücken durch die zu unbewegliche Brustwirbelsäule einen ungeheuren Druck. Das macht die Lendenwirbelsäule auf Dauer nicht mit.« Das hat mir mein Ischiasnerv ganz deutlich gezeigt. Heul!

Wenn Sie noch nie Yoga praktiziert haben und nicht verstehen, wovon ich hier rede, spielt das keine Rolle. Verletzungen können bei jeder Sportart passieren. Jeder Mensch hat anatomische Abweichungen vom Ideal, die im Alltag überhaupt keine oder kaum Beschwerden verursachen. Erst durch eine Mehrbelastung wie zum Beispiel durch eine neue Sportart können durch die Schwachstelle Verletzungen entstehen. Und wer eine schwach ausgebildete Muskulatur hat, befindet sich in Sachen Sport grundsätzlich auf dünnem Eis. Und der Körper braucht Zeit, um sich an die neue Belastung zu gewöhnen. Hobbysportler und ungeduldige Möchtegern-Yogis wie ich übertreiben es dann gerne mal, weil sie das Verpasste schnell aufholen oder sich etwas beweisen wollen. Ich wollte partout eine Brücke machen, ächzzzz.

Vielleicht verbinden Sie einen Check-up mit einer Routineuntersuchung, um abzuklären, ob es irgendwelche körperlichen Auffälligkeiten gibt, die bei bestimmten Bewegungen zu Problemen führen können. Irgendwie sind wir ja alle ein bisschen schief und krumm, auch wenn es nicht gleich ins Auge sticht.

Happy. Healthy. Holy. Ommm ...

Der Laie erkennt meist nicht, ob ein Becken schief steht oder die Beine unterschiedlich lang sind, ob das nun X- oder O-Beine sind, eine Wirbelsäule zu steil oder zu stark gekrümmt ist. Wir bemerken meist noch nicht einmal, dass Schultern zu weit nach vorn gebeugt sind. Ein geschultes Auge erkennt jedoch diese Schwachstellen sofort und kann Ihnen sagen, was gut für Sie ist und worauf Sie ein Auge haben sollten.

FAZIT

Eine kleine Warnung für den Weg in den Freizeitsport: Ein Körper Ü50 ist keine 20 mehr, und manche genetische Voraussetzungen erfordern Rücksichten, um das Verletzungsrisiko auszuschließen. Ein hübscher Muskelkater reicht doch völlig aus, oder?

Restaurierung Ü50 vom Hals aufwärts

Mädelsabend bei mir. Yvonne traf als Erste ein. Sie sah irgendwie verändert aus. Noch bevor ich ihr jugendliches Aussehen kommentieren konnte, fuchtelte sie mit ihrem Smartphone vor meiner Nase herum. »Schau mal, was ich entdeckt habe. Das ist eine super App, endlich mal was Vernünftiges gegen Falten.«

»FaceGym«, las ich und sah Yvonne verständnislos an. »Hä?«

»Dass du Fitnesstante das nicht kennst«, zog sie mich auf. »Auf dieser App gibt's Übungen für eine Gesichtsgymnastik.«

Ich schnitt eine Grimasse. »Gesichtsgymnastik? So ein Schmarrn. Was soll das denn sein?«

Yvonne schüttelte tadelnd den Kopf. »Warten wir auf die anderen, dann bekommt ihr eine Schnelleinführung zum Thema: Wie sehe ich nach zwei Wochen zehn Jahre jünger aus?«

Kaum hatte sie das gesagt, klingelte es auch schon, und Carina, Susanne und Tanja trafen fast gleichzeitig ein.

»Toll siehst du aus!«, begrüßte Tanja Yvonne. »Ja, irgendwie so frisch und erholt«, stimmte Carina zu. Susanne runzelte die Stirn: »Hast du wieder was machen lassen?«

Yvonne mimte das Unschuldslamm und schwieg vielsagend, während die anderen ihr Gesicht studierten.

Ich grinste nur und schenkte ihnen einen Begrüßungs-Champagner ein. Dazu reichte ich einen großzügig bemessenen Krabbencocktail, damit wir immer schön auf der Proteinseite bleiben, aber auch satt werden würden.

Natürlich kreisten seit Längerem unsere Unterhaltungen nicht nur ums Leben an sich, das Älterwerden und den Problembauch, sondern auch um die verräterischen Spuren des Älterwerdens im Gesicht.

Mit Botox und Unterspritzen hatten einige von uns bereits Erfahrung, aber vor einem Eingriff mit Skalpell waren alle bislang noch zurückgeschreckt – ausgenommen Yvonne. Sie hatte sich vor nicht allzu langer Zeit die Oberlider spannen lassen, ihre Augendeckel waren bedenklich heruntergefallen. Das hatte sie nicht nur sehr müde aussehen lassen, es behinderte sie tatsächlich auch beim Sehen. Das Ergebnis hatte uns alle komplett überzeugt, der Effekt dieses Eingriffs war wirklich großartig.

»Du hast dir Botox spritzen lassen, oder?«, fragte Carina ungeduldig.

»Dieses Nervengift kommt mir nicht unter die Haut«, widersprach Yvonne entrüstet und verzog zum Beweis ihr Gesicht.

»Aber meine Zornesfalte zwischen den Augenbrauen ist damit verschwunden«, gestand Tanja.

Restaurierung Ü50 vom Hals aufwärts

»Stimmt«, musste Yvonne zugeben, »jetzt schaust du echt nicht mehr so grimmig drein.«

»Blöde Kuh«, meinte Tanja, »aber ich hab dich trotzdem lieb.«

»Und bei dir sieht das echt natürlich aus«, fügte Carina hinzu. »Das hätte ja auch in die Hose gehen können. Ich sage nur Nicole Kidman.« Damit spielte sie auf die Schauspielerin an, die es im Kampf gegen die Falten mit Botox echt übertrieben hatte. Da waren wir Mädels uns einig: So ein maskenhaftes Gesicht komplett ohne Mimik wollten wir nie und nimmer. Lachfältchen und Mimik, als ein lebendiges Gesicht, mussten einfach sein.

Und auch beim Unterspritzen war Vorsicht geboten. Denn keine von uns wollte je Lippen wie Chiara Ohoven haben. Die Tochter von Charity-Lady Ute Ohoven hatte sich bereits im Alter von Anfang 20 ihre schmalen Lippen zum Schlauchboot aufblasen lassen. Aber es trifft ja nicht nur die Promis. Überall kann man Frauen sehen, bei denen zu viel des Guten gruselige Folgen hatte.

»Wenn ihr mich mal zu Wort kommen lassen würdet«, sagte Yvonne mit einem breiten Grinsen, was ihre hübschen Lachfalten freilegte und eindeutig gegen eine Botox-Behandlung sprach, »dann könnte ich euch verraten, warum ich so umwerfend gut aussehe.« Damit hatte sie unsere ganze Aufmerksamkeit.

»Streckt bitte alle mal die Zunge heraus und versucht, mit der Zungenspitze an die Nase zu kommen«, forderte sie uns auf. Yvonne machte es uns vor.

Restaurierung Ü50 vom Hals aufwärts

»Hallo?«, fragte Tanja verstört.

»Nicht denken, mach einfach«, forderte Yvonne sie auf.

»Aber das ist doch total blöd«, maulte Susanne.

»Ja, hast du mal in den Spiegel geschaut? Das sieht voll doof aus«, stimmte Carina zu.

»Zunge raus!« Yvonne duldete keinen Widerspruch.

Tanja züngelte noch etwas unentschlossen, sodass ich meine Hemmungen über Bord warf und meine Zunge in Richtung Nasenspitze schob. Susanne tippte sich mit dem Zeigefinger gegen die Schläfe, Tanja rollte mit den Augen, und Carina lachte mich aus. Nur Yvonne beobachtete mit Argusaugen.

»Merkt ihr, was passiert, wenn diese Übung wirkt?«, fragte Yvonne in die Runde. Sie klopfte mit ihrem Finger unter mein Kinn. »Alles straff hier, das Doppelkinn ist weg.«

»Ich habe überhaupt kein Doppelkinn«, schimpfte ich entrüstet.

»Natürlich nicht«, beschwichtigte Yvonne, »aber das Gewebe wird mit den Jahren schlaffer, und dann kann so ein Doppelkinn eben entstehen. Mit einer Gesichtsgymnastik könnt ihr alles, was die Schwerkraft nach unten zieht, wieder hochziehen. Das ist ein Facelift ohne Skalpell, nur mithilfe Mutter Natur.«

Und dann lernten wir, dass sich mit FaceGym Falten im Gesicht glätten, die Konturen straffen und das Gewebe festigen lässt. Macht Sinn, oder? Denn nicht nur im Körper unterhalb des Halses, sondern auch darüber – also im Gesicht – gibt es viele Muskeln, die erschlaffen, wenn sie nicht eingesetzt werden. Diese kleinen Muskeln im Gesicht sind eng verbunden mit

Restaurierung Ü50 vom Hals aufwärts

der Haut. Verlieren die Fasern mit den Jahren an Volumen und Spannkraft, beginnt das Gewebe darunter abzusacken, und die Haut bekommt Falten. Dagegen hilft die Gesichtsgymnastik.

»Das ich daran nicht schon früher gedacht habe«, dachte ich nachdenklich. Wir joggen, schwimmen, machen Yoga oder Pilates, stemmen Gewichte und trimmen unsere Muskeln, aber immer nur vom Hals abwärts. Die Partie darüber haben wir komplett vergessen.

»So habe ich das noch nie betrachtet«, räumte ich ein. »Also warum nicht auch die kleinen Muskeln trainieren – mit einer Gesichtsgymnastik?«

»Genau«, triumphierte Yvonne. »So, wie wir die Muskeln an Armen, Bauch, Beinen oder Po trainieren, lassen sich auch die Muskeln im Gesicht aktivieren«, referierte sie. »Durch sanfte Stimulation straffen sich die kleinen Fasern an der Stirn, um die Augen, an den Wangen, um den Mund, am Kinn und am Hals. Ich hab's ausprobiert. Bin ich nicht der lebende Beweis dafür?«

Da mussten wir ihr alle recht geben. Yvonne hatte eine samtweiche, glatte und straffe Haut im Gesicht.

»Auf dieser App namens FaceGym fürs iPhone gibt es 15 Übungen für die Muskeln an Stirn, Augen, Wangen, Mund, Kinn und Hals. Ich mache das nun seit vier Wochen«, erzählte Yvonne. »In den ersten beiden Wochen hab ich intensiver trainiert, das heißt täglich morgens und abends jeweils zehn Minuten. Jetzt genügt ein tägliches Fünf-Minuten-Programm. Überzeugt?« Wir nickten einträchtig.

»Es reicht aber nicht, nur ein paar Grimassen zu schneiden«,

Restaurierung Ü50 vom Hals aufwärts

fuhr Yvonne fort. »Facebuilding bedeutet, die Gesichtsmuskeln kontrolliert anzusprechen und zu aktivieren. Und wie das geht, zeigt diese App namens FaceGym von Jennifer Wade. Das ist so eine amerikanische Fitnessqueen.«

Natürlich probierten wir alle sofort die verschiedenen Übungen von dieser App aus. Unter Freundinnen und im heimischen Bad lässt sich das auch ungehemmt machen. Ich würde aber davon abraten, es in der Öffentlichkeit zu praktizieren, denn es sieht echt schräg aus. Dagegen sind die lauten Selbstgespräche mancher Zeitgenossen echt harmlos.

»Das wär doch auch was für unsere Angela«, lästerte Tanja. »Mit der Übung ›Fisch‹ müsste sie ihre hängenden Mundwinkel doch wieder loswerden oder?«

»Absolut«, stimmte Yvonne zu.

Und hier nun für Sie eine meiner Lieblingsübungen zum Ausprobieren, die gegen Hängebäckchen helfen und die Nasolabialfalte glätten soll:

Legen Sie die Hände auf die Wangen und ziehen Sie das Gewebe sanft nach oben, während Sie Ihr schönstes Hollywood-Lächeln zeigen. Das darf ruhig unnatürlich wirken, es geht ja nur darum, die Wangenmuskeln anzuspannen. Dazu reißen Sie die Augen weit auf. Wenn Sie im Spiegel nicht Ihr Konterfei, sondern das aus dem Bild »Der Schrei« von Edvard Munch entdecken, machen Sie die Übung richtig. Lassen Sie los und wiederholen Sie die Übung 20-mal. Sie zieht die Hängebäckchen wirkungsvoll zurück an ihren Ausgangspunkt.

238

Weitere Anleitungen zum Thema Facebuilding finden Sie auf der App FaceGym, und bei YouTube gibt es natürlich auch dazu Videos.

FAZIT

Muskeln gibt es auch vom Hals aufwärts, und die Gesichtsmuskeln können ebenfalls trainiert werden. Viel Lachen und regelmäßiges Grimassieren vor dem Spiegel helfen definitiv gegen Falten.

Ladies' Agreement, Teil II

Ich würde Ihnen zwar gerne ein paar erfreulichere Nachrichten mitteilen, aber warum soll ich Ihnen die Hucke volllügen, wenn Sie das Leben eines Besseren belehrt? Das Leben Ü50 ist nun mal kein Ponyhof, und jenseits dieser magischen Zahl bedeuten null Bewegung und viel Stress den Super-GAU für eine schlanke Figur und jugendliche Vitalität.

Falls Sie sich bisher immer gerne um Sport gedrückt haben, wie etwa schon in der Schulzeit mit der Behauptung »ich hab meine Tage«, zieht diese Ausrede nun definitiv nicht mehr: Sie haben jetzt keine »Tage« mehr, sondern Ihre »Jahre«! Und aller Wahrscheinlichkeit nach liegen auch noch etliche vor Ihnen. Wir Frauen müssen mit einer Lebenserwartung Ü80 rechnen, darauf sollten wir also vorbereitet sein. Jetzt, wo Sie so weise und erfahren sind und eine gewisse Lebensspanne überblicken können, wissen Sie auch, dass Ausweichmanöver uns nicht mehr weiterbringen, sondern in eine geriatrische Sackgasse führen.

Ladies' Agreement, Teil II

Freunden Sie sich also schleunigst mit Ihrem Körper an, kümmern Sie sich um ihn, tun Sie effektiv etwas gegen den Stress, machen Sie Ihre Muskeln stark, und schöpfen Sie aus dieser körperlichen Stärke Ihre mentale Kraft, die Sie durch die nächsten Jahrzehnte tragen wird. Und vergessen Sie nicht: Sie müssen Gewichte stemmen, um Gewicht zu verlieren. Die Gewichte ersetzen im Prinzip Alltagsbewegungen, wie die Kinder oder Einkaufstüten herumtragen. Früher sind Sie nach einem anstrengenden Tag erschöpft in den Sessel gesunken. Heute sollten Sie das erst tun, wenn Ihre Muskeln durchs Training müde geworden sind und ein bisschen wehtun. Ein leichter Muskelkater am nächsten Tag ist keine Strafe, sondern Lohn der Arbeit. Freuen Sie sich darüber.

Heutzutage ist Selbstoptimierung ziemlich angesagt. Das Ziel: gesünder, bewusster, fitter und glücklicher zu werden. Oder anders formuliert: Wie gewinne ich die Hoheit über meinen Körper zurück? Alles wird vermessen, registriert und aufgezeichnet, seien es Pulsfrequenz, Blutdruck, Schlafdauer, Bewegung etc. Es gibt Armbänder, Sensoren, Computerprogramme und Apps.

Das nenne ich Qualitätskontrolle für Kontrollfreaks. Und manche verwandeln sich in eine Art NSA-Abhörstation, wenn es um die eigenen Befindlichkeiten geht. Jedes noch so kleine Zipperlein wird registriert und gegoogelt mit dem Ergebnis, dass als Finaldiagnose fast immer der Tod droht. Doch die eigentlich wirklich wichtigen Signale, die der Körper so aussendet, werden dabei gerne überhört: Er möchte richtig und maß-voll ernährt und bewegt werden.

Was Sie zur Kontrolle wirklich brauchen, ist eine Hightech-Waage. Normale Waagen messen ja nur die Kilos. Ob es sich dabei um Fettgewebe oder Muskelmasse handelt, verraten sie nicht. Körperfettwaagen ermitteln zusätzlich den Körperfettanteil mit der BIA-Methode (Bioelektrische Impedanz-Analyse). Über Sensoren unter den Füßen fließt unmerklich Schwachstrom durch den Körper. Da Strom leichter durch Muskeln als durchs Körperfett fließt, kann so der prozentuale Anteil des Körperfetts festgestellt werden.

Nachdem Sie nun das alles gelesen haben, sehe ich Sie schon mit den Füßen scharren, weil Sie es nicht erwarten können, Ihre Muskeln zu trainieren. Gut so! Aber bevor ich nun zum nächsten Kapitel komme, möchte ich hier noch mal die bisherigen Regeln wiederholen.

- Regel Nr. 1: Sie essen nur noch dreimal pro Tag, Zwischenmahlzeiten sind tabu.

- Regel Nr. 2: Sie essen im Biorhythmus, abends sind Kohlenhydrate tabu.

- Regel Nr. 3: Sie essen weniger Kohlenhydrate als bisher, weil Ihr Stoffwechsel weniger braucht.

- Regel Nr. 4: Sie trinken weniger Alkohol und nur noch als Genussmittel.

- Regel Nr. 5: Sie leben an fünf, besser sechs Tagen pro Woche nach diesen Regeln, dann sündigen Sie nach Herzenslust.

- Regel Nr. 6: Sie trainieren ab sofort Ihre Muskeln und stoppen so den altersbedingten Muskelabbau.

FAZIT

Vertrauen ist gut, Kontrolle ist besser. Wenn Sie sich vermessen wollen, um Ihre Entwicklung zu dokumentieren, nur zu. Hauptsache, Sie fangen mit irgendeinem Training an.

Alles hat ein Ende ...

... nur die Wurst hat zwei. Und während Conchita von dieser Tatsache echt profitiert, quält uns bartlose Ü50 neuerdings eine Frage: »War's das jetzt?«

Gewicht verlieren, Gewichte stemmen – schön und gut, aber jede Lebensphase fordert auch eine neue Gewichtung der Lebensziele. Denn ob wir es wollen oder nicht, Wechseljahre sind immer auch ein Wendepunkt in unserem Leben, also ein guter Zeitpunkt, um die eigenen Prioritäten neu zu definieren und sich neu zu entdecken. Die veränderte Hormonlage beeinflusst auch unsere Identität, unser Denken, Fühlen und Handeln – ob zum Guten, entscheiden Sie dabei ganz allein.

Wenn Sie zurückblicken und die bisherige Abfolge aller Tage und Erfahrungen betrachten, wie würden Sie dann Ihr Leben bis zum heutigen Tag beschreiben? Als grandios oder eher durchschnittlich oder sogar unerfüllt? Würden Sie sagen, dass Ihr bisheriges Leben spannend und abwechslungsreich verlaufen ist, oder ist nur ein Tag auf den anderen gefolgt, ohne dass sie sich groß voneinander unterschieden?

Wenn Sie Wegmarken wie den 50. Geburtstag hinter sich ha-

Alles hat ein Ende ...

ben, sind Ihnen diese Gedanken sicher vertraut. Und bei vielen kommt an runden Geburtstagen sogar Panik auf: War das jetzt schon alles? Soll es das nun gewesen sein?

Mädelsabend beim Italiener. Tanja hatte diese Frage »War's das jetzt?« auf den Tisch geworfen. An »normalen« Tagen hätten wir an unseren Mädelsabenden tabulos über wirklich wichtige Fragen diskutiert: Was erleidet unser Smartphone, wenn wir ein Vier-Augen-Gespräch führen? Bedeutet die Klimaerwärmung das endgültige Aus für die Hitzewallung? Können Wahrheitsliebende auch unter Schwindelanfällen leiden? Warum wirkt eine Midlife-Crisis auf den ersten Blick sympathischer als Wechseljahre? Weshalb erscheint ein Aschenbecher auf den ersten Blick sympathischer als eine Urne? Macht eine Lebensversicherung auch unsterblich? Bedeutet der Kauf eines Sitzrasenmähers das Karriereende für den Sensenmann? Wollen wir lieber unter die Erde, wenn wir ins Gras beißen, oder doch zu Asche verglühen? Und gibt es ein Leben danach? Nach den Wechseljahren?

Es gibt ja Menschen, die glauben an Wiedergeburt. Ich auch, jedoch reicht meine Erinnerung nur bis in die frühen 60er-Jahre zurück, was davor war, davon habe ich leider keinen blassen Schimmer. Ich kann mich weder an meine ersten Lebensmonate noch an meine Geburt – geschweige denn an die Zeiten davor – erinnern. Umso mehr bin ich davon fasziniert, was manche Menschen aus ihren früheren Leben erinnern und zu erzählen wissen. Die Wiedergeborenen sind entweder edle Ritter, Prinzessinnen,

Alles hat ein Ende ...

Nobelpreisträger, Priesterinnen, Großgrundbesitzer oder Feldherren gewesen. Seltsam finde ich nur, dass keiner im früheren Leben auch mal Regenwurm, Tagelöhner, Diktator oder gar Serienkiller gewesen ist. Oder gibt es da vielleicht ein paar Erinnerungslücken?

Aber zurück zu unserem Mädelsabend. An diesem Abend schwang das »War's das jetzt?« wie ein Damoklesschwert über unseren Köpfen. Wir schauten alle ziemlich bedröppelt drein, bis schließlich Ulrike, die Älteste unter uns und leider nur ein seltener Gast in unserer Mädelsrunde, das Wort ergriff. »Was für eine schwachsinnige Frage!«, stellte sie ungehalten fest.

»Wieso?«, erwiderte Carina verständnislos, »genau das Gleiche hatte ich mich auch schon gefragt.« Wir anderen nickten einträchtig.

Ulrike schnappte hörbar nach Luft. »Auch wenn ich Ü60 bin und stramm auf die 70 zusteuere, gehöre ich doch noch nicht auf die Resterampe. Oder wollt ihr das damit andeuten?«

Tanja lief rot an. »So habe ich das ja auch nicht gemeint.«

»Wie denn dann?« Ulrike musterte sie grimmig. »Wir hören doch nicht einfach auf zu sein, nur weil wir etwas älter geworden sind. Also war's das jetzt? Natürlich nicht.«

Für Ulrike war das Thema damit offensichtlich vom Tisch, für uns jedoch nicht. Wir alle sahen Tanja erwartungsvoll an und warteten auf ihren Konter.

»Bis jetzt waren wir eher vom Leben getrieben«, hob sie an. »Alles lag vor uns, alles war irgendwie vorbestimmt«, sagte sie. »Kindergarten, Schule, Ausbildung, Beruf, Beziehung, Familie. Kaum hatten wir das Eine geschafft, folgte automatisch das Nächste.

Alles hat ein Ende …

Und im besten Fall ging's dabei aufwärts, oder?« Sie blickte fragend in die Runde und erntete ein allgemeines Kopfnicken.

»Komm zum Punkt«, drängelte Ulrike und trommelte leise mit ihren Fingernägeln auf der Tischplatte.

»Wir verliebten und entliebten uns«, fuhr Tanja fort. »Wir machten Erfahrungen, dass es krachte, manchmal gute, oft auch schlechte, aus denen wir hoffentlich etwas gelernt hatten. Dann suchten wir uns einen Job, arbeiteten uns nach oben, machten vielleicht Karriere. Wir trafen Männer, fanden vielleicht den richtigen, heirateten, manche bekamen ein oder mehrere Kinder. Es ging immer um das ›Wenn wir das oder das sind, dann sind wir angekommen‹.«

Ulrike schnaubte ungeduldig. Doch Tanja ließ sich nicht beirren. »So oder so, es kam immer etwas Neues auf uns zu. Schritt für Schritt eroberten wir uns einen Platz im Leben, doch mit den Jahren wurden diese Schritte kleiner, weniger, das Tempo immer langsamer. Schließlich hatten wir ja eine ganze Menge erreicht und viele Etappen für immer hinter uns gelassen.«

»Genau«, jammerte Susanne, »ich kann jetzt zum Beispiel nie mehr schwanger werden.«

»Was für ein Albtraum, alles noch mal von vorne? Ne, jetzt reichen ein paar Enkel«, meinte Ulrike schnippisch. »Ich habe davon inzwischen mehr, als ich verkraften kann. Die kleinen Monster machen mich echt fertig.«

»Tanja hat recht«, mischte ich mich ein. »Wir haben fast alles, was wir das erste Mal erleben konnten, bereits erlebt. Immer mehr Türen fallen ins Schloss.«

247

Alles hat ein Ende ...

Carina nickte heftig. »Stimmt. Erster Schultag, erster Job, erster Arbeitstag, erste Wohnung, erstes Auto, erstes Gehalt, erster Sex, erste Beziehung, ers...«

»Es reicht«, fiel ihr Ulrike ins Wort. »Wie seid ihr denn drauf, was für eine schreckliche Depri-Truppe? Euch haben die Wechseljahre ja ganz übel erwischt.«

Doch Tanja überhörte den Einwurf. »Wir müssen uns nicht mehr den Kopf zerbrechen, welchen Beruf wir vielleicht ergreifen sollten oder ob wir noch mal Kinder haben werden. Diese Themen und viele andere sind durch. Jetzt steuern wir eigentlich nur auf die Rente zu und denken eher darüber nach, ob die überhaupt noch sicher ist.«

»Ich sage nur Altersarmut«, flüsterte Yvonne verschwörerisch.

»Früher waren unsere Eltern die ›Alten‹. Jetzt sind wir es selbst«, raunte Carina.

»Das ist nicht euer Ernst, oder?« Ulrike fasste sich entnervt an den Kopf. »Ich erkenne euch nicht wieder.«

»Was gesagt werden muss, muss raus«, meinte Susanne. »Wir können den Kopf nicht in den Sand stecken.« Sie warf Ulrike einen strengen Blick zu. »Und du, lass Tanja jetzt endlich mal ausreden.«

Ulrike klappte den Mund wieder zu und sah beleidigt drein.

»Was ich eigentlich sagen will, ist«, fuhr Tanja fort, »früher haben wir uns ununterbrochen verändert, freiwillig und unfreiwillig, doch das Tempo lässt allmählich nach, das Schicksal geht vom Gas. Und was kommt da jetzt noch?«

»So habe ich das noch nie betrachtet«, sagte ich nachdenk-

Alles hat ein Ende ...

lich. Manchmal konnten einem die Wechseljahre echt den Kopf verdrehen. »Aber das stimmt schon irgendwie, früher verlief alles wie auf Schienen. Manchmal engleiste der Zug, aber es ging dann doch immer irgendwie weiter. Aber was kommt jetzt noch Großes außer ...?« Ich vollendete den Satz nicht.

»Na was schon, Krankheit, Demenz, Tod.« Ulrike schnitt eine Grimasse. »Willst du das damit sagen?«

»Sei doch nicht immer so brutal«, widersprach Yvonne heftig. »Aber die Einschläge kommen näher.«

»Ja, der Vater meiner Arbeitskollegin hatte gerade einen Schlaganfall und ist nun ein Pflegefall«, erzählte Susanne. »Das kann meinen Eltern auch widerfahren. Und was mache ich dann?«

»Meine Nachbarin, die so alt ist wie wir, wurde gerade auf übelste Weise von ihrem Mann abserviert«, steuerte ich zum Thema Horrorgeschichten bei, »wie sich jetzt herausgestellt hat, betrügt er sie seit einem halben Jahr mit einer anderen.«

»Periode weg, Kinder weg, Mann weg«, meinte Yvonne grimmig.

»Aber was Besseres konnte ihr doch gar nicht passieren«, fügte ich hinzu, »endlich ist sie diesen Honk los. Das weiß sie zwar noch nicht, aber das wird sie irgendwann auch erkennen.«

»Woher weißt du das mit deiner Nachbarin?«, wollte Ulrike von mir wissen.

»Die saß gestern Abend als heulendes Elend bei mir und hat mir ihr Leid geklagt.«

»Das braucht keine Frau jenseits der 50«, jammerte Tanja.

»Die Neue ist bestimmt viel jünger, oder?«, meinte Yvonne.

Alles hat ein Ende ...

»Was sonst?«, stimmte ich zu. »Ende 30. Das ist wie mit George Clooney. Seine Amal ist selbstverständlich nicht gleich alt, sondern 20 Jahre jünger. Wenn die in unser Alter kommt, ist er über 70. Toll!«

»So lange hält das doch gar nicht«, murmelte Ulrike.

»Shit, shit, shit«, jaulte Carina. »Männer können immer Jüngere haben, aber was ist mit uns? Uns bleiben nur die Ü70, oder?«

»Und bei mir in der Firma kursiert gerade wieder das Gerücht, dass Entlassungen geplant sind. Wer nimmt mich noch mit über 50, wenn ich meinen Job verliere?«, seufzte Tanja.

»Habe ich schon erzählt, dass meine Schwägerin Brustkrebs hat?«, flüsterte Susanne. »Sie ist erst 51.«

»Wie furchtbar ist das denn?«, sagte ich betroffen. Ob ich doch mal zur Mammografie gehen sollte?, schoss mir blitzartig durch den Kopf.

»Und dann diese Ebola-Epidemie«, lästerte Ulrike, »bestimmt müssen wir alle bald in Quarantäne leben. Lepra ist übrigens auch wieder auf dem Vormarsch.« Sie tippte sich an die Stirn. »Bei euch piept's gewaltig. Wieso seht ihr denn alles plötzlich so schwarz? Wir leben doch nicht in Saudi-Arabien oder im Iran. Da wär's echt übel für uns, aber wir hier können noch so viele tolle Dinge anstellen und erleben. Niemand hindert uns daran, die Welt steht uns offen! Ihr müsst nur euren Hintern hochkriegen und auf Entdeckungsreise gehen, statt jammernd auf dem Hosenboden sitzen zu bleiben. Und ihr wisst doch gar nicht, was noch alles passieren wird, oder seid ihr alle Hellseherinnen geworden?«

Alles hat ein Ende ...

»Da muss ich mir doch nur das Leben meiner Eltern ansehen«, jammerte Susanne.

»Und ist das ein schlechtes Leben?«, fragte Ulrike.

»Nein«, sagte Susanne erschrocken, »natürlich nicht, aber es ist so ... vorhersehbar.«

»Ja, und alles lässt nach«, stelle Tanja fest, »wir können eigentlich nur noch den Mangel verwalten.«

»Heult doch«, schimpfte Ulrike, »ihr verwöhnten, undankbaren Heulsusen.«

»Moment«, sagte ich, fischte einen Kugelschreiber aus meiner Handtasche und malte eine Linie auf die Papierserviette. »Das linke Ende steht für die Geburt, das rechte Ende für den Tod.« Ich schob Ulrike die Serviette hin. »Markier mal auf der Linie, wo du jetzt in deinem Leben stehst.«

Ulrike starrte auf den Kugelschreiber, als wäre er ein verseuchter Reaktorstab. »Fieses Spiel.«

»Nein«, sagte ich, »nicht fies, nur ehrlich.«

Was also tun, wenn die Menopause mental zuschlägt und wir zu entgleisen drohen? Einen Schönheitschirurgen aufsuchen? Eine Affäre beginnen? Irgendwie seltsam werden? Auch wenn Sie unter keinen Wechseljahre-Beschwerden leiden, geistern Ihnen sicher auch Gedanken wie diese hin und wieder durch den Kopf: Soll es das nun gewesen sein? Wie wird es von nun an weitergehen? Und will ich das überhaupt?

Ulrike lieferte uns die Antwort: »50 ist nicht das neue 40, auch wenn ihr alles daransetzt, auf Teufel komm raus jung zu

251

Alles hat ein Ende …

bleiben. Nur wer ewig jung bleiben will, wird unter dem Älterwerden richtig leiden. Älter zu werden ist ein normaler Prozess, der erst durch die Gedanken dazu zum Schrecken werden kann«, sagte sie mit leuchtenden Augen. »Egal, was wir tun, wir können das Altern nicht aufhalten, aber was wir darüber denken, können wir sehr wohl beeinflussen und damit auch den Rest unseres Lebens. Älter, erfahrener, reifer, eventuell sogar weiser zu werden bedeutet, Dinge loszulassen, anstatt eine vorangegangene Lebensphase, die man schon gut kennt, immer wieder zu verlängern. Ich bin immer noch auf der Suche nach mir selbst, ich habe längst noch nicht alles entdeckt, was in mir steckt, aber jetzt hab ich endlich mehr Zeit, danach zu forschen. Und das ist spannender als alles andere, was ich je zuvor erlebt habe.«

Alle schwiegen. Das, was uns Ulrike gerade gesagt hatte, musste sich erst einmal setzen. Doch sie war noch nicht fertig: »Ich versuche, im Hier und Jetzt zu leben, denn nur dieser Moment ist wahr und wirklich. Wenn ihr euch mit trüben Gedanken über das Alter das Leben schwermacht, lebt ihr entweder in der Vergangenheit, weil ihr über irgendwelche Fehler oder schlechte Erfahrungen, die ihr angeblich gemacht habt, lamentiert, oder ihr lebt in der Zukunft, weil ihr Sorgen und Ängste kreiert über mögliche Fehler oder Erfahrungen, den ihr machen werdet – ohne zu wissen, was wirklich geschehen wird. Aber keine von uns weiß, was kommen wird. Ich weiß nur, dass ihr mit diesen Gedanken nicht hier an diesem Tisch seid, sondern Gott weiß wo. Ihr lebt nicht im Jetzt. Und wie blöd ist das denn?«

Alles hat ein Ende ...

Sie schnappte sich ihr Glas, prostete uns zu und lachte laut los, während wir sie entgeistert anstarrten, als hätte sie den Verstand verloren. »Wie blöd ist das denn?«, wiederholte sie und lachte weiter. »Da haben sie alle Zeit der Welt und vergeuden sie.«

Ulrikes Lachen war ansteckend. Ob wir wollten oder nicht, nach und nach ließen wir uns davon mitreißen und stimmten eine nach der anderen mit ein.

Sie hatte ja so recht: Wie blöd ist das denn, sich das Leben mit negativen Gedanken selbst schwerzumachen? Und für einen Moment waren wir alle ganz bei uns, im Hier und Jetzt.

FAZIT

Das Leben ist wie ein großer Topf, in dem eine Soße köchelt. Je länger sie auf dem Herd steht, umso mehr reduziert sie sich, bis irgendwann nur noch die Essenz übrig bleibt, voller Geschmack und Aromen.

Flächenbrand oder Leuchtfeuer

Bevor diese ganze Sache mit dem Wechsel bei mir anfing, hatte ich mich nicht wirklich mit dem Thema Älterwerden beschäftigt. Es schien ja noch so unendlich weit weg zu sein. Damals hatte es mir mehr vor dem 50. Geburtstag, vor der Zahl, gegraust als vor dem bevorstehenden Hormonkoller, von dem ich überhaupt keine Vorstellung hatte. Die immer näher rückende 50 erschien mir beängstigend, sie markierte den Beginn einer »Danger-zone«, ein »No-go«.

Ich stellte mir vor, wie 50 Kerzen auf der Torte brannten. Vor meinem geistigen Auge sah ich keine Torte, sondern einen Flächenbrand, für den es keinen Feuerlöscher gab. Gerade erst auf die Welt gekommen, sollte ich schon 50 werden. Wo war nur die Zeit geblieben, und wenn das Leben so schnell vorbeiraste, wie viel Zeit blieb mir dann eigentlich noch?

Das Gestern ist fort, das Morgen nicht da. Leb also heute! Dieser schlaue Rat stammt nicht von mir, sondern von Pythagoras. An diesen Namen sollten Sie sich bitte noch erinnern,

254

Flächenbrand oder Leuchtfeuer

den haben Sie mit Sicherheit mal während Ihrer Schulzeit im Mathe-Unterricht gehört: $a^2 + b^2 = c^2$. Die Empfehlung, »im Hier und Jetzt zu leben«, war also auch schon vor Christi Lebzeiten angesagt.

Unabänderlich stand fest: Jetzt werde ich älter oder – noch schlimmer – alt. Dieser Erkenntnisschock wollte erst einmal verdaut werden. Wir neigen dazu, vor Unangenehmem die Augen zu verschließen. Bedrohliches wollen wir auf gar keinen Fall bewusst wahrnehmen in der naiven Hoffnung, dass ignorierte Probleme irgendwann von selbst verschwinden. Tun sie nur leider nicht.

Das Gewicht bekommen wir mit einer angepassten Ernährung ganz gut wieder in den Griff, aber was ist mit unseren Gedanken, unseren Gefühlen, unserer Seele? Wenn man alle Ratgeber für ein besseres Leben aufeinanderstapeln würde, käme das dem Turmbau von Babel nahe. Versuchen Sie besser erst gar nicht, diesen Wolkenkratzer zu bezwingen. Es gibt nämlich keinen Aufzug, und bei dieser Höhe würden Sie entweder ganz die Orientierung verlieren oder völlig entgeistert zurückkehren. Denn das wahre Leben findet hier unten statt, auf dem Boden der Tatsachen.

Um meinen inneren Kompass durch die nächste Lebensphase neu zu justieren, brauchte ich persönlich einige Monate gedanklicher Arbeit und freundschaftliche Unterstützung. Erst dann konnte ich mich dem Eigentlichen zuwenden: Wenn ich jetzt schon älter werden musste, brauchte ich die Antwort auf die Schlüsselfrage: *Wie?* Auf keinen Fall mit Angst im Gepäck, Angst war ein echt mieser Wegweiser.

Flächenbrand oder Leuchtfeuer

Grundsätzlich hat Angst natürlich ihre Berechtigung. Sie ist ein Schutz vor Gefahr und meldet sich plötzlich als Reaktion auf ein Ereignis. Aber die andere, diese ungute Angst, auch Sorgen genannt, die braucht keinen wirklichen Anlass. Sie schleicht sich ins Leben, nistet sich ein wie ein Computervirus und übernimmt nach und nach die Kontrolle über unser Denken und Fühlen, schließlich über unser ganzes Sein. Angst kann uns unser Leben rauben.

Wer hat da eigentlich wen, habe ich Angst, oder hat die Angst mich? Jedes Mal, wenn wir die Angst gewinnen lassen, verlieren wir ein wenig von unserer Kraft, weil wir sie an diese Angst abgeben. Deswegen müssen wir uns immer wieder die Frage stellen: Wovor fürchte ich mich eigentlich wirklich?

Warum nicht einfach Hormone einwerfen, um dem ganzen Schlamassel zu entgehen? Weil's auf Dauer nicht hilft. Das Leben holt uns ein, auch wenn wir Falten glatt ziehen, Haare färben, Zähne implantieren, Brüste aufpolstern und Fettpolster absaugen lassen. Optisch bleiben uns einige Optionen, womit wir dem Alter ein Schnippchen schlagen können, und einige sind auch richtig gut, vorausgesetzt, Sie begeben sich in gute Hände, wenn Sie an sich herumschnippeln lassen.

Aber was nützt eine glatte Haut, wenn es darunter düster wird? Schleichwege durchs Tal der Finsternis kennen wir alle. Auch früher ging es uns mal schlecht, nicht jeder Tag ist grandios gewesen. Aber jenseits der 50 können Stimmungsschwankungen genauso überfallartig auftreten wie Hitzewallungen, heute himmelhoch jauchzend, morgen total betrübt. »Im Hier

Flächenbrand oder Leuchtfeuer

und Jetzt« kann nicht erstrebenswert sein, wenn wir just in diesem Moment emotional am Boden liegen.

Wieso ich das hier so breittrete? Weil wir Frauen Angst vor dem Älterwerden haben. Überall in den Medien werden wir mit glatt gezogenen, aktiven, jungen Menschen bombardiert, nach dem Motto: Wer nicht so aussieht, ist selbst schuld. Alter ist ein Problem, für das es Lösungen gibt. Alles nur eine Frage des Geldes. Ich hoffe, Sie fallen nicht auf diese Werbebotschaften herein.

Denn diese Angst ist ein äußerst negativer Blick in die Zukunft und ein Verharren in der Vergangenheit. Das ist kein Leben, sondern Stillstand. *Brauchen wir das?* Auf keinen Fall. Trotzdem überfällt sie uns von Zeit zu Zeit, mich auch, gelegentlich wird meine Firewall löchrig. Wenn ich dann dabei bin, mal wieder aus der Kurve zu fliegen, wende ich mich vertrauensvoll an Tina Turner.

Die Gute ist inzwischen Ü70 und immer noch ein ziemlicher Feger. Auf ihrer CD namens *Beyond* gibt es neben buddhistischer Musik sehr motivierende Texte von ihr. Sie selbst sagt dazu: »Seit meiner Kindheit habe ich versucht, spirituell zu wachsen und den richtigen Weg zu gehen. Entscheidend ist, dass jeder Einzelne von uns diesen eigenen Weg findet, unabhängig vom Glauben oder der Religionszugehörigkeit. Nur so lässt sich das innere Gleichgewicht finden.«

Hören Sie mal rein, ich bin mir sicher, dass das, was Tina Turner mit ihrer unglaublich sexy rauchigen Stimme zu sagen hat, auch Ihnen einen neuen Blick auf das Leben eröffnet.

Flächenbrand oder Leuchtfeuer

Aber wie kommen wir in dieses ominöse, vielgepriesene Hier und Jetzt, wenn wir uns ständig von vielem verabschieden und uns gleichzeitig mit Neuem auseinandersetzen müssen? Dazu möchte ich Ihnen drei Möglichkeiten mit auf den Weg geben, wie Sie zielsicher durch diese wilden Jahre gehen können – hier vorab die Kurzfassung, ausführlich auf den folgenden Seiten:

1. Misten Sie erst einmal gründlich aus, in der guten Stube genauso wie im Oberstübchen.
2. Hören Sie auf damit, irgendetwas werden zu wollen, werden Sie stattdessen kreativ und lernen Sie etwas Neues, nur zu Ihrer Erbauung.
3. Beginnen Sie zu meditieren, am besten täglich. Das ist ein guter Kompass durch alle Irrungen und Wirrungen. Und dann klappt's auch mit der Punktlandung bei Ihnen selbst. Und da wollen wir doch hin: zu uns selbst.

FAZIT

Die veränderte Hormonlage beeinflusst natürlich auch unsere Identität, unser Denken, Fühlen und Handeln – ob zum Guten, entscheiden Sie dabei ganz allein.

Hops der Mops

Ja, ich gestehe es freimütig: Ich habe zu viele Schuhe und zu viele Handtaschen. Das ist wohl so ein Frauending, und ich vermute, die folgende Erklärung dafür ist nicht ganz falsch: Egal, welches Gewicht wir gerade auf die Waage bringen oder welchen Geburtstag wir gerade feiern, Schuhe und Handtasche passen immer.

Aber Hand aufs Herz: Wir sind umgeben von vielen Dingen, zu vielen Dingen, die wir nicht (mehr) brauchen, die uns die Luft zum Atmen nehmen und uns in unserer Bewegungsfreiheit einschränken. Immer, wenn wir etwas Neues kaufen, glauben wir, dass es unser Leben etwas hübscher oder reicher macht. Aber letztendlich ist es doch nur ein Teil mehr, das uns wenig später nur im Weg steht. Deswegen lautet mein erster Tipp: Misten Sie erst einmal gründlich aus, in der guten Stube genauso wie im Oberstübchen.

Ulrike hatte uns Heulsusen am Ende unseres Mädelsabends noch einen guten Tipp in puncto »Anleitung zur Schwerelosigkeit« mit auf den Weg gegeben: »Und wenn ich so verwirrt bin wie ihr gerade, dann räume ich auf. Der Putzteufel macht den Kopf wieder frei. Das könnt ihr mir glauben.«

Es kommt auf einen Versuch an. Aber ich verspreche Ihnen, auszumisten, zu entrümpeln und aufzuräumen ist ein äußerst erfolgreicher Weg, vieles von dem, was uns auf Schultern und Seele lastet, loszuwerden. Auch ein Rucksack voller Sorgen und Ängsten unterliegt der Schwerkraft, diese Schwergewichte stören nur die Schwerelosigkeit. Denn feststeht: Mehr Dinge machen uns nicht lebendiger, weniger vielleicht schon.

Die Wechseljahre mit ihren hormonellen Veränderungen schütteln uns nicht nur körperlich durcheinander, sie sorgen auch für innere Unruhe und Stimmungsschwankungen. Nachdem wir unseren Körper verstanden und seine Veränderungen in sinnvolle Bahnen gelenkt haben, braucht auch unsere Seele eine Schlankheitskur.

Auch wenn die Fragen »Wie geht es weiter mit mir, mit meiner Beziehung und meinen Beziehungen, mit meinem Job, mit meinem Leben und überhaupt?« durch unser Hirn wirbeln, muss das nicht schlecht sein. Sie zwingen uns, einen schonungslosen Blick auf unseren Friedhof aus Verletzungen und Enttäuschungen, aus Ängsten und Sorgen, zu werfen. Höchste Zeit, auch hier mal kräftig auszumisten und aufzuräumen. Altlasten loszuwerden sorgt für mehr Leichtigkeit im Sein, wir haben ja dem Leben als Meno-Mops längst Adieu gesagt.

Um dieses Loslassen zu praktizieren, kann ich Ihnen also Ulrikes Tipp nur ans Herz legen: Misten Sie zu Hause einmal richtig aus, werfen Sie alten Ballast weg, entrümpeln Sie gründlich, und räumen Sie auf. Der Weg zu sich selbst kann auch von außen nach innen gehen.

Hops der Mops

Den eigenen »Ballast« zu entsorgen kann Klarheit und Raum für Neues bringen. Ich habe meine Wohnung völlig auf den Kopf gestellt, alles musste dran glauben, zum Beispiel meine Bücher. Die Bücherregale waren am Überquellen, der Staub hatte längst die Herrschaft übernommen. Aber Menschen, die wie ich viel lesen und Bücher schreiben, trennen sich nur schwer davon – und wegwerfen geht gar nicht.

Muss man zum Glück auch nicht. Heutzutage gibt es im Internet für fast alles einen Markt, auch für Secondhandbücher. Ich habe deshalb meine »alten« Bücher aussortiert und den größten Teil übers Internet bei Momox.de verkauft. Einige wenige habe ich behalten, aber den großen Rest habe ich weggegeben. Gleiches habe ich auch mit meiner CD-Sammlung gemacht. Da lag so vieles im Regal, was ich seit Jahren nicht gehört hatte und vermutlich auch nicht in Zukunft abspielen würde. Alles hat seine Zeit, also weg damit.

Beim Entrümpeln erfahren Sie echt viel über sich selbst, denn Dinge aufzuräumen und wegzuwerfen ist eine Reise in die Vergangenheit und Ihre Erinnerungen. Das Aussortieren bringt Sie dazu, sich mit Ihren Wünschen und Erwartungen zu beschäftigen. So gewinnen Sie Klarheit über sich, wer Sie sind, wo Sie stehen, was Sie sich wünschen, in welche Richtung Sie sich entwickeln wollen. So haben Sie sich nicht nur von Ballast befreit, sondern auch den Boden bereitet, Neues in Ihr Leben zu lassen. Sie sind offen für positive Veränderungen, und diese werden eintreten!

Hops der Mops

Es kostet etwas Überwindung, das längst Überfällige und Unerledigte endlich anzupacken. Das gilt auch für das Ausmisten des überfüllten Kleider- und Schuhschranks. Modebewusste raten, alles auszusortieren, was zwölf Monate ungetragen im Schrank hing. Dieser Tipp ist sinnvoll, denn wenn Sie innerhalb eines Jahres nicht ein einziges Mal das Bedürfnis verspürt haben, ein bestimmtes Kleidungsstück zu tragen, dann hat es sein Verfallsdatum überschritten und nichts mehr in Ihrem Kleiderschrank verloren.

Wir behalten jedoch gerne Kleidungsstücke, in die wir mal vor Jahren hingepasst haben. Doch mit der Zeit verändert sich die Figur, auch wenn wir unser Gewicht im Griff haben. Der Traum, wieder so wie früher auszusehen, ist genauso eine Illusion, wie die dazugehörigen Röcke und Hosen wieder tragen zu können. Meine Damen, das ist verlorene Liebesmüh, schätzen Sie Ihren Körper so, wie er nun ist, und zwängen Sie ihn nicht in zu kurze Minis und zu enge Tops.

Sortieren Sie diese alten Sachen aus, freuen Sie sich über den gewonnenen Platz und kaufen Sie sich dafür lieber ein neues, schönes Teil, das Ihrer aktuellen Figur schmeichelt. Das macht mehr Freude als die Erinnerung an vergangene, nie mehr wiederkehrende Zeiten. Wenn Sie sich von der alten Kleidung trennen, geben Sie auch Ihren inneren Widerstand Ihrer jetzigen Figur gegenüber auf. Erst dann können Sie sich annehmen, wie Sie sind, und daraus das Beste machen. Das gilt im Übrigen auch für Schuhe!

Auch mein Handy musste dran glauben, oder besser gesagt

Hops der Mops

mein Telefonbuch. Sie müssen nicht in einen Keller gehen, um ein paar Leichen zu finden. Ein Blick in die Handtasche kann da schon genügen. Was da in einem Mobiltelefon so vor sich hin verwest …

Nehmen Sie sich mal die Zeit, öffnen Sie das Kontaktverzeichnis Ihres Handys und blättern Sie mal durch die Kontaktliste. Vielleicht ergeht es Ihnen dabei wie mir. Ich staunte über die vielen Handyleichen, die dort begraben lagen: »Was macht die denn in meinem Handy?« oder »Dieser Name sagt mir überhaupt nichts«. Mit nur einem Handgriff löschte ich alle überflüssigen, schickte sie ins Nirwana und schaffte damit Speicherplatz für neue Kontakte.

Nach dem Motto »Hau weg das Zeuch« mussten in meinem Leben nach den virtuellen Kontakten auch ein paar Kontakte aus Fleisch und Blut den Weg alles Irdischen gehen. Wer sind meine Freunde, auf die ich wirklich zählen kann? Wer tut mir gut? Für wen bin ich eine gute Freundin? Wem tue ich gut? Wer ist »nur« ein Bekannter? Im Rahmen dieser Analyse habe ich mich erst innerlich von ein paar Menschen verabschiedet, schließlich sogar offiziell. Kein leichter Schritt, aber äußerst befreiend.

Leicht ist es dahingesagt: »Jemand kehrt Probleme unter den Teppich.« Doch wegschauen, zur Seite schieben oder zudecken löst keine Probleme. Unterschwellig oder im Verborgenen belasten sie unser Gemüt. Man mag gar nicht mehr in den Keller gehen, weil sich da so viele Dinge stapeln. Hinter dem häuslichen Gerümpel verbergen sich psychische Altlasten, die uns auf der Seele liegen, oftmals unbewusst oder unerkannt. Dieses verdrängte Potenzial versteckt sich auch im Gerümpel. Festhalten bedeutet Stagnation. Und alles, was überflüssig, unerledigt und unordentlich ist, zählt zum Gerümpel, das blockiert und Energie zieht.

Wenn wir unsere vier Wände unter die Lupe nehmen und mal einen Blick in Kisten, Schubladen oder Schränke werfen, entdecken wir dort oft das, was uns von der Gegenwart ablenkt. Den unbeantworteten Brief oder die nicht bezahlten Rechnungen haben wir in die Zukunft verschoben. Warum eigentlich? Die alten Schulunterlagen oder die Liebesbriefe des Expartners halten uns dagegen in der Vergangenheit fest. Wann wollen wir das Vergangene denn endlich abschließen?

In äußeren Lebensbereichen ganz praktisch Ordnung zu schaffen, hilft manchmal auch dabei, das innere Chaos in den Griff zu bekommen.

Die Verklärung der Vergangenheit trübt den Blick für die Gegenwart. Wer ständig gestern mit heute vergleicht, bei dem wird das Heute schlechter abschneiden. Unser Gedächtnis konstruiert nämlich eine Erinnerung, die mit der Realität meist nicht viel gemein hat: So wird zum Beispiel das Schöne gespeichert und das Unangenehme gelöscht. Im Rückblick verklärt sich dann alles. Doch wenn man sich an das Altbekannte klammert, lässt man Neues nicht zu.

Wenn die Nostalgie Sie gefangen hält, sollten Sie sich drei Fragen stellen: Habe ich immer noch die gleichen Bedürfnisse

Hops der Mops

wie damals? Bin ich immer noch so wie vor vielen Jahren? Habe ich mich denn gar nicht verändert? Wer ernsthaft nach Antworten auf diese Fragen sucht, wird bald erkennen, dass Erinnerungen nur Bruchstücke der Vergangenheit enthalten.

Warum halten wir an der Vergangenheit fest? Ein möglicher Grund ist die Angst vor der Zukunft, die Angst vor dem großen Unbekannten und den Risiken. Manchmal wird Zukunft nicht als Möglichkeit oder Chance, sondern als Bedrohung erlebt. Denn Veränderungen bringen Unsicherheit mit sich. Auch das Gefühl, vielleicht falsche Entscheidungen zu treffen und Fehler zu machen, spielt eine Rolle. Trotzdem: Damit es in Ihrem Leben weitergehen kann, müssen Sie sich aus der Vergangenheitsfalle befreien, und dies funktioniert nur über das Loslassen. Sie müssen ausmisten, wegwerfen und Platz schaffen.

Ausmisten und Aufräumen hat Tiefenwirkung. Sie misten im wahrsten Wortsinn Ihre Vergangenheit aus, lassen Überholtes los, befreien sich von Belastendem und schaffen so Platz für Neues. Wenn Sie sich beim Ausmisten Fragen stellen wie: »Kann ich dieses Stück weggeben oder wegwerfen?«, »Warum hänge ich so sehr an diesem Stück?« oder »Welche Gedanken oder Hoffnungen verbinde ich damit?«, können Sie zur Ursache der Energieblockade vordringen. Diese Fragen sind jedoch nicht immer leicht zu beantworten. Wenn beispielsweise irgendwo noch Fotos vom Expartner existieren, hegen Sie vielleicht die leise Hoffnung, es könnte ja wieder wie früher werden. Um die Bedeutung der Dinge zu erkennen, müssen Sie sich Ihre Gedanken, die Sie mit den Dingen verbinden, selbstkritisch und ehrlich bewusst machen.

Hops der Mops

In jedem Ding, das wir besitzen, stecken Informationen und Gefühle, wir haben es schließlich einmal aus einem bestimmten Grund erworben oder bekommen. Innen und außen hängen immer zusammen. Im Übrigen finden Sie auch auf YouTube zum Thema »Entrümpeln und Aufräumen« viele gute Video-Anleitungen.

FAZIT

Wenn du loslässt, hast du zwei Hände frei. Damit lässt sich viel Neues anpacken.

Fortbildung statt Fortpflanzung

Sobald Sie den Putzteufel in sich entdeckt haben, machen Sie garantiert ein paar interessante Entdeckungen. Da taucht nicht nur der lange vermisste Ausweis für den Fitnessclub auf, der hinter den Schrank gefallen war. Vielleicht treten auch ein paar lang gehegte Sehnsüchte wieder zutage, die Sie längst zwischen dem Alltagsfirlefanz vergessen hatten. Warum nicht eine Wunschliste schreiben?

Waren wir bisher vom Leben eher Getriebene, fallen viele dieser »Sachzwänge« unter dem Motto »erledigt« nun weg. Das hat ja auch Vorteile. Denn bisher wollten wir immer etwas erreichen, um damit irgendwo anzukommen. Nun könnten wir uns darauf konzentrieren, wir selbst zu werden.

Und damit kehre ich noch mal zurück zu der Frage: »War's das jetzt?« Im Gegenteil. Denn Leben bedeutet nicht, auf der Zielgeraden mit Sicherheitsgurt und Airbag ins Grab zu fallen, sondern durch Haarnadelkurven und in Sackgassen zu schlittern und dabei ziemlich atemlos zu jubeln: »Wow, was für ein wilder Ritt!«

Fortbildung statt Fortpflanzung

Jetzt dreht sich alles einmal um Sie selbst. Und um bei sich anzukommen, müssen Sie aktiv werden. Lebenslanges Lernen lautet also das Zauberwort, aber nur zu Ihrer persönlichen Erbauung und nicht mit dem bisherigen Ziel: »Wenn ich das oder das erreicht habe, dann bin ich dies oder das.«

Sie müssen niemandem mehr etwas beweisen, sondern können auch einmal ganz entspannt auf diesem Hochplateau verweilen. Klar, eine »fruchtbare« Zeit ist vorbei, aber damit verabschiedet sich ja nicht unser kreatives Potenzial. Im Gegenteil, vielleicht beflügelt Sie ja jetzt endlich ein Gefühl von Freiheit. Lassen Sie Ihr bisheriges Leben Revue passieren, nehmen Sie Ihre ureigensten Wünsche ernst, und überdenken Sie den Lebenssinn neu. Und dann probieren Sie sich aus.

Wie wäre es, endlich das Hamsterrad gegen ein Rhönrad einzutauschen? Oder anstatt aus dem letzten Loch zu pfeifen, könnten Sie in ein Didgeridoo blasen. Sie können sich jenseits der 50 noch für Astronomie interessieren, auch wenn Sie wahrscheinlich keine Astronautin mehr werden. Sie können auch jetzt noch Chinesisch lernen, auch wenn Sie nie in China leben werden. Sie können lernen, ohne daraus sofort einen direkten Nutzen zu ziehen. Aber wenn Sie irgendwann ein chinesischer Tourist nach dem Weg fragt, können Sie ihm formvollendet antworten. Sie wissen nie, wann Sie etwas brauchen können.

Schnee fällt. Jede Flocke an ihren Platz. Und deswegen hat ein bisschen Zen noch niemandem geschadet. Beständiges Lernen

Fortbildung statt Fortpflanzung

kann aber den Schlüssel für die Tür in ein erfülltes Restleben bedeuten. Und solange Sie kein Universalgenie sind, gibt es da noch echt viel zu entdecken – und zwar im Hier und Jetzt, nicht früher oder später.

Seit ich glückliche Besitzerin eines Gartens bin, habe ich die Pflanzenwelt für mich entdeckt. Es ist ein großes Glück, wenn nach Monaten des Wartens die Sonnenblumen aus der Erde wachsen.

Außerdem habe ich mich sportlich neu orientiert und wie schon beschrieben gelernt, auf der Slackline zu balancieren. Das praktiziere ich so oft wie möglich. Nächstes Ziel: Ich möchte im nächsten Urlaub das Wellenreiten lernen. Das habe ich mir fest vorgenommen.

Außerdem habe ich begonnen, eine neue Sprache zu lernen: Französisch. Das fiel mir anfangs gar nicht leicht, weil ich in den lang vergessenen Schulmodus zurückgefallen bin. Damals hatte ich keine Lust auf Grammatik pauken und Vokabeln lernen. Diese »alte« Haltung musste ich erst ablegen. Und jetzt macht das Lernen richtig Spaß. Und festzustellen, dass ich das sogar noch gut kann, war zudem eine schöne Erfahrung.

Wer auf Nummer sicher lebt, dämpft jeglichen Pioniergeist und verliert Ambition, Ausdauer und Abenteuerlust. Das hat mit einem guten Leben nichts zu tun. Wieso sonst haben wir unsere Neugier und unseren Forscherdrang mitbekommen? Wer sich nie Herausforderungen gestellt, nie etwas Neues ausprobiert hat, hat seine Fähigkeiten verschleudert. Wir haben nur ein Leben, und das müssen wir so inspirierend, schöpferisch,

Fortbildung statt Fortpflanzung

abenteuerfreudig und ereignisreich wie möglich verbringen. Wir dürfen das Leben nicht wegwerfen.

Deswegen müssen andere Werte wieder hervorgehoben werden: Spüren Sie den Kitzel des Unbekannten! Unternehmen Sie Reisen ins Unbekannte! Verlassen Sie sich nicht auf den Status quo. Und jagen Sie nicht in erster Linie dem Geld und dem Wohlstand hinterher! Es sind Ideen, Träume und Wünsche, die die Welt bewegen.

Ich bin ein Fan von Listen, weil Sie mich immer wieder an Dinge erinnern, die ich inzwischen schnell mal vergesse. Einkaufslisten, To-do-Listen etc. Die Bucket-Liste hatte mir aber noch gefehlt. Ein Kind zeugen, ein Haus bauen, einen Baum pflanzen, das ist echt *old school.* Wer hip ist, schreibt heute seine Bucket-Liste: Darin stehen alle Wünsche und Träume, die in diesem Leben noch erfüllt werden wollen. Puh, was für eine Arbeit.

Der Begriff kommt übrigens von *to kick the bucket,* was so viel meint wie »den Löffel abgeben« oder »in die Tonne hauen«. Auf dieser Liste steht also nicht »Tante Erna mal wieder anrufen« oder »Dem Typen mit Laubbläser das Licht ausblasen«, sondern all die geheimen Lebensträume, die bis zum bitteren Ende noch in Erfüllung gehen sollen.

Um es gleich klarzustellen, Sie können natürlich groß einsteigen und Träume auflisten wie »einen Fallschirmsprung machen, den Mount Everest besteigen, den Iron Man auf Hawaii mitmachen, einen Bestseller schreiben, George Clooney küssen, dem Ex die Reifen platt stechen« und so weiter.

Fortbildung statt Fortpflanzung

Viele sitzen jedoch erst einmal ratlos vor dem weißen Blatt Papier und brüten darüber, was sie sich eigentlich noch vom Leben wünschen, andere haben sich den Kopf für sie zerbrochen und Bücher darüber geschrieben.

1000 Orte, die Sie gesehen haben müssen, bevor Sie sterben; 100 Dinge, die FRAU einmal im Leben getan haben sollte; Pimp your life, 99 Dinge, die du unbedingt mal tun solltest oder *101 Dinge, die man getan haben sollte, bevor das Leben vorbei ist* lauten die Titel solcher Ratgeber.

Bevor Sie sich auf Fremdvorschläge einlassen, möchte ich Ihnen vorschlagen, erst einmal darüber nachzudenken, was denn so in Ihnen noch auf Erfüllung wartet. Überraschenderweise fällt es uns ja viel leichter aufzulisten, was wir nicht wollen. Hallo? Fällt es Ihnen schwer, oder fällt Ihnen gar nichts ein? Dann möchte ich Sie hier zu Neugier anstiften. Es geht überhaupt nicht darum, Superwünschen und Hammerträumen hinterherzujagen.

Wäre das Heilen der Wunden aus der Vergangenheit nicht vielleicht ein echter Traum? Definitiv eine der größten Herausforderungen in diesem Leben, dagegen wäre die Besteigung des K3 ein Kinderspiel. Wir tragen die Altlasten als unnötigen Stress weiter mit uns herum, all diese ungelösten Konflikte, bewusste und unbewusste. Auf meiner Liste stehen die Lösung und Verarbeitung an erster Stelle, ich möchte diese alten Konflikte aufräumen, herausfinden, wann und wie ich »programmiert« wurde, um diese alten Programme löschen zu können. Die brauch ich nicht mehr, sie stehen mir nur im Weg.

Fortbildung statt Fortpflanzung

Die meisten unserer Ansichten basieren auf Lügen, eine davon ist: Je älter wir werden, umso hässlicher werden wir. Das Gegenteil ist der Fall, wenn wir unsere tieferen Schichten freilegen, statt nur auf den Hautüberschuss zu achten.

Wir sind nicht die gleiche Frau wir vor einem Jahrzehnt oder mehr. Und wenn wir Glück haben, sind wir auch nicht mehr die gleiche Frau wie vor einem Jahr. Der springende Punkt beim Älterwerden ist, die Veränderung zu sehen und sie zu feiern. Wenn wir das zulassen, können wir aus unseren Erfahrungen mehr darüber lernen, wer wir wirklich sind. Und wir sollten dankbar für jedes neue Lebensjahr sein, das uns dazu Gelegenheit gibt. Wenn wir uns mit Ängsten vor dem Älterwerden herumquälen, bedeutet das nur, dass wir uns, unseren Körper, unser Leben nicht wertschätzen können.

Manche alte »Gedanken« loszuwerden bedeutet ganz schön viel Arbeit. Nur weil wir Ü50 sind, heißt das nicht, wir dürfen jetzt auf der faulen Haut liegen. Diese Arbeit kann Ihnen niemand abnehmen. Denn jeder ist für sein Leben selbst verantwortlich. Wenn wir glauben, dass etwas oder jemand für unser Glück zuständig ist, verschwenden wir nur kostbare Zeit. Wir müssen uns selbst die Liebe geben, die wir brauchen und die wir nicht von anderen bekommen haben.

Wenn Sie sich also nun an Ihre persönliche Bucket-Liste setzen, schreiben Sie die wirklich essenziellen Wünsche auf. Im nächsten Kapitel habe ich noch einen letzten Tipp, wie Sie Ihre wahren Wünsche ausgraben können. Aber vielleicht haben Sie auch jetzt schon ein paar Ideen. Übrigens haben neben diesen Schwergewichten eine neue Handtasche oder ein Paar neue Schuhe durchaus auch ihre Berechtigung für die Wunschliste. Belohnung muss schließlich sein.

FAZIT

Statt Fortpflanzung steht jetzt Fortbildung auf dem Programm. Und zwar so lange, bis der Deckel endgültig zufällt. Erst dann beginnt die Komfortzone, nicht schon jetzt!

Ab durch die Mitte

Gewichts- und Gefühlsschwankungen helfen auf den ersten Blick nicht dabei, die eigenen Prioritäten neu zu ordnen, aber sie bringen uns dazu, unser Gleichgewicht zu finden. Auch wenn es so scheint, als würden die aktuellen Wachstumsschübe mehr in die Breite tendieren, können wir immer noch vertikal in die Höhe wachsen und geistige Höhenflüge absolvieren. Denn auch wenn wir inzwischen ein paar Millimeter Körpergröße eingebüßt und stattdessen mehr Körperumfang bekommen haben, unterliegt unser Geist weder einem Alterungsprozess noch einer Wachstumshemmung. Es gibt eben doch noch eine höhere Gerechtigkeit.

Doch wie den eigenen Weg durch die Irrungen und Wirrungen der aktuellen Lebensphase finden, wenn es nur querfeldein ohne Zielgerade geht? Mein Vorschlag: Beginnen Sie zu meditieren, am besten täglich. Kann ja nicht schaden, mal in sich hineinzuhören nach dem Motto »nach Hause telefonieren« und die eigenen Wünsche und Träume neu zu entdecken.

Für mich ist Meditation mein persönliches GPS, es navigiert mich durch alle Lebensphasen und Lebenskrisen, weil

Ab durch die Mitte

ich beim Meditieren einen anderen Standpunkt einnehme und eine andere Sichtweise bekomme. In diesem Zustand der Stille entsteht ein neuer Raum, und ich kann in diesem Raum mein Leben und mich selbst wie auf einer Leinwand betrachten. Dieser neue Standpunkt erlaubt neue An- und Einsichten und erschafft damit auch die Möglichkeit, das eigene Denken zu verändern.

Denn es ist doch so: Je mehr wir versuchen, eine Situation oder einen Mitmenschen zu verändern, umso hartnäckiger bleiben sie, wie sie sind. Da hilft nur eins: Wir verändern uns selbst. Und dabei kann meditieren ziemlich hilfreich sein.

Aber der Reihe nach, Sie wissen nicht, wie man meditiert? Kein Problem, das ist keine Geheimwissenschaft, Volkshochschulen bieten Kurse, auf CDs gibt es geführte Meditationen, und selbst auf YouTube finden Sie Anleitungen dazu. Und dann heißt es üben, üben, üben.

Wenn Sie zurzeit im Wechsel und ziemlich außer sich sind, ist das zum Beispiel ein sehr probates Mittel, um wieder bei sich anzukommen. Lassen Sie sich nicht von esoterischen oder religiösen Empfehlungen, mithilfe von Mediation das Göttliche zu erfahren, abschrecken. Beim Meditieren lassen sich ganz profane Dinge erleben: Entspannung und Konzentration. Und wenn Sie dabei eine Erscheinung haben, auch gut. Gerade wegen dieser überirdischen Themen, die mit Meditation in Verbindung gebracht werden, wurde sie leider lange als esoterischer Humbug geschmäht.

275

Ab durch die Mitte

Aber Meditation ist längst Forschungsthema in der modernen Neurowissenschaft, und Wissenschaftler studieren mithilfe von bildgebenden Verfahren, was in den Gehirnen von Meditierenden geschieht – eine ganze Menge, denn auch wenn wir scheinbar regungslos still sitzen, ist unter unserer Schädeldecke eine Menge los. Zumindest im neurologischen Sinne.

Wenn wir in die Tiefen des menschlichen Gehirns eintauchen, entdecken wir Wellenbewegungen wie im Ozean. 100 Milliarden Nervenzellen stehen miteinander in Kontakt und tauschen Informationen aus. Die Gehirnaktivität äußert sich mit unterschiedlichen Hirnwellen, die als elektrische Spannungen auf der Kopfhaut messbar sind.

Sind wir wach und konzentriert, pulsieren die Hirnströme zwischen 38 und 13 Hertz. Im sogenannten Beta-Zustand sind wir aufmerksam, aber auch alarmbereit, angespannt und hektisch. Während eines traumlosen Tiefschlafs liegt die Hirntätigkeit im Delta-Bereich bei 3 und weniger Hertz, in der REM-Phase wird eine Frequenz im Theta-Bereich mit 7 bis 4 Hertz gemessen. Fühlen wir uns entspannt und gelöst, pulsiert das Gehirn im Alpha-Bereich zwischen 14 und 8 Hertz.

Wer beispielsweise meditativer Musik lauscht, deren Tempo dem Ruhepuls von 60 Schlägen pro Minute entspricht, gleitet meist wie von selbst in diese Entspannung.

Bei Meditierenden wurde eine Kombination aus Alpha- und Theta-Wellen, bei tibetischen Mönchen in tiefer Versenkung Gamma-Wellen gemessen. Sie werden mit mystischen und transzendenten Erfahrungen in Verbindung gebracht.

Ab durch die Mitte

Die moderne Neurowissenschaft bestätigt die positiven Effekte der Meditation und ihre positive Wirkung auf die Funktion des Gehirns. Beim Meditieren kann Stress bewältigt und nachhaltig abgebaut und die eigene Achtsamkeit und Konzentration geschult werden. Der Körper baut in diesem entspannten Zustand Stresshormone wie Adrenalin und Noradrenalin ab, die das Beta-dominierte Gehirn tagsüber produziert. *Brauchen wir das?* Unbedingt! Denn selbst wenn um uns herum ein Orkan toben sollte, sitzen wir dann völlig entspannt im Auge dieses Orkans, und da ist es bekanntlich absolut windstill.

Entspannung ist die erste Stufe, die Sie mithilfe von Meditation erreichen können, und innere Spannung abzubauen ist in so bewegten Zeiten wie während der Wechseljahre schon eine ganze Menge. Nur Einschlafen gilt nicht. Anfänger nicken dabei gerne mal weg, was unverkennbar am Schnarchen zu vernehmen ist. Aber dieser Zustand hat nichts mit Meditation zu tun, hier bleibt der Geist hellwach.

Als zweite Stufe kann Meditieren Ihnen helfen, sich besser zu konzentrieren. Anfangs wird genau das Ihnen schwerfallen, weil Ihnen ständig neue Gedanken in den Sinn kommen: Mein Gürtel spannt, ist das schon Körperspannung? Warum brauche ich inzwischen eine Woche Urlaub, wenn ich abends mal ein bisschen länger feiere? Warum reichten Gott zehn Gebote für ein ganzes Leben, während das BGB für den Alltag über 2000 Paragrafen braucht? Wieso umfassen die zehn Gebote nur 279 Wörter, während die EU-Verordnung zur Einfuhr von Karamel-

Ab durch die Mitte

bonbons 25 911 Wörter hat? Warum rattert es in meinem Gehirn, ohne dass ich vorankomme?

Die Gedankenflut einzudämmen, die Gedanken nicht festzuhalten und sich darin zu verirren, das lehrt Meditation. Mit etwas Übung werden Sie jeden Gedanken, der in Ihnen während einer Meditation aufsteigt, einfach wie eine Wolke am Himmel betrachten und kommentarlos weiterziehen lassen. Sie schalten das Denken einfach ab und trainieren Ihre Achtsamkeit, weil Sie die verwirrenden Einflüsse von außen ignorieren lernen. Damit schulen Sie Ihre Konzentration, die Sie für alle weltlichen Aktivitäten mehr denn je brauchen. Das bringt Sie einen Schritt näher ins Hier und Jetzt.

Und nun wird's ein wenig abgedreht: Wenn Sie alle äußeren Einflüsse ausblenden können, kann Sie Meditieren in einer dritten Stufe auf eine andere Bewusstseinsebene hieven. Denn Sie schalten nicht nur die irritierenden äußeren Einflüsse ab, sondern auch Ihr Ego – eine echt überraschende Erfahrung.

Hier wird es meiner Meinung nach echt interessant, denn in diesem Zustand können Sie alles verändern, weil Sie Ihr Bewusstsein verändern. Im meditativen Zustand können Sie Gedanken, Haltungen, Meinungen, aber auch Sorgen, Ängste und Kümmernisse beiseiteschieben und alles aus einer Distanz betrachten und neu ordnen.

Das ist eine wahre Kur für die Seele. Aber das funktioniert leider nur bei Fortgeschrittenen und auch da nicht immer. Denn es passiert einfach von selbst, man kann es nicht erzwingen oder herbeimeditieren. Aber wenn dieser Zustand der lee-

278

ren Achtsamkeit entsteht, entsteht ein neuer Lebensraum für das eigene Selbst. Und mit diesem Gedanken lasse ich Sie jetzt mal alleine.

FAZIT

Alles anzunehmen, was geschieht, heißt innerlich übereinzustimmen mit dem, was geschieht, ohne inneren Widerstand – ach, das Leben könnte so entspannt und einfach sein ...

Alles wird gut ...

Wechseljahre sind kein Unter-, sondern ein Übergang, vor allem aber Auftakt in eine neue, schöpferische Lebensphase. Alles, was Sie aus sich und Ihrem Leben machen können, ruht bereits als Samenkorn in Ihnen. Sie müssen es nur zum Wachsen und Blühen bringen. Wie? Indem Sie Ihre Wünsche und Träume erkennen und Schritt für Schritt wahr werden lassen. Denn in jeder Sekunde können Sie etwas Neues anstoßen und in Bewegung bringen. Alles geht von Ihnen aus.

Leben heißt ständige Veränderung. Deswegen ist die Aussage »Sie haben sich ja überhaupt nicht verändert« auch kein Kompliment, sondern eine Beleidigung oder eine Aufforderung, endlich in die Puschen zu kommen.

Wenn Sie Veränderung als Chance begreifen und nicht als Verhängnis, dann liegen Jahre voller Freude, Überraschungen, Abenteuer und Lebenslust vor Ihnen! In Ihnen steckt alles, was Sie für dieses Leben brauchen: Mut, Hoffnung, Kreativität, Liebe. Sie müssen nur auf Ihr unerschöpfliches Reservoir zurückgreifen. Nehmen Sie sich die Freiheit, sich selbst zu verwirklichen und Ihr Glück zu finden!

Register

Achtsamkeit 279
Adrenalin 102, 168, 169, 277
Aktivität, körperliche 189, 194, 195
Alkohol 154–157, 159
– Fettstoffwechsel und 155
Alltagshaltung, sitzende 181
Alter, Bewegung und 180
Altern 24
Älterwerden 183, 254, 272
– Angst vor 257
Aminosäuren 97, 99, 104–106
Angst 255, 256
– vor Älterwerden 257
Anti-Aging 91–93
Aufräumen 265, 266
Ausdauer 214
Ausdauerleistung 209
Ausdauersport 221, 222
Ausdauertraining 200, 215, 223
Ausmisten 265
Autogenes Training 195

Ballaststoffe 139
Bauchfett 62, 63
Bauchspeicheldrüse 60
BDNF (brain-derived neurotrophic factor) 193, 196
Beweglichkeit 212
Bewegung 182, 197
– Alter und 180
BIA(Bioelektrische Impedanz-Analyse)-Methode 242
Biorhythmus 32, 72, 73, 159
– Stoffwechsel und 71
Blut-Hirn-Schranke 104
Blutzucker 129
Blutzuckerspiegel 58–60, 62, 68, 106
– Heißhunger und 60
– Insulin und 65
– Kohlenhydrate und 87
Brustkrebs 196
Bucket-Liste 270, 272

Register

Carnivore 109, 111, 118, 148
Cellulitis 177, 181
– Fettzellen und 216
Cholesterin 125
Cortisol 102, 168, 170–172, 189
– Knochenwachstum und 194

Dauersitzen 181
Dauerstress 171
Denkstörungen 78
Depressionen 189, 196
Dessert 152
Dextrose 133, 140
DHEA (Dehydroepiandrosteron) 92
Diabetes 63
– Typ 2 60
Diät 27, 28, 68, 115, 116
Disstress 173
Disziplin 22, 63, 64, 159
Dopamin 102–104, 156
– und Vitamin B$_6$ 103

Ei 116, 125, 126
Einfachzucker 130, 132
Eisenmangel, Fleischverzicht und 110
Eiweiß 52, 54–58, 62, 68, 69, 95, 97–99, 105, 125
– Verdauung von 98

– Zellerneuerung und 94
Eiweißüberschuss 99
Energiebedarf, täglicher 45
Entrümpeln 261, 266
Entspannung 228, 275, 277
Entspannungstechniken 195
Ernährung 9, 31, 42, 141, 158, 255
Essverhalten, Stress und 171
Eustress 194, 195

FaceGym 233, 236–239
Faserstoffe 139
Festhalten 264
Fett 43, 52, 54–58, 62, 68
– Glukose und 129
Fettkalorien 54
Fettspeicherung 90
Fettstoffwechsel, Alkohol und 155
Fettverbrennung 79, 90, 129, 222
– Insulin und 171
Fettverteilung 20, 39, 40
– Wechseljahre und 63
Fettzellen 186
– Cellulitis und 216
Fisch 123
Fitnessstudio 203
– virtuelles 204
Fleisch 110, 116–119

282

Register

Fleischverzicht, Eisenmangel
und 110
Flucht-Kampf-Reaktion 194
Fruchtzucker (Fructose) 132,
133, 140
Frühstück 128, 129
– zweites 129
Fünf-Portionen-Regel 148

Gehirn 79, 100, 212, 276
– Zucker und 70, 71, 143, 159
Gelenke 191, 212, 216
Gene 184
Gesichtsgymnastik 236, 237
Gewicht 255
– Stress und 172
Gewichtsprobleme 51, 114
GI (glykämischer Index) 131,
132
Gleichgewicht 209, 211, 214,
227
Glukose 52, 53, 131–133, 140
– Fett und 129
Glukosebedarf 69

Haltung 209
Haltungsschäden 192
Hartweizengrieß 144
HDL-Cholesterin 55
Heißhunger, Blutzuckerspiegel
und 60

Heißhungerattacken 133
Herzinfarkt 63
HGH (Human Growth
Hormone) 93
HIT (High Intensity
Training) 222–225
Hometrainer 204
Hormone 22, 37, 40, 42, 102,
105
Hormonspiegel, Wechseljahre
und 166
Hormonyoga 229
Hülsenfrüchte 126
Humor 25
Hypothalamus 102

Immunsystem 94, 118, 188,
195
Insulin 42, 51, 60, 68, 87, 98,
99, 102, 105–107, 131
– Blutzuckerspiegel und 65
– Fettverbrennung und 171
– Kohlenhydrate und 59
– Muskelmasse und 187, 188
Intervalltraining 224

Jo-Jo-Effekt 115
Jumper 214

Kaffee 135–137
Kalorienbedarf, täglicher 48

283

Register

Knochen 191
Knochenmasse 191
Kohlenhydrate 32, 52–54,
   56–58, 60–62, 68–70, 98, 159
   – Blutzuckerspiegel und 87
   – Insulin und 59
   – Mangel an 100
Konzentration 275, 278
Koordination 209, 212, 214,
   227
Körper 9, 20, 34, 43, 51, 59,
   74, 91, 161, 170, 241
   – Arbeitsumsatz des 45, 47
   – Grundumsatz des 45, 47,
   115, 186, 188
   – Harmonie des 74
   – persönlicher Grundumsatz
   des 46
   – Stressprogramm des 169,
   171
   – Tagesumsatz des 45
Körperbewusstsein 209
Körperfettwaagen 242
Körpergefühl 196
Körperrhythmus 73, 75–82
Körperwahrnehmung 214
Kraft 214
Kraft-Ausdauer-Training 194,
   197
Krafttraining 187, 191, 215
   – Libido und 193

LDL-Cholesterin 55
Lecithin 125
Lernen, lebenslanges 268
Libido 12, 84, 193
Loslassen 260

Malzzucker (Maltose) 132,
   133, 140
Mandeln 153
Meditation 274–278
   – Stress und 277
Meeresfrüchte 124
Mehrfachzucker 130, 132
Melatonin 77, 82, 86
Menopause 158, 177, 251
   – Muskeln und 196
Mikronährstoffe 52
Milchzucker (Laktose) 132,
   133, 140
Mineralien 52
Mittagessen 144, 152
Muskelabbau 40, 42, 186
Muskelaufbau 215, 226
Muskelentspannung,
   progressive 195
Muskelkräftigung 215
Muskelmasse 40, 185, 191
   – Insulin und 187, 188
Muskeln 184–192, 216
   – Libido und 193
   – Menopause und 196

284

Register

Muskeltraining 184, 215
Muskelzellen 186, 187
Muskulatur 185, 187
– erschlaffende 177
Myokine 188

Neurotransmitter 102, 105
Noradrenalin 277
Nordic Walking 213
Nostalgie 264
Nüsse 153, 160

Obst 139
Obst-Smoothie 146
Omega-3–Fettsäuren 118
Osteoporose 191, 196
– Stress und 194
Östrogen 38, 39, 41, 57,
130

PAL (physical activity level)
47
Personal Trainer 202
Pilates 205, 210
Pilze 126
Powernapping 80
Pranayama-Yoga 229
Progesteron 39
Protein siehe Eiweiß

Qigong 195

Radikale, freie 190
Rhythmusgefühl 214
Rückenschmerzen,
chronische 189

Saccharose 132, 140
Sättigungsbeilage 89, 95,
142, 143
Sättigungshormone 95
Schlafprobleme 197
Schlaganfall 63
SDW (spezifisch-dynamische
Wirkung) 98
Selbstkontrolle 58, 159, 160
Selbstoptimierung 241
Serotonin 102–104, 156, 189
Sexualhormone 38
Sitzhaltung 182
Slackline 210, 211
Smoothie, grüner 147, 149, 150
Sojaprodukte 126
Sport 184, 189, 198
– Stressfähigkeit und 194
Stevia 137, 138
Stimmungsschwankungen 260
Stoffwechsel 28, 31
– Biorhythmus und 71
Stoffwechselstörungen 63
Stress 166–170, 173, 189,
194, 229
– Essverhalten und 171

285

Register

– Gewicht und 172
– Meditation und 277
– negativer 172
– Osteoporose und 194
– oxidativer 190
Stresshormone 168, 172
Stressresistenz 173, 221
Süßstoff 16, 137

Tai-Chi-Chuan 195
Tee 135–137
Testosteron 38, 39, 57, 102, 130
Tofu 126
Transfette 55
TRX 211, 212

Übergewicht 27
Unruhe, innere 260

Veganerin 109, 111
Vegetarierin 109, 111, 118
Veränderung 161, 196, 261, 265, 272, 280
Vergesslichkeit 78
Vitamin B 150
Vitamin C 150
Vitamine 52, 139

Vollkornprodukte 138, 139
Vollkornreis 144

Wechselatmung (Übung) 229
Wechseljahre 39, 41, 42, 162, 260, 280
– Fettverteilung und 63
– Hormonspiegel und 166
– Körpergefühl und 9
– Stoffwechsel und 31
– Symptome der 13, 14, 16
Weißmehl 138
Work-out-Varianten 208
Wunschgewicht
(sieben Regeln) 32

XCO 212–214

Yoga 195, 210, 226–231

Zellerneuerung, Eiweiß und 94
Zischenmahlzeiten 159
Zucker 43, 51, 58–61, 130, 131
– Gehirn und 70, 71, 143, 159
Zuckerproduktion, körper-
eigene 53
Zumba 210
Zweifachzucker 130, 132

Öffne dein Herz der Liebe –
eine Anleitung zum Glücklichsein

Die Botschaft von Sabine Asgodom lautet: Liebe sieben Tage die Woche, 24 Stunden lang. In ihrer ganz persönlichen Anleitung zum Glücklichsein ermutigt sie dazu, sich auf die Liebe einzulassen, verschwenderisch mit ihr umzugehen und so das eigene Glück zu leben.

240 Seiten
ISBN 978-3-442-17324-2

www.goldmann-verlag.de
www.facebook.com/goldmannverlag

Um die ganze Welt des
GOLDMANN Verlages
kennenzulernen, besuchen Sie uns doch
im Internet unter:

www.goldmann-verlag.de

Dort können Sie
   nach weiteren interessanten Büchern *stöbern*,
   Näheres über unsere *Autoren* erfahren,
   in *Leseproben* blättern, alle *Termine* zu Lesungen und
   Events finden und den *Newsletter* mit interessanten
   Neuigkeiten, Gewinnspielen etc. abonnieren.

Ein *Gesamtverzeichnis* aller Goldmann Bücher finden
Sie dort ebenfalls.

Sehen Sie sich auch unsere *Videos* auf YouTube an und
werden Sie ein *Facebook*-Fan des Goldmann Verlags!

www.goldmann-verlag.de
www.facebook.com/goldmannverlag